소문난 스파이더 영단어 BLUE 관계편

소문난 스파이더 영단어 BLUE

초판 1쇄 **인쇄**   2014년   3월   15일
초판 1쇄 **발행**   2014년   3월   25일

저자	김상두
표지디자인	IndigoBlue
발행인	조경아
발행처	랭귀지북스
주소	서울시 마포구 포은로 2나길 31 벨라비스타 208호
전화	02.406.0047
팩스	02.406.0042
이메일	languagebooks@hanmail.net
홈페이지	www.languagebooks.co.kr
등록번호	101-90-85278
등록일자	2008년 7월 10일
ISBN	979-11-5635-008-8 (53740)
가격	15,000원

| 최강 10배속 암기법의 소문난 스파이더 영단어 |

관계로 묶어라!
영단어 십배속 암기법!

소문난
스파이더
영단어 BLUE
관계편

Language Books

CONTENTS

영단어 암기의
험한 파고를
쉽게 타고 넘을
연상의 위력을 실감하며!

기억력이 '좋다' '나쁘다'라고 하는 것은 사람이나 사물에 대한 개인의 취향에 따라 다를 수 있습니다. 가령 사람의 얼굴을 한 번만 봐도 기억하는 사람이 있는가 하면 어떤 사람은 방금 만났던 사람을 또 만나도 처음 보는 사람이라고 생각하는 경우도 있을 수 있습니다.

기억을 잘하려면 우선 관심이나 흥미가 있어야 합니다. 다음으로는 대상에 대해 기존의 기억이든 아니든 연관성을 많이 부여할 줄 알아야 합니다. 상대방이나 어떤 사물에 대한 관심은 자세히 관찰을 하게 하고 두뇌를 활성화시킵니다. 더욱이 연관성이 주어지면 우리의 뇌는 이것을 중요하다고 생각하여 장기기억으로 분류하는 경향이 있습니다. 이렇듯 관심과 관련성은 강한 자극이 되어 오래 그리고 정확히 기억하게 만듭니다.

더 간단히 말하자면 기억은 연속성이 있으므로 하나를 외우면 다음의 것도 외울 수가 있습니다. 그러므로 기억하려는 대상에 대한 감정이나 관련성의 증대는 기억의 연속성을 증대시키는 기억의 접착제라는 의미입니다. 접착제 역할을 하는 것은 뚜렷한 목적, 흥미, 관심, 선호 등 내적인 것과 대상에 여러 가지 관련성을 부여하는 외적인 것, 그리고 반복, 세 가지 요인으로 나눌 수 있습니다.

이 책을 펼친 독자들은 그 동안 여러 가지 방법으로 영단어를 외워왔을 것입니다. 하지만 뜻대로 잘 안 외워지는 경우가 많았을 것입니다.
그 이유는 단어 하나하나를 따로 외워도 손에 쥐었다고 생각했는데 금방 손에서 빠져나가는 모래알과 같은 이치입니다. 그래서 관련성을 증대시키기 위해 문장 속에서 단어를 외우라고 하는 사람들이 많은 것입니다.

그러나 이제 더욱 간단하게 기억술의 원리를 이용하여 영단어 습득의 새로운 지평을 열고자 합니다.

영단어를
가장 많이,
가장 빨리,
가장 오래 기억하는 비결!

그것은 앞에서 언급했듯이 가능한 한 많은 연관성을 부여하는 것입니다.

기억술에선
1+1=3
1+1+1=7
1+1+1+1=13 입니다.

이 책에선 영단어들을 어원, 파생관계, 동의어, 반의어, 유의어 및 주제라는 관련성으로 정리해 묶어 한 페이지에 적어도 10개에서 많으면 20개 이상 배치하였습니다. 그리하여 약 5,500단어를 수록하였고, 이 책을 통해 단어구조를 잘 이해하게 되면 훨씬 초과하는 어휘를 습득하게 되는 효과를 얻을 것입니다.

이제 그렇게도 잘 외워지지 않았던 영단어들이 손쉽게 외워지는 기적을 체험해 보시기 바랍니다.

이 책을
보는 방법 *

* 파생관계 : ➡ ⬅ ⬆ ⬇

* 반 의 어 : ⇔ ⇕

* 동의어, 유의어 : ＝ ‖

* 관 계 어 : ↗ ↘ － ｜

스 파 이 더 영 단 어 B L U E

CHAPTER 01
어원

01 act (활동하다/법령)

핵
심
정
리

		inactive	⇒	inactivity
		⇕		⇕
action ←	**act** ⇒	active ⇒	actively ⇒	activity
	coact ⇒	coaction		
	en**act** ⇒	enactment		
	inter**act** ⇒	interaction		
	re**act** ⇒	reaction		

* action [ǽkʃən]   * activity [æktíviti]   * reaction [riǽkʃən]
* enact [en(into)+act(법령)→ 법령 속에 넣다] (법률을) 제정하다, 규정하다
* interact [intərǽkt] [inter(between)+act(활동하다)] 상호작용하다
* react [riǽkt] [re(back)+act→ 뒤로 움직이다] 반대하다, 반항하다, 반응을 나타내다

		활발하지 않은/나태한	⇒	활발하지 않음, 나태
활동, 움직임/조치 ←	행위/(행)하다 ⇒	활동적인 ⇒	활동적으로 ⇒	활동, 움직임
	협력하다 ⇒	협력		
	제정(규정)하다 ⇒	입법, 법령		
	상호작용하다 ⇒	상호작용		
	반응(반항)하다 ⇒	반작용, 반항		

* Although he is over 70 he is still **active.**
* He has many **activities** that take up his time when he is not working.
* The government was already taking **actions** to stop the strike.
* A package of economic sanctions is to be **enacted** against the country.
* She slapped and called him names, but he didn't **react.**

* 그는 비록 일흔이 넘었지만 여전히 활동적이다.
* 그는 근무를 하지 않을 때도 시간을 들여야 할 일들이 많다.
* 정부는 이미 그 파업을 중지시키려는 조치를 취하고 있다.
* 그 나라에 대하여 포괄적인 경제 제재가 이루어질 예정이다.
* 그녀는 그의 뺨을 때리고 욕을 했으나, 그는 반응하지 않았다.

02 am, amor (love, liking, friendliness : 사랑, 좋아함, 다정함)

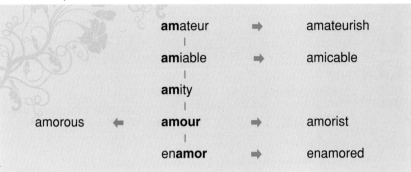

	amateur ➡	amateurish
	amiable ➡	amicable
	amity	
amorous ⬅	amour ➡	amorist
	enamor ➡	enamored

* amateur [ǽmətʃùər] [전문가는 아니지만 좋아서 하는 사람]   * amiable [éimiəbl]
* amicable [ǽmikəbl]   * amity [ǽmiti]   * amour [əmúər]   * amorist [ǽmərist]
* amorous [ǽmərəs]   * enamor [inǽmər] [en(in)+amor(love)사랑에 빠지게 하다]

	아마추어, 비전문가 ➡	아마추어 같은, 미숙한
	상냥한, 친절한 ➡	우호적인, 사이좋은
	친선, 친교	
호색적인, 반한 ⬅	정사, 통정 ➡	한량, 오입장이
	반하게 하다 ➡	매혹한, 홀딱 빠진

 UpGrade 확인학습

* It's a business for professionals but **amateurs**.
* He was always boasting about his **amorous** adventures.
* He is **amorous** of her.
* The king was given to **amour**, taking no interest in ruling.
* My parents are **enamored** of their youngest son.

* 그것은 아마투어가 아니라 전문가의 일이다.
* 그는 늘 애정 행각을 자랑했다.
* 그는 그녀에게 반해 있다.
* 왕은 정사에 빠져 통치에는 관심이 없었다.
* 부모님은 그들의 막내 아들에게 홀딱 빠져있다.

03 anim (mind, will, soul : 정신, 의지, 영혼)

핵심정리

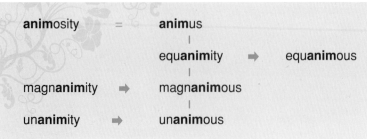

animosity	=	animus
		equanimity ➡ equanimous
magnanimity ➡		magnanimous
unanimity ➡		unanimous

* animosity [æ̀nimásiti] [~에 나쁘게 품는 의지] 적의, 원한, 증오
* animus [ǽniməs] [~에 나쁘게 품는 의지] 적의, 원한, 증오 / 의지
* equanimity [ì:kwənímiti] [equa(same)+anim(mind) 늘 같은 마음] 평정, 침착
* equanimous [i:kwǽniməs]
* magnanimity [mæɡnǽniməs] [magnus(great)+animus(soul) 커다란 정신]
* unanimous [ju(:)nǽniməs] [unus(one)+animus(mind) 하나의 마음인] 만장일치의
* unanimity [jù:nənímiti] (만장) 일치, 합의

적의, 원한, 증오	=	적의, 원한, 증오	
		평정, 침착 ➡	냉정한, 차분한
아량이 넓음, 관대함 ➡		도량이 큰, 관대한	
만장일치 ➡		만장일치의, 합의의	

 UpGrade 확인학습

* The two neighbors are caught in a circle of **animosity** and distrust.
* He has some kind of **animus** against you.
* They were content to accept their defeat with **equanimity.**
* He displayed extraordinary **magnanimity** towards his adversary.
* About this there is **unanimity** among the sociologists.

---

* 그 두 이웃은 적대감과 불신의 순환 속에 갇혀있다.
* 그는 당신에 대하여 뭔가 적대감을 가지고 있다.
* 그들은 침착하게 자신들의 패배를 받아들이는 것으로 만족했다.
* 그는 적에게 굉장한 관용을 베풀었다.
* 이점에 대해서는 사회학자들도 만장일치로 찬성하고 있다.

* **adversary** [ǽdvərsèri] 적, 적수, 반대자

04 aster, astra, astro (star : 별)

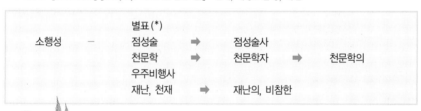

asteroid — asterisk
astrology ➡ astrologer
astronomy ➡ astronomer ➡ astronomical
astronaut
disaster ➡ disastrous

* asterisk [ǽstərìsk]
* asteroid [ǽstərɔ̀id] 소행성 = planetoid [planet(행성)+oid(지소사) ⇨ 소행성]
* astrology [əstrάlədʒi] [astro(별)+logy(학문)] 점성술
* astronomy [əstrΆnəmi] [astro(별)+nomy(법칙)] 천문학
* astronomical [æ̀strənΆmikəl]
* astronaut [ǽstrənɔ̀ːt] [astro(별)+naut(항해사)] 우주비행사
* disaster [dizǽstər] [dis(ill)+star(불길한 별)] 천재, 재앙 / 불행, 재난

		별표(*)		
소행성	—	점성술 ➡	점성술사	
		천문학 ➡	천문학자 ➡	천문학의
		우주비행사		
		재난, 천재 ➡	재난의, 비참한	

UpGrade 확인학습

* To a lot of people, the **astrology** is just mystical and esoteric.
* The Mayans developed **astronomy**, numbers and their own calendar.
* The first **astronaut** in space was Yuri Gagarin from Russia.
* He has, in a sense, courted **disaster** by his own reckless conduct.

* 많은 사람들에게 점성술은 신비롭고 난해하다.
* 마야인들은 천문학, 숫자 그리고 그들 나름대로의 달력을 개발했다
* 최초의 우주 비행사는 러시아의 유리 가가린이었다.
* 그는 어떤 의미에선 무모한 짓으로 스스로 화를 초래한 꼴이 되었다

* **esoteric** [è̀sətérik] 심원한, 난해한 / 비밀의   * **court** [kɔ́ːrt] 초래하다/구애하다

05 bene (good, well : 좋은, 훌륭한)

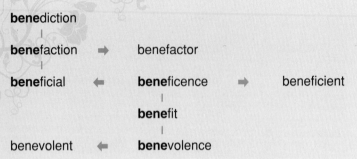

* benediction [bènidíkʃən] [bene(well)+dict(say)+ion ⇨ 좋은 말을 하는 것]
* benefaction [bènifǽkʃən] [bene(well)+fact(do)+ion ⇨ 좋은 일을 하는 것]
* beneficence [binéfisəns] [bene(well)+fic(do)+ence ⇨ 선한 일을 하는 것]
* beneficial [bènəfíʃəl]
* benefit [bénifit] [bene(well)+fit(do) ⇨ 선한 일을 하는 것]
* benevolence [binévələns] [bene(well)+vol(wishing)+ent ⇨ 잘 되기 바라는 것]

축복/찬송기도		
선행, 자선 ➡	은인, 후원자	
유익한, 유용한 ⬅	선행, 자선, 은혜 ➡	선행을 행하는, 인정 많은
	이익, 편의/은혜	
자애로운, 인정 많은 ⬅	자비심, 선행, 박애	

* Don't forget to give the **benediction** before eating.
* Runar is **beneficent** to the poor.
* It is **beneficial** to the health to get up early in the morning.
* They came here for the country's **benefit.**
* This country has a heritage of liberty, equality and **benevolence.**

---

* 식사하기 전에 기도하는 것 잊지 마라.
* 루나는 가난한 사람들에게 자애롭다.
* 아침에 일찍 일어나는 것이 건강에 유익하다.
* 그들은 나라를 위해 여기에 왔다.
* 이 나라는 자유, 평등, 박애라는 유산을 가지고 있다.

06 -cede, -ceed (go, yield, give up : 가다, 넘겨주다)

* cede 양도(양보)하다   * secede [sisí:d] [se(apart)+cede(가다) ⇨ 떨어져 나가다]
* antecede [æntisí:d] [ante(before)+go ⇨ 앞서 가다] 앞서다, 선행하다.
* concede [kənsí:d] [con(utterly)+yield ⇨ 완전히 넘겨주다]
* exceed [iksí:d] [ex(밖으로)+ 가다 ⇨ (넘쳐서) 밖으로 나가다]
* intercede [ìntərsí:d] [inter(between)+go ⇨ 사이로 들어가다]
* precede [pri:sí:d] [pre(before)+go ⇨ 앞에 가다] 앞서다.
* retrocede [rètrousí:d] [retro(backwards 뒤쪽으로)+가다]
* recede [risí:d] [re(back)+go ⇨ 뒤로 가다] 물러나다, 멀어지다.
* proceed [prəsí:d] [pro(forth)+ceed(go) ⇨ 앞으로 가다]
* succeed [səksí:d] [suc(under)+ceed(go) ⇨ 아래에서 가다] 계승하다, 뒤따르다.

	양도하다	➡	탈퇴하다	➡	탈퇴, 분리
앞서는, 선행의 ⬅	선행하다	➡	앞섬, 선행		
초과하다 —	인정(용인)하다	➡	양보, 용인		
	중재(조정)하다	➡	중재, 조정		
앞선, 선행하는 ⬅	앞서다	⇔	후퇴하다, 물러나다		
	물러서다	➡	퇴거, 후퇴		
진행, 과정 ⬅	나아가다/계속하다	—	계승(성공)하다	➡	계승, 성공

 UpGrade 확인학습

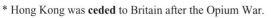

* Hong Kong was **ceded** to Britain after the Opium War.
* Doctors **conceded** that the current vaccine does not always work.
* A warning should **precede** any application of force.
* The tides of economic prosperity continue to **recede** in Europe.

. . . .

* 홍콩은 아편전쟁 이후 영국에 할양되었다.
* 의사들은 최신 백신이 반드시 효력을 발휘하진 못한다는 사실을 인정했다.
* 경고는 모든 폭력에 앞서 행해져야 한다
* 경제 번영의 조류가 유럽에서 계속 물러가고 있다.

07 chron(o) (time : 시간)

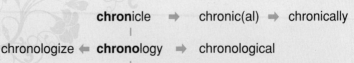

chronicle ➡ chronic(al) ➡ chronically

chronologize ⬅ **chrono**logy ➡ chronological

ana**chron**ism ➡ anachronic

syn**chron**ize ➡ synchronism

* chronicle [kránikl]   * chronic [kránik ⇨ 시간이 걸리는]
* chronology [krənálədʒi]
* anachronism [ənǽkrəniz(ə)m] [ana(backward)+time 시대에 안 맞게 뒤로 돌림]
* anachronistic [ənæ̀krənístik]
* synchronize [síŋkrənàiz] [syn(together)+time 시간을 같게 하다]

연대기	➡	상습적인, 만성의	➡ 상습적으로, 만성적으로
연대순으로 배열하다 ⬅ 연대기, 연대학	➡	연대순의, 연대학적인	
시대착오	➡	시대에 맞지 않는	
동시에 일어나다	➡	동시성, 동시발생	

 UpGrade 확인학습

* They believe this **chronicle** to be written in AD 115.
* In spite of **chronic** ill health, she wrote ten books.
* My memories are sharp, but have no **chronology**.
* The automobile may become an **anachronism** in the future.
* They frequently **synchronize** their movements as they talk.

* 그들은 이 연대기가 서기 115년에 씌어졌다고 믿고 있다.
* 만성적으로 건강이 나쁜데도 불구하고 그녀는 10권의 책을 썼다.
* 나의 기억력은 날카롭지만, 순서가 없다.
* 자동차는 앞으로 시대에 맞지 않게 될지도 모른다.
* 그들은 이야기를 하면서 자주 동작을 맞춘다.

08 -cise, -cide (cut : 자르다)

핵심정리

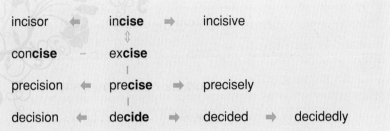

incisor ←	in**cise** →	incisive
	⇕	
con**cise** −	ex**cise**	
precision ←	pre**cise** →	precisely
decision ←	de**cide** →	decided → decidedly

* incise [insáiz] [in(in, into)+cut ⇨ 안을 자르다] 베다, 새기다
* excise [iksáiz] [ex(out)+cut ⇨ 밖으로 잘라내다] 잘라내다, 삭제하다
* concise [kənsáiz] [con(완전히)+cut ⇨ 완전히 잘라냈으니] 간결한, 간명한
* precise [prisáis] [pre(before)+cut ⇨ 앞서(필요없는 것을) 잘라내다] 명확한, 정확한 / 꼼꼼한
* decide [disáid] [de(away)+cut ⇨ 잘라내 버리기로] 결심하다 / 해결하다

(베어 무는)앞니 ←	베다, 째다 →	예리한, 날카로운	
간결한, 간명한 −	(문장 등) 삭제하다		
정확, 정밀 ←	정확한, 정밀한 →	정밀(정확)하게	
결심, 결정 ←	결심(결정)하다 →	결연한, 분명한 →	확실히, 분명하게

 UpGrade 확인학습

* The design is **incised** into a metal plate
* In speaking, one should be clear and **concise**.
* Several passages were **excised** from the book.
* Can you give a more **precise** definition of the word?

---

* 그 도안은 금속판에 새겨져 있다.
* 말할 때는 분명하고 간결하게 해야 한다
* 그 책에서 몇 구절이 삭제되었다.
* 그 단어의 좀 더 정확한 정의를 말씀해 주시겠어요.

09 -close (닫다)

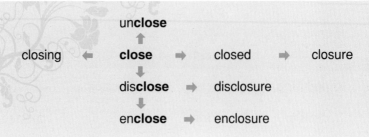

* closure [klóuʒər]
* unclose [ʌnklóuz] [un(반대)+close(닫다)] 열다, 열리다
* disclose [disklóuz] [dis(not)+close ⇨ 사실을 닫지(덮지) 않고] 폭로하다 / 덮개를 벗기다
* enclose [inklóuz] [[en(in)+close ⇨ 안에 넣고 닫다] 에워싸다, 둘러싸다

	열다, 열리다			
폐쇄, 종결 ←	닫다 ⇨	닫은, 종료된 ⇨	폐쇄, 마감
	폭로하다 ⇨	폭로, 발각	
	에워싸다 ⇨	둘러쌈, 동봉	

* We have decided to **close** some famous mountain trails to hikers.
* Bus services will be disrupted tomorrow because of the bridge **closure**.
* It was **disclosed** that two women had been interviewed by the police.
* Low hedges **enclosed** the flower beds.

* 저희는 일부 유명 등산로를 폐쇄하기로 결정했습니다.
* 그 다리 폐쇄로 내일은 버스 운행에 지장이 있을 것이다.
* 두 명의 여자가 경찰의 조사를 받은 것으로 밝혀졌다.
* 낮은 생울타리가 화단을 둘러싸고 있었다.

* **disrupt**[disrʌ́pt] 혼란에 빠트리다 / 붕괴(분열)시키다

10 -clude (close, shut : 닫다)

inclusion ⬅ in**clude** ➡ inclusive ➡ inclusively

exclusion ⬅ ex**clude** ➡ exclusive ➡ exclusively

conclusion ⬅ con**clude** ➡ conclusive

seclusion ⬅ se**clude** ➡ seclusive

preclusion ⬅ pre**clude**

* include [inklú:d] [in+shut ⇨ 안에 넣고 닫다] 포함하다, 함유하다
* exclude [iksklú:d] [ex(out)+shut 내놓고 닫다] 배제하다, 제외하다
* conclude [kənklú:d] [con(together)+shut ⇨ 같이 닫아버리다] 종결(완료)하다 / 체결하다
* seclude [siklú:d] [se(apart)+shut ⇨ 떼어놓고 닫다] 차단(격리)하다 / 은퇴시키다
* preclude [priklú:d] [pre(before)+shut ⇨ 사전에 닫아버려 들어오는 것을] 방해하다, 가로막다

포함, 포괄 ⬅	포함(함유)하다 ➡	포함하여 ➡	전부 통틀어
제외, 배제 ⬅	배제하다 ➡	배타(배제)적인 ➡	배타적으로
종결, 결말 ⬅	종결(완료)하다 ➡	종국의, 결정적인	
격리, 은둔 ⬅	차단(격리)하다 ➡	틀어박히기를 좋아하는	
제외, 배제 ⬅	방해하다, 배제하다		

* The activities at the school **include** sports and dances.
* The restaurant **excludes** anyone who is not properly dressed from entering.
* Let me **conclude** by telling an anecdote.
* Such an occupation will **seclude** you from normal life.

* 그 학교에서의 활동은 스포츠와 댄스를 포함한다.
* 그 식당은 옷을 제대로 갖춰 입지 않은 사람들의 출입을 금지한다.
* 내가 일화를 한 가지 말함으로써 마무리 짓겠습니다
* 그런 직업을 가지면 당신은 정상적인 생활을 하지 못할 것이다.

11 cover (덮개)

핵심정리

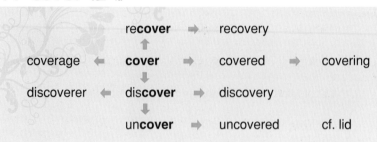

* cover [kʌ́vər] 뚜껑 / 덮다
* recover [rikʌ́vər] [re(again)+cover ⇨ 열린 뚜껑을 다시 덮다] 회복하다
* discover [diskʌ́vər] [dis(apart)+cover ⇨ 뚜껑을 분리하여 안에 있는 것을] 발견하다
* uncover [ʌ̀nkʌ́vər] [un(apart)+cover ⇨ 뚜껑을 제거하여 안에 있는 것을] 폭로하다

	회복하다	⇨	회복		
보호, 적용범위 ←	덮개 / 덮다	⇨	덮인, 숨겨진	⇨	덮개, 덮기
발견자 ←	발견하다	⇨	발견		
	폭로하다	⇨	노출된		cf. 뚜껑, 눈까풀

UpGrade 확인학습

* They took a long time to **recover** from this shock.
* His advisers insisted that no economic **recovery** was in sight.
* She **covered** her face with her hands.
* The peak of the mountain is **covered** with snow and ice.
* We **discovered** a way to get rid of it.
* These reasons can usually be **uncovered** with a little inquiry.

---

* 그들은 이 충격으로부터 회복하는 데 오랜 시간이 걸렸다.
* 그의 고문들은 경제 회복의 전망이 없다고 주장했다.
* 그녀는 얼굴을 두 손으로 감쌌다.
* 그 산의 꼭대기는 눈과 얼음으로 덮여 있다.
* 우리는 그것을 제거할 수 있는 방법을 발견했다.
* 이러한 이유들은 대개 조금만 조사해 보면 밝혀질 수 있다.

12 -cure (care: 걱정, 근심, 주의/돌보다)

cure

accurately ← ac**cur**ate ➡ ac**cur**acy

curiously ← **cur**ious ➡ **cur**iosity

mani**cure** ➡ pedi**cure**

pro**cure** ➡ pro**cure**ment

se**cure** ➡ se**cur**ity

* cure [kjúər] [cure(care) ⇨ (병을) 돌보다] 치료하다
* accurate [ǽkjurit] [ac(ad)+cure(care)+ate ⇨ 주의 깊게 행해지는]
* curious [kjúəriəs] [cure(care)+ous ⇨ ~에 주의가 깊은] 호기심이 강한
* manicure [mǽnikjùər] [mani(hand)+cure(care) ⇨ 손을 보살피다]
* pedicure [pédikjùər] [ped)foot)+cure(care) ⇨ 발을 보살피다]
* procure [pro(u)kjúər] [pro(for)+cure(care) ⇨ 위해서 마음쓰다] 얻다
* secure [sikjúər] [se(apart)+cure(care) ⇨ 근심(걱정)에서 떨어진] 안전(심)한

	치료하다, 고치다	
정확히, 틀림없이 ←	정확한, 틀림없는 ➡	정확, 확실
호기심을 갖고, 신기한 듯이 ←	호기심이 강한 ➡	호기심, 진기
	매니큐어(를 바르다) ➡	발의 치료/발톱 가꾸기
	얻다, 손에 넣다 ➡	획득, 입수
	안전한, 안심한 ➡	안전, 안심, 무사

 UpGrade 확인학습

* Short-sightedness can be **cured** in 15 minutes' operation.
* Mandy is **curious** to know what happened.
* He was accused of **procuring** weapons for terrorists.
* We want a **secure** future for our children.
* She spends $20 a week having a **manicure** and a facial treatment.

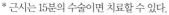

* 근시는 15분의 수술이면 치료할 수 있다.
* 맨디는 무슨 일이 일어났는지 알고 싶어 한다.
* 그는 테러용 무기를 구입한 혐의로 기소 중이다.
* 우리는 아이들을 위해 안전한 미래를 원한다.
* 그녀는 손톱을 다듬고 얼굴 가꾸기를 하는 데에 한 주에 30달러를 쓴다.

21

13 dict (say, speak : 말하다)

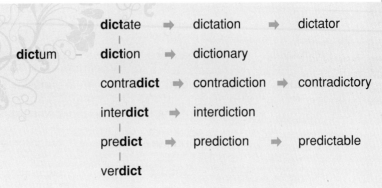

dictate ➡ dictation ➡ dictator

dictum — diction ➡ dictionary

contradict ➡ contradiction ➡ contradictory

interdict ➡ interdiction

predict ➡ prediction ➡ predictable

verdict

* dictate [díkteit]　* dictation [diktéiʃən]　* dictum [díktəm]　* diction [díkʃən]
* dictionary [díkʃənəri] [diction(용어)+ary(~에 관한 것)] 사전
* contradict [kàntrədíkt] [contra(against)+dict(speak) ⇨ 반대하여 말하다]
* interdict [ìntərdíkt] [inter(between)+speak ⇨ 사이에서 (방해하며) 말하다]
* predict [pridíkt] [pre(beforehand)+dict(speak) ⇨ 앞서서 말하다]
* verdict [vɔ́:rdikt] [ver(truth)+speak ⇨ 진실을 말하다] (배심원의) 평결/판단

	받아쓰게 하다/명령하다 ➡	구술, 명령, 지시 ➡	독재자
선언/격언 —	말씨, 어법/ 용어 ➡	사전	
	반대(부정)하다, 모순되다 ➡	부정, 모순 ➡	모순된, 반박적인
	막다, 방해(금지)하다 ➡	금지, 금치산 선고	
	예언(예보)하다 ➡	예언, 예보 ➡	예언할 수 있는
	(배심원의) 평결/ 판단		

 UpGrade 확인학습

* When my boss **dictates**, he speaks too quickly for me to take down everything he says.
* Recent evidence has seemed to **contradict** established theories on this subject.
* To everyone's surprise, his **prediction** of severe storm came true.
* After deliberating for seven hours, the jury reached a majority **verdict** of 10 to 2 in favor of the defendant.

* 받아 쓰게 할 때 사장님은 말이 너무 빨라서 나는 그가 말하는 것을 다 적을 수가 없다.
* 최근의 증거는 이 문제에 관한 확립된 이론들과 모순되는 것 같다.
* 모두가 놀라게도 심한 폭풍이 닥칠 거라는 그의 예언은 실현되었다.
* 7시간 동안 숙고한 배심원들은 10대 2의 다수결 평결로 피고에게 찬성표를 던졌다.

14 -duce, -duct (lead : 이끌다)

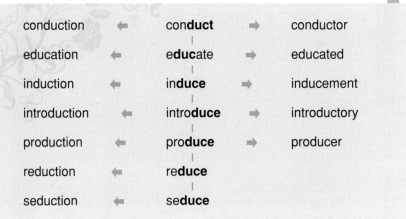

conduction ⬅	con**duct** ➡	conductor
education ⬅	e**duc**ate ➡	educated
induction ⬅	in**duce** ➡	inducement
introduction ⬅	intro**duce** ➡	introductory
production ⬅	pro**duce** ➡	producer
reduction ⬅	re**duce**	
seduction ⬅	se**duce**	

* conduct 명 [kándəkt] 행위, 행동, 처신　동 [kəndʌ́kt] [con(together)+duct]
* educate [édʒukèit] [e(out of)+duc(lead)　⇨ (문맹) 밖으로 인도하다]　교육하다
* induce [ind(j)ú:s] [in(into)+duce ⇨ (마음)속으로 이끌다]　설득(권유)하여 ~시키다
* introduce [ìntrəd(j)ú:s] [intro(inwards)+duce]　도입하다, 가르치다/소개하다
* produce [prəd(j)ú:s] [pro(forward)+duce ⇨ 앞으로 이끌다]
* reduce [rid(j)ú:s] [re(back)+duce ⇨ 뒤쪽으로 이끌다]　줄이다, 감소하다/낮추다
* seduce [sid(j)ú:s] [se(apart)+duce ⇨ (올바른 길)에서 벗어나게 이끌다]

(물을 파이프로) 이끌기 ⬅	이끌다, 안내하다/처신하다 ➡	안내자, 지배인
교육/교양, 소양 ⬅	교육하다, 훈련하다 ➡	교육 받은, 교양 있는
(전기) 유도/귀납 ⬅	설득(권유)하여 ~시키다 ➡	권유, 유인
도입, 서론/소개 ⬅	도입하다, 가르치다/소개하다 ➡	서문(서론)의/도입하는
생산, 제작 ⬅	생산(산출, 제작)하다 ➡	생산자, 제작자
축소, 감소/하락 ⬅	줄이다, 감소하다/낮추다	
꾀기, 교사 ⬅	부추기다, 교사하다	

UpGrade 확인학습

* The actor's demonstration of emotion **induces** similar emotions in his audience.
* They used a stolen car to **reduce** the risk of detection.

* 배우의 감정표현은 관객들에게 비슷한 감정을 일으키게 만든다.
* 그들은 적발 위험을 줄이기 위해 훔친 차를 사용했다.

15 fin (end, limit : 끝, 한계)

confinement ←	confine ⇒	confined	
definition ←	define ⇒	definite	⇒ definitely
finishing ←	finish ⇒	finished	
	final ⇒	finale	
	finis —	finite ⇒	finitely
		⇕ infinite ⇒	⇕ infinitely

* confine [kənfáin] [con(together)+fine(end) ⇨ 전부 끝내다] 한정(제한)하다/ 가두다
* define [de(from)+fine(limit) ~에서 한계를 정하다] 정의하다, 한정하다 / 분명히 하다
* definition [dèfiníʃən]   * definite [définit]   * final [fáinəl]
* finali [finá:li, finæli]   * finis [fáinis, fínəs]   * finite [fáinait]
* infinite [ínfənət] [in(not)+finite ⇨ 유한하지 않은]

국한, 한정/감금 ←	한정(제한)하다/감금하다 ⇒	한정된, 좁은/갇힌	
한정/정의/명확함 ←	정의(한정)하다/분명히 하다 ⇒	명확한, 정확한 ⇒	분명히, 확실히
마무리, 손질/최후의 ←	끝내다, 완성하다 ⇒	끝마친, 완성된	
	결승/마지막(최후)의 ⇒	종국, 대단원/마지막 장면	
	끝, 최후, 죽음 —	한정된, 유한의 ⇒	제한(한정)적으로
		무한한, 무수한 ⇒	무한히, 무수히, 매우

UpGrade 확인학습

* I don't like a job in which I'm **confined** to doing only one thing.
* Before I answer your question, could you **define** your terms a little more?
* All the dancers come on stage during the grand **finale**.

* 나는 단지 한 가지만하는 것에 국한된 일자리를 싫어한다.
* 단신의 질문에 답하기 전에 당신의 말씀을 좀 더 분명하게 설명해 주십시오.
* 무대의 마지막 장면에서는 무용수들이 모두 무대에 등장한다.

16 flu, fluc, flux (flow : 흐름)

핵심정리

	inflow	⇔	outflow	
flowage ←	**flow**	⇒	flowing	
	fluid	⇒	**flu**ent	⇒ fluency
influx ←	**flux**	⇒	reflux	⇒ efflux(ion)
fluctuation ←	**fluc**tuate	⇒	fluctuating	

* flow [flou]   * flowage [flóuidʒ]   * fluid [flú:id]   * fluent [flú:ənt]
* flux [flʌks]   * influx [ínflʌks] [in(into)+flux ⇨ 안으로 흘러 들어가다]
* efflux [éflʌks] [ef(ex)+flux ⇨ 밖으로 흘러 나가다]
* reflux [rí:flʌks] [re(back)+flux ⇨ 뒤로 흐르다]

	유입(량)	⇔	유출(량)	
유출, 유동, 범람 ←	흐르다	⇒	흐르는, 유창한	
	유동성의, 유동적인/유체	⇒	유창한, 능변의/유동성의	⇒ 유창, 능변
유입, 쇄도 ←	유동, 흐름/밀물	⇒	역류, 퇴조	⇒ 유출, 발산
변동, 동요/파동 ←	파동치다, 동요하다	⇒	변동이 있는, 동요하는	

UpGrade 확인학습

* The river **flows** southwest to the Atlantic Ocean.
* Opinion in the trade union is very **fluid** as regards this question.
* I could speak Chinese with great **fluency**.
* Foreign aid helped Chad cope with the massive **influx** of refugees from neighboring countries.
* Although prices **fluctuated** between 1929 and 1972, overall the trend was downward.

* 그 강은 남쪽으로 흘러가 대서양에 이른다.
* 노조의 판단은 이 문제에 관하여 몹시 유동적이다.
* 나는 중국어를 매우 유창하게 말할 수 있다.
* 대외원조로 인하여 차드는 이웃나라로부터의 대규모 망명자들의 유입에 대처할 수 있었다.
* 비록 1929년부터 1972년 사이에 물가가 출렁거렸지만 종합적으로 보아서 추세는 하향적이었다.

17 fuse (pour/melt : 붓다, 따르다/녹이다, 용해하다)

핵심정리

fusion ← **fuse**
↓
confusion ← con**fuse** ⇒ confused ⇒ confusing
↓
diffusion ← dif**fuse** ⇒ diffused
↓
infusion ← in**fuse**
↓
refusal ← re**fuse**

* fuse [fju:z]   * fusion [fjú:ʒən]
* confuse [kənfjú:z] [con(together)+fuse(pour)] ⇨ 함께 부어 넣어] 혼란시키다, 혼동하다
* diffuse [difjú:z] [dif(apart)+fuse(pour)] ⇨ 따로 따르다] 발산(방산)하다, 널리 베풀다
* infuse [infjú:z] [in(안에)+fuse(붓다) ⇨ 안에 붓다] 주입하다, 불어 넣다
* refuse [rifjú:z] [re(back)+fuse(따르다) ⇨ 따르지 않고 손을 뒤로] 거절(사절)하다

융해, 융합, 통합 ← 녹이다/용해(융합)시키다
혼란, 혼동, 소란 ← 혼동하다, 혼란시키다 ⇒ 혼란한/당황한 ⇒ 혼란(당황)시키는
발산, 살포, 보급 ← 발산하다/보급시키다 ⇒ 널리 퍼진, 보급된
주입, 고취/달임 ← 주입(고취)하다/달이다
거절, 거부, 사퇴 ← 거절(사퇴, 사절)하다

 UpGrade 확인학습

* It's easy to **confuse** his films because he always uses the same actors.
* Television is a powerful means of **diffusing** knowledge.
* The pulling down of the Berlin wall **infused** the world with optimism.
* He asked me to give another loan, but I **refused**.

* 그는 늘 같은 배우를 쓰기 때문에 그의 영화는 혼동하기 쉽다.
* 텔레비전은 강력한 지식 전파수단이다.
* 베를린 장벽을 헐어내자 세계는 낙관주의로 충만했다.
* 그는 내게 또 다시 돈을 빌려주겠다고 했지만 나는 거절했다.

18 gen, gene, genit
[birth(탄생), create(창조하다), kind(종류), class(부류)]

핵심정리

progenitor	–	**gen**esis	–	**gen**re
generation	←	**gen**erate	➡	generator
degeneration	←	de**gen**erate		
		en**gen**der	➡	engenderment
regeneration	←	re**gen**erate		
		hetero**gene**ous	➡	homo**gene**ous

* genesis [dʒénəsis]　　　　　* genre [ʒáːnrə]
* progenitor [pro(u)dʒénitər] [[pro(before)+gen(birth) ⇨ 앞에서 낳다] 선조, 조상
* degenerate [didʒénərèit] [de(from)+kind ⇨ 종류에서 떨어져 나가다] 퇴화(퇴보)하다
* engender [indʒéndər] [en(in)+create ⇨ 안에 만들다] 생기게 하다, 발생 시키다
* regenerate [ridʒénərèit] [re(again)+generate ⇨ 다시 생기게 하다] 재건(재생)하다
* heterogeneous [hètəro(u)dʒíːniəs] [hetero(other)+kind+ ⇨ 다른 종류의]
* homogeneous [hòumo(u)dʒíːniəs] [homo(same)+kind ⇨ 같은 종류의]

선조, 조상	–	기원, 발상	–	양식, 유형
세대, 발생	←	낳다, 발생시키다	➡	발전기
타락, 퇴보	←	퇴보(퇴화)하다/타락하다		
		발생시키다	➡	초래, 야기
갱생, 재건	←	갱생시키다, 재건하다		
		이종의, 이질적인	➡	동종의, 동질의

UpGrade 확인학습

* Many people disagree about the **genesis** of life.
* Solar cells **generate** electricity directly when struck by sunlight.
* Young men of our **generation** were **degenerating**.
* His latest book has **engendered** a lot of controversy.

* 많은 사람들이 생명의 기원에 대해서 의견일치를 보지 못하고 있다.
* 태양 전지는 햇빛을 받으면 곧 전기를 발생시킨다.
* 우리 세대의 젊은이들이 타락하고 있다.
* 그의 최근 저서는 많은 논쟁을 일으켰다.　　　 * **controversy** [kántrəvə̀ːrsi] 논쟁, 논의/언쟁

19 greg [gather(모이다), flock(떼짓다)]

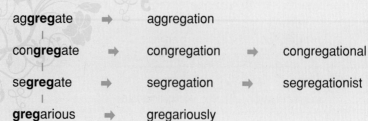

ag**greg**ate ➡	aggregation	
con**greg**ate ➡	congregation ➡	congregational
se**greg**ate ➡	segregation ➡	segregationist
gregarious ➡	gregariously	

* aggregate [ǽgrigèit] [ag(to)+flock ⇨ ~에 모이다] 모이다, 합계 ~가 되다 / 집합한
* congregate [káŋgrigèit] [con(together)+flock ⇨ 함께 모이다] 모이다, 집합하다
* segregate [ségrigèit] [se(away from)+flock ⇨ ~로부터 떼어 모이다]
  분리(격리)하다 / 차별하다
* gregarious [grigέəriəs]

모이다, 집합한 ➡	집합, 집단	
모이다, 집합하다 ➡	모임, 집회 ➡	회중의, 집합의
분리(차별)하다 ➡	분리, 격리, 차별대우 ➡	분리주의자
떼지어 사는, 사교적인 ➡	군거하여, 집단적으로	

  UpGrade 확인학습

* The money collected **aggregated** 10,000 dollars.
* People began to **congregate** to hear his speech.
* The vicar asked the **congregation** to kneel.
* The government **segregate** the colored into a special section of a city.
* He has an outgoing and **gregarious** personality.

* 모인 돈은 도합 10,000 달러가 되었다.
* 사람들이 그의 연설을 들으려고 모여들기 시작했다.
* 그 목사는 회중에게 무릎을 꿇으라고 요청했다.
* 정부는 유색 인종을 시의 특수 지구로 격리했다.
* 그는 외향적이고 사교적인 성격이다

* **vicar** [víkər] (교구) 목사

20 gress (go, step : 가다)

핵
심
정
리

	ag**gress** ➡	aggression ➡	aggressive
congressional ⬅	con**gress** ➡	congressman	
	di**gress** ➡	digression	
	pro**gress** ➡	progression ➡	progressive
re**gress** =	retro**gress** ➡	retrogression	
	trans**gress** ➡	transgression	

* aggress [əgrés] [ag(to)+gress(go)] ⇨ ~을 향해 가다] 공격하다, 싸움을 걸다
* congress [káŋgres, kɔ́ŋ-] [con(together)+gress(go)] 회의, 집회 / (C-) 국회, 의회
* digress [daigrés] [di(aside)+gress(step)] ⇨ 옆으로 가다] 본론에서 벗어나다, 탈선하다
* progress 명 [prágres] [pro(forwards)+gress(go) 앞으로 가다] 전진, 진보/경과
        동 [pro(u)grés] 나아가다, 전진하다
* regress [ri(:)grés] [re(back)+gress(go) ⇨ 뒤로 가다] 후퇴(역행)하다 / 후퇴
* retrogress [rétro(u)grès] [retro(backwards)+gress(go) ⇨ 뒤쪽으로 가다]
* transgress [trænsgrés] [trans(across)+gress(go)] ⇨ (정해진 선을) 가로질러 가다]

	공격하다 ➡	공격, 침략 ➡	침략(공격)적인
회의(집회)의 ⬅	회의, 집회/국회 ➡	국회(하원)의원	
	본론에서 벗어나다 ➡	탈선, 여담	
	전진(진행)(하다) ➡	전진, 진행, 진보 ➡	진보(진행)하는
후퇴(역행)하다 =	후퇴하다, 쇠퇴하다 ➡	후퇴, 퇴보/퇴화	
	위반하다, 어기다 / 넘다 ➡	위반, 반칙/(종교, 도덕적인)범죄	

UpGrade 확인학습

* We regard the presence of troops on our borders as an act of **aggression**.
* As the war **progressed** more and more countries became involved.
* This great civilization will begin to **retrogress** at any time, too.
* Anyone who **transgress** this regulation will be punished severely.

* 우리는 우리 국경에 군대가 주둔하는 것을 침략행위로 간주한다.
* 전쟁이 진행될수록 점점 더 많은 나라가 말려들었다.
* 이 위대한 문명도 또한 언제라도 쇠퇴하기 시작할 것이다.
* 이 규정을 위반하는 사람은 중벌을 받을 것이다.

21 here, hes [stick(달라붙다)]

핵심정리

adherence ← adhesion ← ad**here** → adherent
　　　　　　　　　　　　　|
　　　　　　cohesion ← co**here** → coherent → cohesive
　　　　　　　　　　　　　|
inherence = inhesion ← in**here** → inherent

* adhere [ədhíər] [ad(to)+stick ⇨ ~에 들러붙다] 들러붙다, 부착하다
* cohere [kouhíər] [co(together)+stick ⇨ 함께 들러붙다] 밀착하다, 응집하다
* inhere [inhíər] [in+stick ⇨ 내부에 붙어있다] (내재)하다 / 본래 부여되어 있다
* adhesion [ədhí:ʒən]　　* cohesion [kouhí:ʒən]　　* inhesion [inhí:ʒən]

집착, 충실 ← 부착, 점착 ← 들러붙다 　　⇨ 　　부착력이 있는
　　　　　점착, 결합 ← 응집하다/조리가 서다 ⇨ 일관성 있는/조리가 선 ⇨ 점착(결합)력 있는
고유, 타고남 = 고유, 내재 ← 내재하다/타고나다 ⇨ 고유의, 타고난

 UpGrade 확인학습

* Wax **adhered** to her fingers.
* Society **coheres** by such moral principles.
* When he calm down he was more **coherent**.
* It is a value that should **inhere** in our Government.
* There are dangers **inherent** in almost every sport.

---

* 밀납이 그녀의 손에 묻었다.
* 사회는 그런 도덕적 원리들에 의해 응집된다.
* 기분이 진정되자 그는 좀 더 조리 있게 설명했다.
* 그것은 우리 정부에 마땅히 내재되어야할 가치이다.
* 거의 모든 운동에는 그 운동 고유의 위험이 있다.

22 -ject [throw(던지다)]

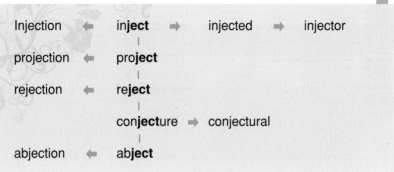

Injection ← in**ject** → injected → injector

projection ← pro**ject**

rejection ← re**ject**

con**ject**ure → conjectural

abjection ← ab**ject**

* inject [indʒékt] [in+throw ⇨ 안으로 던지다] 주사(주입)하다, 삽입하다
* project [prədʒékt] [pro(forward)+ ⇨ 앞으로 던지다] 발사하다 ⇨ 고안(기획)하다
* reject [ridʒékt] [[re(back)+ ⇨ 뒤로 던지다] 거절(거부)하다
* conjecture [kəndʒéktʃər] [con(together)+ ⇨ 함께 던지다] 짐작(추측)하다
* abject [ǽbʒekt] [[ab(away)+ ⇨ 상궤에서 벗어나게 던지다] 비열한, 야비한
* injection [indʒékʃən]   * projection [prədʒékʃən]   * abjection [ǽbdʒékʃən]

주입, 주사 ←	주사(주입)하다 →	주사(삽입)된 →	주사기
투사(발사, 영상) ←	발사(고안, 기획)하다		
거절, 폐기 ←	거절(거부)하다		
	추측하다 →	억측하기 좋아하는	
영락, 비천 ←	비참(비열)한		

 UpGrade 확인학습

* The nurse **injected** medicine into his vein.
* The mayor **projected** the construction of a new road.
* All our suggestions were **rejected** out of hand.
* He **conjectured** that the population might double in ten years.

----

* 간호사가 그의 정맥에 주사약을 주사했다.
* 시장은 새로운 도로건설을 계획했다.
* 우리의 모든 제안은 내놓자마자 거절당했다
* 그는 십 년이면 인구가 두 배가 될 것이라고 추측했다

23 -ject 2 [throw(던지다)]

핵심정리

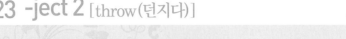

subjection ←	subject ⇕	→ subjective ⇕
objection ←	object	→ objective
	deject	→ dejected
ejection ←	eject	
interjection ←	interject	

* subject 동 [səbdʒékt] [sub(under)+throw ⇨ 아래로 던지다] 종속(복종)시키다
  명 [sʌ́bdʒikt] 주제, 학과
* object 동 [əbdʒékt] [ob(in the way of)+throw ⇨ 방해되게 던지다] 반대하다
  명 [ábdʒikt] 물체 / 목적
* deject [didʒékt] [de(down)+throw ⇨ 아래로 던지다] 낙담시키다
* eject [idʒékt] [e(out)+throw ⇨ 밖으로 던지다] 쫓아내다, 추방하다
* interject [ìntərdʒékt] [inter(between)+throw ⇨ 사이로 던지다] 삽입하다

정복, 복종/주제 ←	복종시키다 →	주관적인, 개인의
반대, 이의 ←	반대하다/물건 →	목표 / 객관적인
	낙담시키다 →	낙심한, 낙담한
방출, 배출 ←	쫓아내다, 추방하다	
감탄(사) ←	삽입하다/말참견을 하다	

UpGrade 확인학습

* The general **subjected** a nation to his rule.
* After hard work he finally attained his **object**.
* Do you **object** to my smoking? ----No, not at all.
* The troublemaker was **ejected** from the shop in the end.

---

* 그 장군은 국민을 자기의 지배하에 두었다.
* 열심히 일한 후 그는 결국 목적을 달성했다.
* 담배를 피워도 괜찮겠습니까? ---네, 상관없습니다.
* 그 말썽을 피우던 사람은 결국 상점에서 쫓겨났다.

24 -judice, judge, jur, jus(판단, 재판, 법)

judiciary	–	judicial	⇒	extrajudicial
		judge	⇒	judgement
		adjudge	⇒	adjudgment
		prejudice	⇒	prejudicial
jurist	–	jurisdiction	– jury	⇒ juryman
		just	⇒ justice	⇒ justify

* judicial [dʒu(:)díʃəl]   * extrajudicial [èkstrədʒu(:)díʃəl] [extra(outside)+~]
* judiciary [dʒu(:)díʃièri]   * judge [dʒʌdʒ]
* adjudge [ədʒʌdʒ] [a(utterly)+judge ⇨ 철저하게 판단하다] 결정(선고)하다/ 판결하다
* prejudice [prédʒudis] [pre(before)+judgement(판단) ⇨ 미리 판단해 가지는 견해]
* jurist [dʒúərist]
* jurisdiction [dʒùərisdíkʃən] [juris(law)+diction(saying) ⇨ 법을 말하는 것]
* jury [dʒúəri]   * just [dʒʌst]   * justice [dʒʌstis]   * justify [dʒʌstifài]

사법의/사법부, 법관	–	사법의, 재판의	⇒	법정 밖의, 법정외의
		재판관, 판사/재판하다	⇒	재판, 심판/판단(력)
		결정(판결)하다	⇒	판결, 선고, 심판
		편견, 선입관	⇒	편파적인,불리한
법학자(변호사, 판사)	⇒	사법(재판, 지배, 관할)권	– 배심/심사하다 ⇒ 배심원
		올바른, 공정한	⇒ 정의, 공정, 정당 ⇒ 정당화하다

 UpGrade 확인학습

* Recent events have called into question the chairman's judgement.
* Many women still encounter deep-seated prejudice in workplace which prevents them from achieving top positions.
* The court has no jurisdiction in cases of this kind.

* 최근의 사건들로 인해 의장의 판단력이 의문시되고 있다.
* 많은 여성들이 여전히 직장에서 정상의 자리에 오르는 것을 막는 뿌리 깊은 편견에 직면해 있다.
* 법원은 이런 종류의 사건들에는 사법권이 없다.

25 lateral (side : 옆, 측면)

		lateral	➡	unilateral
bilateral	–	trilateral	–	quadrilateral
		collateral	–	equilateral
		multilateral		

uni- (단일의), **bi-** (둘), **tri-** (셋), **quadri-** (넷), **quint-** (다섯),
multi- (많은, 여러), **col-** (함께), **equi-** (같은)

* unilateral [jùːnəlǽtərəl]   * bilateral [bailǽtərəl]   * trilateral [trailǽtərəl]
* quadri- [kwàdrilǽtərəl]   * collateral [kəlǽtərəl]   * equilateral [ìːkwilǽtərəl]
* multilateral [mʌ́ltilæ̀tərəl]

			➡	
쌍방의, 양당의	–	옆의, 측면의		일방적인, 한편의
		3변의, 3자간의	–	4변형(의)ㅣ
		평행한/2차적인, 부수적인	–	등변의
		다각적인, 다국간의		

UpGrade 확인학습

* All of these sea creatures had developed **lateral** fins.
* Korea extended the North Korean regime the courtesy of our consistent and **unilateral** aid.
* The two countries have signed several **bilateral** agreements.
* The government denied that there had been any **collateral** damage during the bombing raid.
* Such moves, he argued, could lead to **multilateral** nuclear disarmament.

---

* 이들 바다 생물들은 모두 옆 지느러미를 발달시켰다.
* 한국은 북한에 대해서 지속적이고 일방적인 원조를 베풀어주는 호의를 베풀었다
* 그 두 나라는 몇 개의 쌍무협정을 체결했다.
* 정부는 그 폭격 중의 어떤 이차적인 피해 발생도 부인했다.
* 그런 움직임들은 다국적인 핵군축으로 이어질 수 있다고 그는 주장했다.

* **courtesy** [kə́ːrtəsi] 예의, 공손/호의

26 -lect (gather, choose : 모으다, 선택하다)

collection	←	collect	→	collector	→	collective
election	←	elect	→	elector	→	elective
		intellect	→	intellectual	→	intellectually
negligence	←	neglect	→	neglectful	
recollection	←	recollect		
selection	←	select	→	selective	

* collect [kəlékt] [col(together)+lect(모으다)]
* elect [e(from)+lect(choose) ⇨ ~로부터 뽑다] 선출하다, 선거하다
* intellect [íntəlèkt] [intel=inter(between)+choose ⇨ 사이에서 뽑을 수 있는] 지성, 지력, 지능
* neglect [niglékt] [neg(not)+choose, gather ⇨ 선택하지 않다] 경시(무시)하다
* recollect [rèkəlékt] [re(again)+collect ⇨ (옛 기억을) 다시 모으다] 회상하다, 생각해내다
* select [silékt] [se(aside, apart)+choose 뽑아서 한 쪽에 치워놓다] 고르다, 선발하다
* negligence [néglidʒəns]

수집, 수금, 모금	←	모으다, 수집하다	→	수집가, 채집가, 징수원	→	모인, 축적된, 집단의
선택, 선거	←	선출(선거)하다	→	선거인, 유권자	→	선거의, 선택의
		지성, 지능		지력의, 지능적인	→	지적으로, 이지적으로
태만, 등한	←	태만(경시, 무시)하다	→	부주의한, 무관심한	
상기, 기억, 회상	←	회상하다, 기억나다		
선발, 선택	←	선발(발췌)하다	→	선택의, 발췌의	

UpGrade 확인학습

* The company **collected** information about consumer trends.
* She **neglected** children and left clothes unmended,
* He still has hopes of being **selected** for the national team

* 그 회사는 소비자 동향에 관한 정보를 수집했다.
* 그녀는 아이들에게 소홀히 했고 옷은 수선도 하지 않고 내버려두었다.
* 그는 여전히 국가대표팀에 선출되리라는 희망을 품고 있다.

35

27 litera- (letter, writing : 글, 문자, 쓰기)

letter

|
literalize ⬅ **literal** ➡ literally

literature ⬅ **liter**ary

literacy ⬅ **liter**ate ⬌ illiterate ➡ illiteracy

* letter [létər]   * literal [lítərəl]   * literalize [lítərəlàiz]
* literary [lítərəri]   * literate [lítərət]   * literature [lítərətʃər]

글자, 문자/편지
글자 뜻대로 해석하다 ⬅ 문자의, 문자 그대로의 ➡ 문자 그대로, 축어적으로
문학, 문예 ⬅ 문학(문예, 문필)의
읽고 쓰는 능력, 교양 ⬅ 읽고 쓸 수 있는, 박식한 ⬌ 문맹의, 무학의 ➡ 문맹, 무학

 Up**Grade**확인학습

* He understood what Rose had said in the **literal** sense of the word.
* They were **literally** starving to death.
* I envy you having friends with whom you can discuss art and **literature**.
* Only half the children in the class are **literate**.
* Almost all of them are **illiterate**, it's unbelievable.

* 그는 로즈가 한 말을 곧이곧대로 이해했다.
* 그들은 문자 그대로 굶어 죽어가고 있었다.
* 나는 예술과 문학을 논할 수 있는 친구들이 있는 당신이 부럽습니다.
* 이 학급의 아이들 절반만이 글을 읽고 쓸 줄 압니다.
* 그들 거의 모두가 문맹이라니 믿을 수가 없다.

28 luc, lum (light : 빛)

핵심정리

lucidity	←	**lucid**	⇒	lucent		
		elucidate				
luminous	=	**lumin**ant	⇒	**lumin**ary	⇒	luminaire
		luminesce	⇒	luminescence		

* lucid [lú:sid]   * lucidity [lusíditi]   * lucent [lú:snt]
* elucidate [ilú:sidèit] [e(out)+luci(빛) ⇨ 빛을 밖으로 보내다] 밝히다, 설명하다
* luminant [lú:minənt]   * luminesce [lù:minés]   * luminary [lú:mənèri]
* luminaire [lù:mənέər]

광휘, 밝음/명백, 명쾌	←	빛나는, 밝은, 명석한	⇒	빛나는, 번쩍이는		
		설명하다, 밝히다				
빛나는, 반짝이는/밝은	=	빛나는, 빛을 발하는/발광체	⇒	발광체/유명인	⇒	조명기구
		(열없이) 빛을 발하다	⇒	발광		

UpGrade 확인학습

* You must write in a clear and **lucid** style.
* The possible reasons for the change in weather conditions have been **elucidated** by several scientists.
* Her large dark eyes were almost **luminous**.
* Professor Mosley is a wellknown **luminary** in cancer research.
* The moonlight gave everything a strange **luminescence**.

....

* 당신은 명료하고 밝은 문체로 글을 써야한다.
* 기후 상태의 변화에 대한 가능한 이유는 몇몇 과학자들이 설명했다.
* 그녀의 크고 검은 눈은 거의 반짝이는 듯 했다.
* 모슬리 교수는 암 연구에 있어 널리 알려진 유명인이다.
* 달빛이 모든 사물을 이상한 발광체로 만들었다.

29 mal(e) (evil, ill, bad, wrongful : 나쁜, 고약한)

핵
심
정
리

malediction

malefaction ➡ malefactor

maleficence ➡ maleficent

malice ➡ malicious

malevolent ⬅ **male**volence

maltreat – **mal**nutrition

* malediction [mæ̀lidíkʃən] [male(ill)+dict(say)+ion ⇨ 나쁜 말을 하는 것]
* malefaction [mæ̀lifǽkʃən] [male(ill)+fact(do)+ion ⇨ 나쁜 일을 하는 것]
* maleficence [məléfisəns] [male(ill)+fic(do)+ence ⇨ 나쁜 일을 하는 것]
* malice [mǽlis] [mal(bad)]   * malicious [məlíʃəs]
* malevolence [məlévələns] [male(ill)+vol(wishing)+ent ⇨ 나쁘게 되길 바라는 것]

저주, 욕, 험담
범죄, 범행   ➡   범인, 범죄자, 악인
악행, 나쁜 짓   ➡   해가 되는, 유해한
                    악의, 원한   ➡   악의 있는, 심술궂은
악의 있는   ⬅   악의, 적의
혹사(학대) 하다   –   영양실조

UpGrade 확인학습

* It's a blessing and a **malediction**, so to speak.
* The results were predictable - with innocent Jews being killed indiscriminately alongside the **malefactors**.
* I didn't speak out of **malice**.
* Is he able but not willing? Then he is **malevolent**.
* The prisoners have been **maltreated** for ages.

* 말하자면 그것은 축복이자 저주이다.
* 결과는 예측할 수 있었다 – 죄 없는 유태인들이 악인들과 나란히 무차별하게 살해당하는 것이다.
* 악의가 있어 한 말은 아니었다.
* 걔 할 수 있는데도 안하는 거야? 그럼 나쁜 놈이네.
* 죄수들은 오랜 세월 학대를 당해 왔다.

30 mania (madness : 미침, 광기)

maniac ←	**mania** →	maniacal
kleptomania	megalo**mania**	
	pyro**mania** –	nympho**mania**

madness ←	**mad** →	madly →	madman
=	=		=
insanity ←	**insane** ←	sane →	lunatic
	=		
	crazy		

* mania [méiniə]   * maniac [méiniæk]   * kleptomania [klèpto(u)méiniə]
* megalomania [mègəlo(u)méiniə] [megalo(큰)+mania(미침)] 과대망상증
* pyromania [pàiro(u)méiniə] [pyro(불, 열)+미침] 방화광
* nymphomania [nìmfəméiniə] [nympho(님프-요정)+미침] (여자의) 음란증, 색정증
* insane [inséin]   * lunatic [lú:nətik] [옛날엔 달의 영기를 쬐면 미친다고 여겼음]

미치광이 ←	광증, 열광, ~광 →	미친, 광적인
병적인 도벽 –	과대망상증	
	방화광 –	색정광, 음란증

광기, 정신착란 ←	미친, 열광한 →	미쳐서, 맹렬히 →	미치광이
정신착란, 정신병	정신이상의, 미친 ←	제정신의 건전한 →	미치광이
	미친, 미친 듯한		

 UpGrade 확인학습

* European countries has a **mania** for soccer.
* Suddenly the **maniac** ran out into the middle of the street.
* It is said that one reason for Napoleon's **megalomania** was his childhood
* In a moment of **madness**, I agreed to have the party at my house.
* The court acquitted Campbell on the grounds of temporary **insanity**.

---

* 유럽의 여러 나라들은 축구에 열광적이다.
* 갑자기 그 미치광이는 도로 한 가운데로 뛰어나갔다.
* 나폴레옹의 과대망상증의 한 가지 이유는 그의 어린시절이었다고 한다.
* 잠깐 정신이 나가서 나는 집에서 파티를 열겠다고 동의했다.
* 법원은 캠벨이 일시적인 정신착란이었다는 근거로 방면했다.

* **acquit** [əkwít] 무죄 선고하다. 석방하다.

31 man(u) (hand : 손)

manuscript	–	manacle	–	manual
		mandate		
manufacturer	←	manufacture		
manipulation	←	manipulate		
emancipation	←	emancipate		

* manuscript [mǽnjuskript] [man(hand)+script(writing)] 손으로 쓴 것, 원고
* mandate [mǽndeit] [man(hand)+date(give) ⇨ 남의 손에 넘기다] 통치 위임/ 지시
* manufacture [mǽnjufǽtʃər] [man(hand)+fac(make) ⇨ 손으로 만들다] 제작하다, 생산하다
* manipulate [mənípjulèit] 조종하다, 잘 다루다   * manipulation [mənìpjuléiʃən]
* emancipate [imǽnsipèit] [e(away from)+hand ⇨ 손아귀에서 벗어나게 하다] 해방하다

원고	–	수갑, 속박(하다)	–	손의/소책자(편람)
		통치 위임/명령		
제조업자, 공장주	←	제조(제작)하다		
처리, 조종	←	조종(조작)하다, 잘 다루다		
해방, 이탈	←	해방(석방)하다		

 UpGrade 확인학습

* The work is already complete in **manuscript**.
* A **manual** is a book which tells you how to do something or how a piece of machinery works
* A shoemaker **manufactures** the leather into shoes.
* Slaves were not **emancipated** until 1863 in the United States.

* 그 작품은 벌써 탈고되었다
* '매뉴얼'은 당신에게 어떤 일을 하는 방법 또는 기계가 작동되는 방법을 알려주는 책이다.
* 제화업자는 가죽으로 구두를 만든다.
* 미국에서 노예는 1863년에야 해방이 되었다.

32 meter, metr(o), metry (measure : 재다, 측정하다)

핵심정리

metric ←	**meter** →	metrical
alti**meter** –	baro**meter** –	chrono**meter**
dia**meter** –	odo**meter** –	photo**meter**
speedo**meter** –	thermo**meter** –	**metro**nome
geo**metry** –	sym**metry** ⇔	asym**metry**

* altimeter [æltímitər] [alti-(높은)]   * barometer [bərámitər] [bar(물리의 압력의 단위)]
* chronometer [krənámitər] [chrono-(시간)] 정밀한 시계 * metric [métrik]
* diameter [daiǽmitər] [dia(관통하여, 가로질러)]   * odometer [oudámitər]
* photometer [fo(u)támitər] [photo(빛, 사진)]   * speedometer [spi:dámitər]
* thermometer [θərmámitər] [thermo-(열, 뜨거운)]   * metronome [métrənòum]
* geometry [dʒi:ámitri] [geo-(지구, 땅)]   * symmetry [símitri] [sym(함께, 같이, 똑같은)]
* asymmetry [eisímitri] [a(not)+symmetry]

미터(법)의 ←	미터/박자 /계량기 →	측량의/운율의
고도계 –	기압계, 청우계/척도 –	정밀한 시계
직경 –	주행 기록기 –	광도계, 노출계
속도계 –	온도계, 체온계 –	박자 측정기
기하학 –	대칭, 조화 ⇔	불균형, 비대칭

UpGrade 확인학습

* A man came to read the electricity **meter**.
* The skin is an accurate **barometer** of emotional and physical health,
* The **diameter** of the earth is about 13,000km.
* On the centigrade **thermometer**, the freezing point of water is zero degree.
* Classical dance in its purest form requires **symmetry** and balance.

---

* 한 남자가 전기계량기를 읽으러 왔다.
* 피부는 정서적, 신체적 건강의 정확한 척도이다.
* 지구의 직경은 약 13,000km이다.
* 섭씨온도계에서 물의 빙점은 0도이다.
* 가장 순수한 형태의 고전 무용은 조화와 균형을 요한다.

33 -mit (send : 보내다)

핵심정리

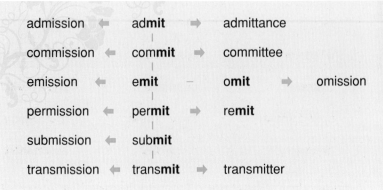

admission	←	admit	→	admittance		
commission	←	commit	→	committee		
emission	←	emit	–	omit	→	omission
permission	←	permit	→	remit		
submission	←	submit				
transmission	←	transmit	→	transmitter		

* admit [ədmít] [ad(to)+mit(send) ~로 (가도록) 보내다] 들어오게 하다 / 인정하다
* commit [kəmít] [com(with)+mit(send) (일)을 함께 보내다] 맡기다, 위탁하다
* emit [e(out of)+mit(send) 밖으로 보내다]
* omit [o(u)mít] [o(in front of)+mit(send) 앞으로 보내다 – 여기선 생략하다]
* permit [pə(:)rmít] [per(through)+mit(send) (마음을) 통하여 보내다]
* remit [rimít] [re(back)+send 뒤로 보내다] 연기하다 / 보내다, 부치다
* submit [səbmít] [sub(under)+send 아래로 보내다] 복종(굴복)하다 / 제출하다
* transmit [trænsmít] [trans(over)+send=send over 보내다] 발송(전달)하다

입장, 입회, 입국(허가)	←	들이다	→	입장(입회) 허가		
위임, 위탁	←	맡기다, 위임하다/하다	→	위원회, 평의회		
발산, 발사, 방사	←	내뿜다, 발(사)하다	–	생략하다	→	생략, 탈락/소홀
허가, 허락	←	허락하다, 묵인하다	–	보내다, 부치다/면제(경감)하다		
항복, 복종, 순종	←	복종케하다/제출하다				
전달, 전송, 양도	←	전달(발송)하다	→	전달 장치/양도자		

UpGrade 확인학습

* Brandy **committed** a series of brutal murders.
* The kettle **emitted** a shrill whistle.
* Students are required to **submit** a term paper.
* **Remit** the money to me at once.

* 브랜디는 일련의 잔인한 살인사건을 저질렀다.
* 주전자가 날카롭게 삑삑 소리를 내고 있었다.
* 학생들은 학기말 리포트를 내도록 되어있다.
* 즉시 그 돈을 내게 보내시오.

34 nounce (bring news, tell, report)

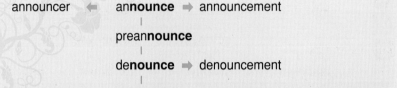

announcer ⬅ an**nounce** ➡ announcement

prean**nounce**

de**nounce** ➡ denouncement

mispronounce ⬄ pro**nounce** ➡ pronouncement ➡ pronunciation

re**nounce** ➡ renouncement

* announce [ənáuns] [an(to)+nounce(bring news) ⇨ ~에게 소식을 말하다]
* preannounce [prì:ənáuns] [pre(beforehand)+bring news ⇨ 앞서 (뉴스를) 말하다]
* denounce [dináuns] [de(강하 or 부정)+nounce(bring news, tell) ⇨ 비난(고발)하다]
* pronounce [prənáuns] [pro(publicly)+tell ⇨ 공개적으로 말하다] 발음(낭독)하다/선고하다
* mispronounce [mìsprənáuns] [mis(wrongly)+발음하다 ⇨ 잘못 발음하다]
* pronunciation [prənÀnsiéiʃən]
* renounce [rináuns] [re(away)+말하다 ⇨ 떨어지라고 말하다] 포기(단념)하다/인연을 끊다

통보자, 아나운서 ⬅	발표하다, 알리다 ➡	고지, 발표, 공시
	예고(예보)하다	
	비난(고발)하다 ➡	비난, 탄핵, 고발
잘못 발음하다 ⬄	발음(낭독, 선고)하다 ➡	발표, 선언 ➡ 발음
	포기(단념)하다 ➡	포기, 거절, 절연

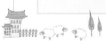

UpGrade 확인학습

* The prime Minister has **announced** that public spending will be increased next year.
* The government's economic policy has been **denounced** on all sides.
* Life is a foreign language; all men **mispronounce** it.
* Gandhi **renounced** the use of violence.

* 수상은 내년에 공공경비 지출이 늘어날 것이라고 발표했다.
* 정부의 경제 정책은 모든 면에서 비난을 받아왔다.
* 인생은 외국어이다; 모든 사람이 그것을 잘못 발음한다.
* 간디는 폭력의 사용을 포기했다.

35 -nym, onomato (name : 이름, 명칭)

핵심정리

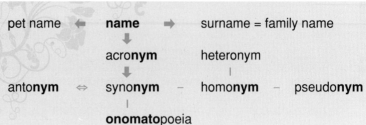

pet name ← **name** → surname = family name
↓
acronym   hetero**nym**
↓
anto**nym** ⇔ syno**nym** – homo**nym** – pseudo**nym**
|
onomatopoeia

* surname [sə́:rnèim] [sur(sub)+name ⇨ 아래 이름] 성(영어권은 이름 다음에 성을 씀)
* acronym [ǽkrənim] [acro(extremity)+name ⇨ 끝 + 명칭] 두문자어
* antonym [ǽntənim] [anto(against)+name ⇨ 반대하는 명칭] 반의어
* synonym [sínənim] [syno(same)+name ⇨ 같은 명칭] 동의어, 유의어
* homonym [hámənìm] [homo(same)+name 같은 명칭] 동음이의어 * heteronym [hétərən
* pseudonym [sjú:dənìm] [pseudo(false)+name ⇨ 가짜 이름] 가명, 아호, 필명
* onomatopoeia [àno(u)mǽto(u)pí:ə] [onomato(name)+make ⇨ 명칭을 만드는] 의성(법), 의

애칭	➡	이름	➡	성		
		두문자		① 동철이음이어		
반의어	⇔	동의어	–	② 동음이의어	–	가명, 아호
		의성어				

① tear [tiər] 눈물 / [tɛər] 찢다
② dear 친애하는 / deer 사슴

 UpGrade 확인학습

* 'Bunny' is a pet **name** for a rabbit.
* What **name** shall I say?
* He has the **name** of a miser.
* ROK is the **acronym** for the Republic of Korea.
* His name has become a **synonym** for cowardice.

* '버니' 는 토끼의 애칭이다
* 누구시라고 할까요?
* 그는 구두쇠로 이름이 나 있다.
* ROK는 'Republic of Korea' 의 약자이다.
* 그는 겁쟁이의 대명사가 되었다. (⇦ 겁쟁이와 동의어가 되었다)

36 ob- (against, in the way of, over : ~와 맞서, ~에 방해가 되는, 위에)

핵
심
정
리

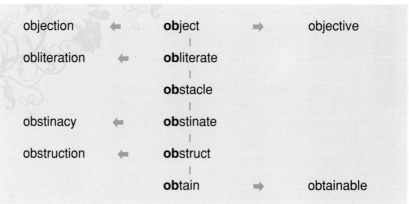

* object [əbdʒékt] [ob(against)+ject(throw) ➡ ~에 맞서 던지다] 반대하다, 싫어하다
* obliterate [əblítərèit] [ob(over)+liter(letter) ➡ (지우개를) 글자 위에 놓고 지우다]
* obstacle [ábstəkl] [ob(in the way of)+stacle(standing) ➡ 방해가 되게 서있는 것]
* obstinate [ástinit] [ob(in the way of)+stin(stand) ➡ 방해가 되게 서있다]
* obstruct [əbstrʌ́kt] [ob(in the way of)+struct(stand) ➡ 방해가 되게 세우다]
* obtain [əbtéin] [ob(against)+tain(hold) ➡ ~에 맞서서 ~을 잡다]

항의, 반대 ⬅	반대하다, 싫어하다 ➡	목적, 목표/ 객관적인
말소, 제거 ⬅	말소(제거)하다	
	장애, 고장	
고집, 완고 ⬅	고집센, 완고한	
방해, 훼방 ⬅	방해하다/막다	
	얻다, 획득하다 ➡	입수(획득)할 수 있는

 UpGrade 확인학습

* There is no room to take **objection** to his plan.
* Too much applause is an **obstacle** to the progress of the play.
* He was fined for **obstructing** the work of the police.
* He was the most **obstinate** man that I've ever met.
* This medicine is **obtainable** only on a physician's prescription.

* 그의 계획에 이의를 제기할 여지는 없다.
* 박수갈채도 지나치면 연극 진행에 방해가 된다.
* 그는 경찰의 업무방해로 벌금을 고지 받았다.
* 그는 이제껏 내가 만나본 중에 가장 완고한 사람이다.
* 이 약은 의사의 처방전이 없으면 입수할 수 없다.

37 ortho- (straight, right, correct : 곧은, 올바른, 정확한)

핵심정리

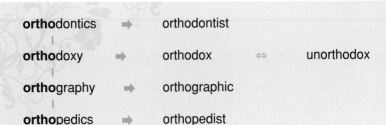

orthodontics	➡	orthodontist		
orthodoxy	➡	orthodox	⇔	unorthodox
orthography	➡	orthographic		
orthopedics	➡	orthopedist		

* orthodontics [ɔ̀ːrθədántiks]
* orthodoxy [ɔ̀ːrθədáksi] [ortho(올바른)+doxy(학설, 설)] 정설, 정교
* orthography [ɔːrθágrəfi] [ortho(올바른)+graphy(writing)] 정서법, 바른 철자법
* orthopedics [ɔ̀ːrθərpíːdiks] [ortho(곧은)+ped(발)+ics(학)] 정형외과

치열교정술	➡	치열교정의사		
정설, 정교	➡	정설의, 정통의	⇔	정통이 아닌, 이단의
정서법, 철자법	➡	철자법이 바른		
정형외과	➡	정형외과 의사		

UpGrade 확인학습

* **Orthodox** economists believe that a recession is now inevitable.
* These ideas have now become part of educational **orthodoxy**.
* The complex rules that govern English **orthography** should be abandoned.
* As her leg was still troubling her, she had to go for **orthopedic surgery**.
* He is a consultant in **orthopedics** at St Bartholomew's hospital.

* 정통 경제학자들은 불황은 이제 피할 수 없다고 믿고 있다.
* 이 개념들은 이제 교육적 정설의 일부가 되어버렸다.
* 영어의 맞춤법을 규제하는 복잡한 규칙들은 폐지되어야 한다.
* 여전히 다리가 아파서 그녀는 정형외과 수술을 받아야만 했다.
* 그는 바돌로뮤 병원 정형외과 고문 전문의이다.

* **abandon** [əbǽndən] (암기법 : 애 밴 여자는 돈을) 포기하다, 단념하다

38 ped (foot, child : 발, 아이)

pedicure	**ped**al	**ped**estal	**ped**estrian
	peddle ➡	peddler ➡	peddling
quadru**ped**	bi**ped**	centi**pede**	
impediment ⬅	im**pede**		
	pedagogy	**ped**iatrics	pediatrician

* pedicure [pédikjùər] [ped(foot)+cure(치료하다)] 발의 치료, 발을 치료하다
* pedestal [pédistl] [pede(foot)+stall(진열대) ⇨ 진열대 다리부분] 받침대, 대좌
* pedistrian [pidéstriən]   * peddle [pedl]
* biped [báiped] [bi(two)+foot] 두발의 / 두발짐승
* impede [impí:d] [im(in)+foot ⇨ 누구의 가는 길에 발을 넣다]   * impediment [impédəmənt]
* centipede [séntipì:d] [centi(100)+발 ⇨ 발이 100개] 지네   * quadruped [kwádrupèd]
* pedagogy [pédəgoudʒi] [ped(child)+gogy(art) 아이를 가르치는 기술]
* pediatrics [pì:diǽtriks]   * pediatrician [pì:diətríʃən]

발의 치료	페달(의)	받침대, 대좌	보행자, 도보여행자
	행상하다 ➡	행상인, 도붓장수 ➡	행상(의)
네발동물	두발의/두발동물	지네	
방해, 지장 ⬅	방해하다		
	교육학, 교수법	소아과	소아과 의사

* I pressed my foot down sharply on the brake **pedal**.
* She worked as a door-to-door saleswoman **peddling** cosmetics.
* He is really no more than a **peddler**.
* Horses, cats and dogs are **quadrupeds**, but humans are **bipeds**.

----

* 나는 급히 브레이크 페달을 발로 꾹 밟았다
* 그녀는 집집마다 다니며 화장품을 파는 외판원으로 일했다.
* 그는 정말로 한갓 떠돌이 장사꾼에 지나지 않는다.
* 말, 사자, 개는 네 발 동물이지만 사람은 두 발 동물이다.

* **cosmetic** [kazmétik] 화장의, 성형의 / (pl) 화장품

47

39 pel, pul (drive: 몰다)

핵
심
정
리

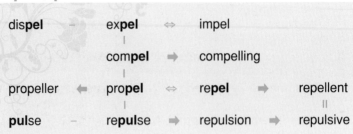

dispel	–	ex**pel**	⇔	impel		
		com**pel**	➡	compelling		
pro**pel**ler	⬅	pro**pel**	⇔	re**pel**	➡	repellent
pulse	–	re**pul**se	➡	repulsion	➡	repulsive

* dispel [dispél] [dis(away)+drive] 쫓아버리다, 흩어지게 하다
* expel [ikspél] [ex(out)+drive] ⇨ 밖으로 몰다] 쫓아버리다, 격퇴(구제)하다
* impel [impél] [im(into)+drive] ⇨ 안으로 몰다] 몰다, 재촉하다
* compel [kəmpél] [com((utterly)+drive ⇨ 완전히 몰다] 강요하다, 무리하게 시키다
* propel [prəpél] [pro(forward)+drive ⇨ 앞으로 몰다] 추진하다, 촉구하다
* repel [ripél] [re(back)+drive ⇨ 뒤로 몰다] 쫓아버리다, 격퇴하다
* pulse [pʌls] [피를 밀어낼 때 생기는] 맥박
* repulse [ripʌ́ls] [re(back)+pul(drive) ⇨ 뒤로 몰다]

쫓아버리다	–	격퇴(추방)하다	⇔	재촉하다, 몰아대다		
		강요하다	➡	강제적인, 억지의		
프로펠러	⬅	추진(촉구)하다	⇔	격퇴하다	➡	불쾌한, 반발하는
맥박	–	격퇴(거절)(하다)	➡	격퇴, 거절	➡	불쾌한, 냉정한

UpGrade 확인학습

* Jakson was **expelled** from the school because of his misdeeds.
* The orator **compelled** tears from the audience.
* You should use your past successful experience to **propel** yourself forward.
* Same poles of the magnet **repel** each other.

---

* 잭슨은 비행으로 퇴학당했다.
* 그 연사는 청중으로 하여금 눈물을 흘리지 않을 수 없게 하였다.
* 당신은 과거의 성공적인 경험을 이용하여 앞으로 더 나아가야 한다.
* 자석의 같은 극끼리는 서로를 밀어낸다.

* **orator** [ɔ́:rətər] 연사, 강연자

40 pend, pens (hang, pay : 매달다, 지불하다)

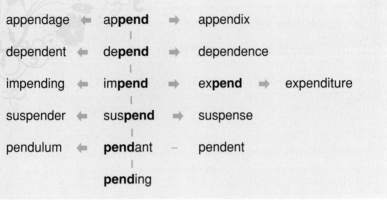

appendage ← ap**pend** → appendix

dependent ← de**pend** → dependence

impending ← im**pend** → ex**pend** → expenditure

suspender ← sus**pend** → suspense

pendulum ← **pend**ant – pendent

pending

* append [əpénd] [ap(ad변형: to)+pend(매달다) : ~에 매달다] 덧붙이다, 부가하다
* depend [dipénd] [de(down from)+hang ⇨ ~로부터 매달리다] ~에 의존하다
* impend [impénd] [im(on)+hang] 임박(절박)해 있다
* expend [ikspénd] [ex(out)+pend(pay)] 소비하다, 쓰다
* suspend [səspénd] [sus(under)+hang] 매달다 / 정지하다 / (아래 매달려 언제 떨어질지 몰라) 불안케 하다
* pendulum [péndʒuləm]   * pending [매달려 있는 동안]   * appendage [əpéndidʒ]

부속(첨가)물 ←	덧붙이다, 추가하다 →	부가물, 추가물/돌기
의지(의존)하는 ←	의지(의존)하다 →	의지, 의존
임박한, 박두한 ←	임박(절박)해 있다 →	소비하다, 쓰다 → 지출, 비용
양말 대님 ←	매달다/보류하다 →	걱정, 불안/미결상태
추, 흔들이 ←	펜던트/늘어뜨린 장식 –	늘어진, 매달린/미결정의
	~하는 동안, ~까지	

 UpGrade 확인학습

* I **append** Mr Jonson's letter herewith.
* They **expend** vast time and effort on the experiment.
* The bridge was **suspended** on chains.
* **Pending** his arrival we examined the plan throughly.

---

* 여기에 존슨씨의 편지를 동봉합니다.
* 그들은 그 실험에 막대한 시간과 돈을 썼다.
* 그 다리는 쇠사슬로 매여 있습니다.
* 우리는 그가 도착할 때까지 그 계획을 면밀히 검토했다.

49

핵
심
정
리

41 per- (through, to the end, thoroughly : ~을 통해서, 끝까지, 철저히

perception	←	**per**ceive	⇒	perceptible		
permeation	←	**per**meate				
permission	←	**per**mit	⇒	permissive		
perennial	–	**per**plex	⇒	perplexity		
		persist	⇒	persistence	⇒	persistent
		pervert	⇒	perverse		

* perceive [pəːrsíːv] [per(thoroughly)+ceive(take) (마음으로) 철저할 정도로 취하다]
* permeate [pə́ːrmièit] [per(through)+meate(pass) 통과하다] 스며들다
* permit [pə(ː)rmít] [per(through)+mit(send) (마음을) 통하여 보내다] 허락하다
* perennial [pəréiəl] [per(through)+annus(year) 일 년을 통하여 계속]
* perplex [pərpléks] [per(completely)+plex(twist) 완전히 꼬이게 하다] 당황케 하다
* persist [pəːrsíst] [per(through)+sist(stand) ~을 통과하는 동안 계속 서있다] 관철하다
* pervert [pə(ː)rvə́ːrt] [per(thoroughly)+vert(turn) 완전히 (정상) 방향을 바꿔 버리다]

지각, 인식/직관	←	지각(인지)하다	⇒	지각(인식)할 수 있는	
침투, 충만	←	스며들다, 침투하다			
허락, 허가, 승낙	←	허락(허가, 묵인)하다	⇒	허용하는, 관대한	
연중 계속되는/영원한	–	당황케(난처하게) 하다	⇒	당황, 곤혹, 난처	
		관철(주장)하다/지속하다	⇒	고집, 집요/지속	⇒ 고집하는, 완고한
		타락시키다/오용하다	⇒	성미가 비뚤어진/까다로운	

UpGrade 확인학습

* Children who do badly in school tests often **perceive** themselves failures.
* The smell of diesel oil **permeated** the air.
* They didn't have the **permission** to cross the frontier.
* Her strange silence **perplexed** him extremely.
* He **persists** in his refusal to admit his responsibility.

---

* 학교성적이 좋지 못한 아이들은 종종 자신을 실패자라고 인식한다.
* 디젤유의 냄새가 공기 중에 퍼졌다.
* 그들은 국경을 통과할 수 있는 허가를 받지 못했다.
* 그녀의 이상한 침묵이 그를 몹시 당황스럽게 만들었다.
* 그는 끝까지 책임을 인정하기를 거부했다.

42 part (divide : 나누다/부분)

impartial ➡ impartially

partial ⬅ **part** ➡ **part**ake ➡ **part**icipate ➡ participation

apart ➡ apartment

departure ⬅ de**part** ➡ department

com**part** ➡ compartment

counter**part**

im**part**

* partake [pa:rtéik] [part(부분,몫)+take ⇨ 부분(몫)을 취하다] 참여하다, 함께 하다
* participate [pa:rtísipèit] [part+cipate(take) ⇨ 부분(몫)을 취하다] 가담(참여)하다
* apart [əpá:rt] [a(away)+part ⇨ 부분으로부터 떨어져 나온] 떨어져, 뿔뿔이/별개로
* depart [dipá:rt] [de=dis(apart)+part(divide)] 떠나다, 작별하다
* department [dipá:rtmənt] [de(apart)+part(divide) ⇨ 떼어 나눔] 부문, 부, (백화점) 매장
* compart [kəmpá:rt] [com(together)+part(divide) ⇨ 함께 나누다] 구획하다, 칸막다
* counterpart [káuntərpà:rt] [counter(반대의, 부의)+part] 사본, 상대물
* impart [im(on)+part(divide)] 알리다/나누어 주다

공평한, 편견 없는	➡	공평하게, 불편부당하게		
부분적인, 편파적인	부분, 몫/나누다 ➡	참여하다 ➡	참여(가담)하다 ➡	참여, 가담
	산산이, 뿔뿔이, 떨어져 ➡	아파트		
출발, 발차 ⬅	출발하다, 떠나다 ➡	부문, ~부, (백화점) 매장		
	구획하다, 나누다 ➡	구획, 칸막이		
	복사물, 사본, 상대(물) / 한 쌍의 한 쪽			
	알리다, 나주어 주다			

UpGrade 확인학습

* What's the worst **part** of wearing an adhesive bandage?
* The two sides in the talks are still a long way **apart**.
* The plane will **depart** at its regularly scheduled time.
* The Foreign Minister held talks with his Japanese **counterpart**.

---

* 반창고를 사용할 때 가장 불편한 점은 무엇일까?
* 그 회담의 양측은 아직 합의에 이르기엔 멀다.
* 비행기는 통상 예정된 시간에 출발할 겁니다.
* 외무 장관이 일본측 외무 장관과 몇 차례 회담을 가졌다.

핵
심
정
리

43 port (carry, bear : 나르다, 지탱하다)

airport	⬅	**port**	➡	porter	➡	portable
		⬇				
		im**port**	➡	importable	➡	importer
		⬍				
		ex**port**	➡	exportable	➡	exporter
		⬇				
		re**port**	➡	reporter		
		⬇				
		sup**port**	➡	supporter		
transportation	⬅	trans**port**	➡	transporter		

* portable [pɔ́ːrtəbl] [port(carry)+able(할 수 있는) ⇨ 나를 수 있는] 휴대용의
* import [impɔ́ːrt] [im(in)+carry ⇨ 안으로 나르다] 수입하다
* export [iksɔ́ːrt] [ex(out)+carry ⇨ 밖으로 나르다] 수출하다
* report [ripɔ́ːrt] [re(back)+carry ⇨ (앞에서 보고) 뒤로 나르다] 보고(보도)(하다)
* support [səpɔ́ːrt] [sup(under)+bear ⇨ 아래서 위로 지탱하다] 지탱(부양)하다 / 원조하다
* transport [trænspɔ́ːrt] [trans(across)+carry ⇨ 가로질러 나르다] 수송(운송)하다

공항	⬅	항구	➡	운반인, 짐꾼	➡	휴대용의
		수입하다	➡	수입할 수 있는	➡	수입업자
		수출하다	➡	수출할 수 있는	➡	수출업자
		보고하다	➡	보고자, 신문기자		
		지지하다	➡	지지자		
운송, 수송	⬅	수송하다	➡	운송업자		

 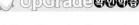

UpGrade 확인학습

* Hong Kong is a free **port**.
* I had a **porter** carry my bags to the taxi stand.
* The country must increase the **import** of food from abroad.
* They sell to the home market but don't **export**.

* 홍콩은 자유항이다.
* 나는 짐꾼에게 가방들을 택시 승차장으로 운반시켰다.
* 그 나라는 외국으로부터 식량수입을 늘려야 한다.
* 그들은 내수시장에만 팔고 수출은 하지 않는다.

44 pose, pone (put, place : 놓다, 두다)

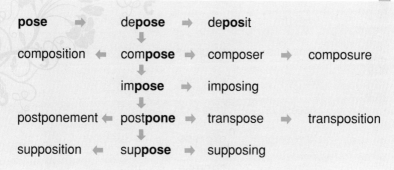

pose ➡ depose ➡ deposit

composition ⬅ compose ➡ composer ➡ composure

impose ➡ imposing

postponement ⬅ postpone ➡ transpose ➡ transposition

supposition ⬅ suppose ➡ supposing

* depose [dipóuz] [de(away from)+put ⇨ ~로부터 떨어지게 두다] 물러나게 하다
* deposit [dipázit] [de(down)+place ⇨ 아래에 두다]
* compose [kəmpóuz] [com(together)+put] 구성하다 / 조립하다 / 작곡하다
* impose [impóuz] [im(on)+place ⇨ (어깨) 위에 놓다] (의무 등을) 지우다 / 강요하다
* postpone [poustpóun] [post(after)+put ⇨ 뒤로 놓다] 연기하다
* transpose [trænspóuz] [trans(across)+put ⇨ 가로질러 놓다] 바꾸다, 전환하다
* suppose [səpóuz] [sup=sub(under)+place ⇨ 아래에 놓다] 가정(상상)하다

자세를 취하다 ➡	물러나게 하다 ➡	(아래에) 두다, 예금하다	
구성, 조립 ⬅	구성(조립)하다 ➡	작곡가 ➡	침착, 평정
	강요하다 ➡	인상적인, 당당한	
연기, 유예 ⬅	연기하다 ➡	전환하다 ➡	바꾸어 놓음, 전환
가정, 상상 ⬅	상상(가정)하다 ➡	만약 ---이라면	

UpGrade 확인학습

* The president was **deposed** by the revolution.
* The troop is **composed** entirely of American soldiers.
* You shouldn't **impose** your opinion upon me.
* Does it inconvenience you that we **postpone** our meeting for an other day?

---

* 대통령은 혁명으로 자리에서 쫓겨났다.
* 그 중대는 전부 미국인 병사들로 구성되어 있다.
* 당신은 당신의 의견을 내게 강요해서는 안 된다.
* 모임을 다른 날로 미루면 불편하신가요?

45 press (누르다)

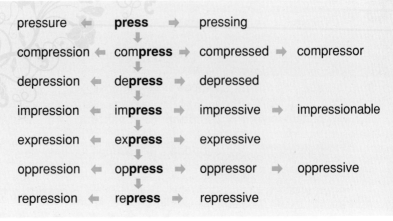

pressure	←	**press**	→	pressing		
compression	←	com**press**	→	compressed	→	compressor
depression	←	de**press**	→	depressed		
impression	←	im**press**	→	impressive	→	impressionable
expression	←	ex**press**	→	expressive		
oppression	←	op**press**	→	oppressor	→	oppressive
repression	←	re**press**	→	repressive		

* compress [kəmprés] [com(together)+press ⇨ 함께 누르다] 압축하다
* depress [diprés] [de(down)+press ⇨ 아래로 누르다] 내리누르다 / 낙담시키다
* impress [imprés] [im(in)+press ⇨ 안으로 찍어 넣다] 감동시키다, 인상지우다
* express [iksprés] [ex(out)+press ⇨ 밖으로 누르다] 표현하다
* oppress [əprés] [op(against)+press ⇨ ~에 대해 밀어붙이다] 억압(압제, 학대)하다
* repress [riprés] [re(back)+press ⇨ 뒤로 누르다] 억제하다, 참다 / 진압하다

압력, 강제	←	누르다	→	긴급한, 절박한		
압축, 압착	←	압축하다	→	압축된, 간결한	→	압축(압착)기
억압, 우울	←	내리누르다	→	억압된, 부진한		
인상, 감명	←	인상지우다	→	인상적인	→	감수성이 강한, 민감한
표현, 표출	←	표현하다	→	표현(표정)이 풍부한		
압박, 억압	←	억압하다	→	압제자, 박해자	→	압제적인, 답답한
진압, 억제	←	억제하다	→	진압의, 억압적인		

  UpGrade 확인학습

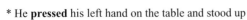

* He **pressed** his left hand on the table and stood up
* I have never seen such an **impressive** scene.
* I can't **express** how happy I was then.

* 그는 왼손으로 식탁을 누르면서 일어났다.
* 나는 그렇게 감동적인 장면을 본 적이 없다.
* 나는 그 때 내가 얼마나 행복했는지 말로 표현할 수가 없다.

46 -rupt (break, broken : 깨지다, 파괴되다/파괴된)

bank**rupt**	—	ab**rupt**	➡	**abrupt**ly
		rupture		
cor**ruption**	⬅	cor**rupt**	➡	cor**ruptible**
inter**ruption**	⬅	inter**rupt**	➡	inter**rupted**

* bankrupt [bǽŋkrʌpt] [bank(은행)+broken(파괴된)] 파산한
* abrupt [əbrʌ́pt] [ab(off)+break ➪ (갑자기) 부서져 떨어져 나오다] 갑작스러운, 돌연한
* corrupt [kərʌ́pt] [cor(utterly)+break ➪ (도덕성이) 완전히 파괴되다] 부패한, 타락한 / 부패시키다
* interrupt [ìntərrʌ́pt] [inter(between)+break ➪ (둘) 사이에서 무너지다] 방해하다, 가로막다

파산한/파산자	—	갑작스러운	➡	갑자기
		찢어지다, 터지다/파멸/탈장		
타락, 부패	⬅	부패시키다/부패한	➡	타락(부패)하기 쉬운
중단, 방해	⬅	방해하다	➡	중단된, 가로막힌

* I was speechless at her **abrupt** question.
* The talk between management and labor came to a **rupture**.
* Such a trend **corrupts** the younger generation.
* The tall building **interrupts** the view from our window.

* 나는 그녀의 느닷없는 질문에 할 말을 잃었다
* 노사간의 협상은 결렬되었다
* 그런 풍조는 젊은 세대를 타락시킨다.
* 그 높은 빌딩때문에 창문에서의 전망이 좋지 않다.

47 scribe (write : 쓰다)

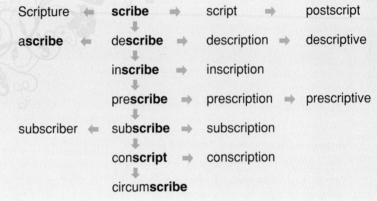

Scripture	←	**scribe**	→	script	→	postscript
a**scribe**	←	de**scribe**	→	description	→	descriptive
		in**scribe**	→	inscription		
		pre**scribe**	→	prescription	→	prescriptive
subscriber	←	sub**scribe**	→	subscription		
		con**script**	→	conscription		
		circum**scribe**				

* ascribe [əskráib] [a(to)+write ⇨ ~에게 쓰다] ~에 돌리다, 탓으로 하다
* describe [diskráib] [de(down)+write ⇨ 종이에 내려 적다] 묘사(기술)하다
* inscribe [inskráib] [in+wirte ⇨ 안에 써넣다] 새기다
* prescribe [priskráib] [pre(before)+write ⇨ 미리 사전에 쓰다] 처방하다
* subscribe [səbkráib] [sub(under)+write ⇨ 아래에 쓰다] 서명하다
* conscript [kánskript] [con(together)+write ⇨ 징병대장에 함께 기록] 징병(징집)하다
* circumscribe [sɔ́:rkəmskràib] [circum(round, around)+] 둘레에 선을 긋다 / 속박(한정)하다

성서	←	필기자, 서기	→	필적, 대본	→	추신
~로 돌리다	←	묘사(기술)하다	→	기술, 서술	→	기술(설명)적인
		새기다/베다	→	비명, 비명		
		처방하다	→	처방, 규정	→	규정(지시)하는
기부자	←	서명(기부)하다	→	기부, 출자, 서명		
		징집하다/신병	→	징병(제도)		
		주위를 둘러싸다, 제한하다				

 UpGrade 확인학습

* All members of the cast must stick to **script**.
* The woman was **described** as short and dark, and aged about 25.
* I **inscribed** my name in the guest book.
* The doctor must be able to **prescribe** you something for that cough.

---

* 출연진 모두는 대본에 충실해야 한다.
* 그 여자는 키가 작고 피부색이 검으며 나이는 스물다섯 살 정도로 묘사되었다.
* 나는 방명록에 내 이름을 적어 넣었다.
* 의사가 틀림없이 네 그 기침에 대해 뭔가 처방을 내려 줄 수 있을 거야.

48 se- (apart, away, without : 떨어져, 없이)

* secede [sisí:d] [se(apart)+cede(go) ⇨ 떨어져 나가다]　* secession [siséʃən]
* seclude [siklú:d] [se(apart)+clude(shut) ⇨ 떼어놓고 닫아버리다]　* seclusion [siklú:ʒən]
* secure [sikjúər] [se(apart)+cure(care) ⇨ 걱정으로부터 떨어진]　* security [sikjúərəti]
* seduce [sidjú:s] [se(apart)+duce(lead) ⇨ (정상적인 길에서) 떨어져 나오게 이끌다]
* segregate [ségrigèit] [se(apart)+greg(herd: 무리) ⇨ 무리에서 떨어지게 하다]
* separate [sépərèit] [se(apart)+parate(arrange) ⇨ 떼어내어 정리하다] / 형 [sépərit]

	탈퇴(탈당, 분리)하다	←	탈퇴, 탈당/분리	
격리된, 호젓한 ←	은퇴시키다/차단하다	→	격리, 차단/은퇴	→ 은둔적인
	위험이 없는, 안전한	→	안전, 안심, 무사	
	부추기다, 교사하다	→	유혹, 교사	
	분리(차별)하다	→	분리, 격리/인종차별	→ 인종차별주의자
떨어져서, 따로따로 ←	분리하다, 떼어놓다	→	분리, 분열/별거	

UpGrade 확인학습

* The Republic of Panama **seceded** from Colombia in 1903.
* He sought **seclusion** in his study.
* For the **security** of passengers, all baggage is carefully checked.
* The mayor **segregated** the colored into a special section of the city.
* The society **separates** into several classes.

....

* 파나마공화국은 1903년에 콜롬비아로부터 분리 독립했다.
* 그는 서재에 틀어 박혔다.
* 승객의 안전을 위해 모든 짐은 엄밀히 검사한다.
* 시장은 유색인종을 시의 특별구역으로 격리했다.
* 사회는 몇 개의 계급으로 구별되어 있다.

49 sect (cut : 자르다)

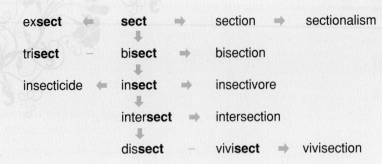

* exsect [eksékt] [ex(out)+sect(cut)] 잘라내다, 절단하다
* bisect [baisékt] [bi(two)+cut ⇨ 둘로 자르다] 양분하다, 양단하다   * -cide [죽임, 살해]
* trisect [traisékt] [tri(three)+ 자르다] 3등분하다   * -vore [···식 동물]
* insect [ínsekt] [into+cut ⇨ 안으로 자르다 – 잘라내듯 들어간] 곤충, 벌레
* intersect [íntərsékt] [inter(between)+cut ⇨ 사이에서 자르다] 교차하다, 가로지르다
* dissect [disékt] [dis(분리)+sekt(cut) ⇨ 분리해서 자르다] 해부(절개)하다
* vivisect [vívisèkt] [vivi(live)+sect(cut)]

잘라내다, 절단하다 ⇐	분파, 종파 ⇒	부분, 구분, 조각 ⇒	지방(파벌)주의
삼등분하다 –	양분하다 ⇒	양분, 양단	
살충(제) ⇐	곤충, 벌레 ⇒	식충동물(식물)	
	교차하다 ⇒	교차, 횡단	
	해부(절개)하다 –	생체해부를 하다 ⇒	생체해부

* They banded themselves into a new religious **sect**.
* The new road will **bisect** the town.
* The highway **intersects** the city.
* The sting of an **insect** has swollen up.   swell - swelled - swelled
* It is dangerous to put **insecticide** on vegetables.   - swollen [swóulən]

* 그들은 뭉쳐서 새 종파를 만들었다.
* 새 도로로 인하여 그 도시는 둘로 나뉘어질 것이다.
* 고속도로가 그 도시를 가로지르고 있다.
* 벌레에 물린 자리가 부어올랐다.
* 야채에 살충제를 뿌리는 건 위험하다.

58

50 sent (feel, think: 느끼다, 생각하다)

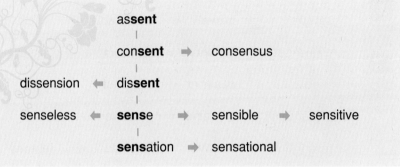

assent

consent ➡ consensus

dissension ⬅ dissent

senseless ⬅ sense ➡ sensible ➡ sensitive

sensation ➡ sensational

* assent [əsént] [as(to)+sent(feel) ⇨ ~에게 (동일하게) 느끼다] 동의(찬성)(하다)
* consent [kənsént] [con(together)+feel ⇨ 함께 느끼다] 동의(승낙)(하다)
* consensus [kənsénsəs] [함께 느끼다] 일치, 합의 / 일치된 의견
* dissent [disént] [de(apart, from)+think ⇨ 생각이 떨어져 있다] 이의, 상이/의견을 달리하다
* sensation [senséiʃən]

	동의(찬성)(하다)		
	동의(승낙)(하다)	➡	일치, 합의/일치된 의견
상이, 충돌, 알력 ⬅	의견을 달리하다/상이, 이의		
감각이 없는, 무의식의 ⬅	감각, 의식, 지각 ➡	양식(분별)이 있는 ➡	민감한, 예민한
	감각, 지각, 느낌 ➡	감각(지각)의/세상을 떠들썩하게 하는	

UpGrade 확인학습

* Her latest film, by general **assent**, is her best yet.
* Very reluctantly I **consented** to lend her my car.
* There is some **dissent** within the committee on this issue.
* The disease causes a loss of **sensation** in the fingers.

* 그녀의 최신 영화가 현재까지로는 그녀의 최고의 작품이라고 대다수의 사람이 동의한다.
* 마지못해 겨우 나는 그녀에게 내 차를 빌려주겠다고 동의했다.
* 이 문제에 관하여 위원회 내부에서 약간의 이견이 있다.
* 그 병에 걸리면 손가락의 감각을 잃게 된다.

* **reluctantly** [rilʌ́ktəntli] 마지못해, 싫어하면서

51 serve (save, keep: 저축하다, 간직하다)

service ⟵	**serve** ⟹	serviceable
conservation ⟵	con**serve** ⟹	conservative ⟹ conservator
	de**serve** ⟹	deserved
preservation ⟵	pre**serve** ⟹	preserver
reservation ⟵	re**serve** ⟹	reserved ⟹ reservoir

* serve [sə:rv]   * service [sə́:rvis]
* conserve [kənsə́:rv] [con(together)+serve(save, keep) ⇨ 함께 간직하다] 보존하다
* deserve [dizə́:rv] [de(utterly)+serve ⇨ 완전히 간직하다] ~할 가치가 있다,
* preserve [prizə́:rv] [pre(앞서서)+serve(간직하다) ⇨ 앞서 간직하다] 보호(보존, 유지)하다
* reserve [rizə́:rv] [re(back)+serve(keep) ⇨ 뒤쪽에 간직하다] 떼어두다, 예약(비축)하다
* reservoir [rézərvwà:r]

봉사, 서비스, 근무 ⟵	봉사하다/취급하다 ⟹	유익한, 도움이 되는
보존, 유지 ⟵	보호(보존)하다 ⟹	보수적인, 보수주의 ⟹ 보호자, 보존자/관리인
	~할 가치(자격)가 있다 ⟹	응분의, 당연한
보존, 보호, 저장 ⟵	보호(보존, 유지)하다 ⟹	보존자, 보관자
보류, 유보/예약 ⟵	떼어두다, 예약(비축)하다 ⟹	따로 떼어 둔, 예약한 ⟹ 저수지, 저장소

UpGrade 확인학습

* He is **conservative** in his habits.
* He **deserves** to have us help him.
* Putting varnish on wood is a way of **preserving** it.
* These seats are **reserved** for the elderly and women with babies.

* 그는 습관이 좀처럼 바뀌지 않는다 (보수주의는 신중하고 변화를 싫어함).
* 그는 우리의 도움을 받을 자격이 있다.
* 목재에 와스를 칠하는 것은 목재를 보존하는 한 가지 방법이다.
* 이 좌석들은 연로하신 분들이나 갓난아이가 있는 여성용으로 예비해 놓은 것이다.

52 simil, simul (similar, like, same : 같다, 유사하다)

simile

similarity ← similar ⇔ dissimilar

assimilation ← assimilate

simulation ← simulate

simultaneous → simultaneously

* simile [síməli] ['~처럼''~같이'로 비교하는 것]　* similar [símələr]　* similarity [sìmərǽrəti]
* assimilate [əsímilèit] [[as(to)+simil(like)+ate ⇨ ~에 닮게 하다] 동화하다, 닮게 하다
* simulate [símjulèit]　* simulation [sìmjuléiʃən]
* simultaneous [sàiməltéiniəs] 동시의, 동시에 일어나는

	직유(표현)		
유사, 상사 ←	비슷한, 유사한	⇔	다른
동화(작용), 소화 ←	동화하다		
가상, 모의실험 ←	흉내내다		
	동시의	→	동시에, 일제히

* Your opinion is **similar** to mine.
* Metaphor and **simile** are the most commonly used figures of speech in everyday language.
* New arrivals find it hard to **assimilate**.
* Some insects **simulate** leaves.
* There were several **simultaneous** attacks by the ememy.

* 너의 의견은 나와 비슷하다.
* 은유와 직유는 일상 언어에서 가장 흔하게 쓰이는 비유이다.
* 새로 오는 사람들은 동화되기 힘들어한다.
* 곤충 중에는 나뭇잎을 흉내 내는 것들이 있다.
* 적으로부터 몇 건의 동시 공격이 있었다.

* **metaphor** [métəfɔ̀:r] 은유, 암유

53 sol, soli (alone, lonely, single : 홀로, 외로운, 하나의)

핵심정리

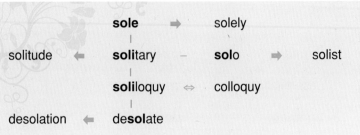

* solely [sóuli]　　* solitary [sálitèri]　　* solitude [sálətjù:d]　　* solo [sóulou]
* soliloquy [səlíləkwi] [soli(alone)+loquy(speaking)]　독백
* colloquy [káləkwi] [col(together)+loquy(speaking)]　대화
* desolate 형 [désəlit]　동 [désəlèit] [de(utterly)+sol(alone)⇨ 완전히 혼자로 만들다]

	유일한, 하나뿐인	➡	혼자서, 단독으로		
독거, 고독 ◀	고독한, 혼자뿐인	-	독창(독주)(곡) ➡	독창(독주)자
	독백, 혼잣말	⇔	대화		
외로운/황폐, 황량 ◀	외로운, 황량한/외롭게 하다				

UpGrade 확인학습

* Though I like company, there are times when I prefer **solitude**.
* His grandson is the **sole** survivor of the crash.
* In Shakespeare's play Humanism is employed through Hamlet's **soliloquies**.
* They have been **desolated** by the death of their sole daughter.
* Nobody can describe the emptiness and the **desolation** of this area in a word.

* 나는 친구를 좋아하지만 홀로 있는 것이 더 좋을 때도 있다.
* 그의 손자가 그 충돌사고의 유일한 생존자다.
* 셰익스피어의 희곡 속에서는 햄릿의 독백을 통하여 인본주의가 표출 되고 있다.
* 그들은 외동딸의 죽음으로 쓸쓸함을 느껴왔다.
* 어느 누구도 이 지역의 공허함과 황폐함을 한 마디로 설명할 수가 없다.

54 solv, solu, solut [loose(n) : 풀다, 놓아주다]

핵심정리

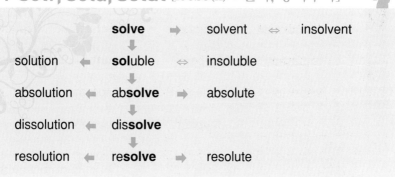

* solve [salv, sɔ-] [solve(loosen)] 풀다, 해결하다/갚다   * solvent [sálvənt, sɔ́l-]
* slouble [sáljubl] [solv(loose)+able(할 수 있는) ⇨ 풀어놓을 수 있는] 녹는, 가용성의
* solution [səl(j)ú:ʃən]   * absolution [æ̀bsəlú:ʃən]
* absolve [æbzálv] [ab(from)+solve(loosen) ⇨ ~로부터 놓아주다] 해제(면제)하다
* dissolve [dizálv] [dis(apart)+loose ⇨ 따로따로 떨어지게 풀어 놓다]
* resolve [rizálv] [re(again)+solve(loose)⇨ 다시 풀어놓기로] 결심하다
* dissolution [dìsəlú:ʃən]   * resolution [rèzəlú:ʃən]

풀다, 해결하다 ⇒	지불 가능한, 녹이는/ 용매 ⇔ 지불불능의	
해결, 해석/분해 ⇐ 녹는, 가용성의, 지불 가능한 ⇔ 녹지 않는, 불용성의		
면죄, 방면 ⇐ 해제(면제)하다다 ⇒ 절대적인, 완전한		
용해, 분해/해산 ⇐ 녹이다, 분해하다/해산하다		
결심, 결의(안) ⇐ 결심(결의)하다 ⇒ 결심이 굳은, 단호한		

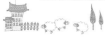 UpGrade 확인학습

* I don't know how we managed to remain **solvent** then.
* How can we **dissolve** water into oxygen and hydrogen?
* He cannot be **absolved** of all responsibility for the accident.
* The meeting passed a **resolution** against the affiliation of the company.

* 나는 어떻게 해서 그때 우리가 계속 그럭저럭 지불능력이 있었는지 모르겠다.
* 어떻게 하면 물을 산소와 수소로 분해할 수 있을까?
* 그는 그 사건에 대하여 모든 책임에서 벗어날 수는 없다.
* 그 모임은 그 회사의 합병에 반대하는 결의안을 통과시켰다.

55 spect (look: 보다)

핵심정리

* spectacle [spétəkl]　　　* spectacular [spektǽkjulər]
* inspect [inspékt] [in(into)+look ⇨ 안을 들여다 보다] 점검(검사)하다 / 시찰하다
* expect [ikspékt] [ex(out)+spect(보다) ⇨ 밖을 보며] 예기(예상) ~
* prospect [práspekt] [pro(forward)+look ⇨ 앞쪽을 보다] 가망, 전망, 예상
* respect [rispékt] [re(back)+look ⇨ 뒤돌아보다] 배려하다 ⇨ 존경하다
* retrospect [rétrəspèkt] [retro(backward)+look ⇨ 뒤쪽을 보다] 회상(회고)(하다)
* introspect [ìntrəspékt]
* circumspect [sə́:kəmspèkt] [circum(round, around)+look] 사방을 살피는, 신중한

볼만한, 장관인 ⇐	광경, 장관 ⇒	구경꾼, 관객 ⇒	유령, 망령
정밀검사, 시찰 ⇐	점검(검사)하다	예상(기대)하다 ⇒	예상, 기대
검사관, 조사관	가망, 전망 ⇒	기대되는, 가망 있는	
	존경(하다) ⇒	존경할만한, 훌륭한 ⇒	존경하는, 공손한
회고, 회상, 추억 ⇐	회상(회고)하다	내성하다, 자기반성하다	
신중, 용의주도 ⇐	신중한		

UpGrade 확인학습

* The citizen couldn't stand the cruel **spectacle** and looked away.
* Our society is still haunted by the **specter** of military dictatorship.
* The teacher **inspects** our homework every day.
* At 30 he was an unemployed good-for-nothing with no **prospects**.

* 시민들은 그 잔인한 광경을 참지 못하고 눈길을 돌렸다
* 우리 사회에는 아직도 군부독재의 망령에 시달리고 있다.
* 선생님은 매일 우리 숙제를 점검하신다.
* 30세 때 그는 아무 전망 없는 백수건달 신세였다.

56 struct (build : 세우다, 쌓다)

	structure ➡	structural	
instructor ⬅	in**struct** ➡	instruction ➡	instructive
constructor ⬅	con**struct** ➡	construction ➡	constructive
ob**stacle** —	ob**struct** ➡	obstruction ➡	obstructive

* structure [strʌ́ktʃər]　　　　　* obstacle [ábstəkl]
* instruct [instrʌ́kt] [in(in, upon)+build, pile up ⇨ 안(위)에 (지식을) 쌓다] 가르치다 /
지시(명령)하다
* construct [kənstrʌ́kt] [con(together)+pile up ⇨ 쌓아 올리다] 조립하다, 건설하다
* obstruct [əbstrʌ́kt] [ob(in the way of)+build ⇨ ~의 길에 세우다] 막다, 방해하다

	구성(하다), 조직 ➡	구조의, 조직상의	
교사, 지도자 ⬅	가르치다, 지시하다 ➡	교육, 명령, 지시 ➡	교육적인, 유익한
건설(건조)자 ⬅	건설(조립)하다 ➡	건설, 건축 ➡	건설적인, 구조적인
장애(방해)물 —	막다, 방해하다 ➡	방해(장애)(물) ➡	방해하는, 장애가 되는

 UpGrade 확인학습

* The doctor **instructed** me not to work for a few days.
* Over 50 students are under my **instruction**.
* It has been four years in **construction**.
* The **construction** of the road caused little obstruction to traffic.
* Police can remove a vehicle that is causing an **obstruction**.

* 의사가 내게 며칠간 일을 하지 말라고 지시했다.
* 50명이 넘는 학생들이 나의 교육을 받고 있다.
* 건설에 착수한지 4년이 되었다.
* 그 도로건설은 교통에 별로 지장을 주지 않았다.
* 경찰은 장애를 일으키는 차량을 제거할 수 있다.

57 sure (확실하다)

핵심정리

```
                        ensure
                          ↑
    unsure      ⇔       sure      ⇒      surely      ⇒      surety
                          ↓
    insured     ⇔       insure    ⇒      insurance
                          ↓
    assured     ⇐       assure    ⇒      assurance
                          ↓
                        reassure
```

* ensure [inʃuə́r] [en(make)+sure] 안전하게 하다, 보증하다
* surety [ʃúərti]   * insurance [inʃúərəns]
* insure [inʃuə́r] [in은 en과 마찬가지로 make의 뜻] 안전하게 하다 / 보험에 들다
* assure [əʃúər] [as(to)+sure ⇨ ~에 대해 확실하게 하다] 보증(보장)하다
* reassure [ri:əʃúər] [re(again)+assure(보증하다)] 재보증하다/안심시키다

```
                    안전하게 하다, 보증하다
    불안한, 위험한   ⇔   확실한, 틀림없는   ⇒      확실하게, 틀림없이   ⇒   보증, 담보
    보험에 가입한   ⇔   보험에 들다, 안전하게 하다 ⇒   보험(업)
    보증(보장)된   ⇐   보증(보장)하다/확신시키다   ⇒   보증, 보장/확신
                    재보증하다/안심시키다
```

* I feel fairly **sure** that the work can be done.
* She is **surely** one of the rarest women of our time.
* **Insure** your baggage before you leave home.
* Kurt **assured** her that he was an excellent climber.
* They tried to **reassure** me, but I still felt anxious.

---

* 나는 그 일을 할 수 있다고 아주 확신하고 있다.
* 그녀는 틀림없이 이 시대의 가장 뛰어난 여성들 중의 한 사람이다.
* 집을 떠나기 전에 당신의 짐을 보험에 드십시오.
* 쿠어트는 그녀에게 자신이 뛰어난 등산가라고 확신시켰다.
* 그들이 나를 안심시키려고 애를 썼지만 나는 여전히 불안했다.

58 tact, tangere (touch: 접촉하다)

핵심정리

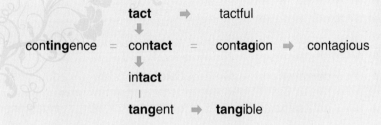

tact ➡ tactful

contingence = contact = contagion ➡ contagious

intact

tangent ➡ tangible

* tact [tækt] [tact(touch)] (나의 마음을 잘 접촉하고 대처하는) 재치, 기지, 요령 / 감촉
* contact [kántækt] [con(together)+tact(touch) ⇨ 같이 접촉하다] 접촉/교섭, 교제
* contingence [kəntíndʒəns] [con(togehher)+tinge(touch) ⇨ 함께 닿다] 접촉
* contagion [kəntéidʒən] [con(함께)+tangere(touch) ⇨ 함께 닿다] 접촉
* intact [intǽkt] [in(not)+tact(touch) ⇨ 접촉이 안 되는] 손상되지 않은, 안전한
* tangent [tǽndʒənt]   * tangible [tǽndʒəbl] [tangere(touch)+ible(할 수 있는)]

	재치, 기지, 요령 ➡	재치 있는, 빈틈없는
접촉 =	접촉/교섭, 교제 =	감염, 접촉 전염병/영향, 감화 ➡ 전염(감염)성의
	손상되지 않은, 안전한	
	접촉하는, 접하는 ➡	만져 알 수 있는/유형의

UpGrade 확인학습

* The young nurse showed great **tact** in dealing with worried patients.
* Don't let that glue come into **contact** into your skin - it sticks immediately.
* It's a highly **contagious** infection, so let anyone else use your towel.
* It's difficult to emerge from such a scandal with your reputation still **intact**.

----

* 그 젊은 간호사는 대단한 기지를 발휘하여 걱정하는 환자들을 대했다.
* 아교가 당신 피부에 닿지 않도록 하세요 – 그것은 금방 들러붙습니다.
* 그것은 대단히 전염성이 강한 전염병입니다.
  그러니 다른 사람이 당신의 수건을 사용하지 못하도록 하시오.
* 당신의 명성에 흠집이 나지 않고 그런 스캔들로부터 벗어나기는 쉽지 않다.

59 -tain 1 (hold : 잡다, 지니다)

 핵심정리

	abs**tain**	➡	abstinence
	con**tain**	➡	container
detention ⬅	de**tain**	➡	detainee
entertainment ⬅	enter**tain**	➡	entertainer
maintenance ⬅	main**tain**		

* abstain [əbstéin, æb-] [abs(from)+hold, keep ⇨ ~로부터 (자신을) 유지하다]
  삼가다, 절제하다/회피하다   * abstinence [ǽbstənəns]
* contain [kəntéin] [con(together)+hold ⇨ 함께 지니다] 포함(함유)하다/수용하다
* detain [ditéin] [de(from)+hold ⇨ ~로부터 (못 가게) 잡다] 유치(감금)하다/ 붙들어 두다
* maintain [meintéin] [main(in the hand)+hold ⇨ 손에 쥐다] 계속(유지)하다/주장하다
* entertain [èntərtéin] [enter(붙어)=inter+tain(hold, keep) ⇨ (사람)들 사이에서 (분위기를)
  유지하다] 재미나게 하다 / 대접(환대)하다
* detention [diténʃən]   * maintenance [méintinəns]

	삼가다, 절제하다 ➡	절제, 자제/금욕
	포함(함유)하다 ➡	용기, 그릇/컨테이너
억류, 지체/감금 ⬅	유치(감금)하다/ 붙들어 두다 ➡	(정치적) 억류자, 구금자
대접, 환대/오락 ⬅	대접(환대)하다/재미나게 하다 ➡	예능인/환대하는 사람
계속, 지속/주장 ⬅	계속(유지)하다/주장하다	

 UpGrade 확인학습

* He took a vow to **abstain** from alcohol.
* I've lost a file **containing** a lot of important documents.
* He was forcibly **detained** under federal immigration law.
* Despite living in different countries, the two families **maintained** close links.

---

* 그는 술을 삼가겠다고 맹세를 했다.
* 나는 중요한 서류가 많이 담긴 서류철을 분실했다.
* 그는 연방 이민법에 저촉되어 강제 구금되었다.
* 다른 나라에 살고 있는 데도 불구하고, 그 두 나라는 밀접한 관계를 유지하고 있다.

60 -tain 2, ten- (hold : 잡다, 지니다)

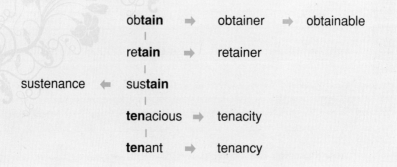

obtain ➡ obtainer ➡ obtainable

retain ➡ retainer

sustenance ⬅ sustain

tenacious ➡ tenacity

tenant ➡ tenancy

* obtain [əbtéin] [ob(against)+hold ⇨ ~에 대항하여 잡다] 얻다, 획득하다
* retain [ritéin] [re(back)+hold ⇨ 뒤에 가지고 있다] 보유(유지, 간직)하다
* sustain [səstéin] [sus=sub(from below)+hold ⇨ 아래로부터 잡고 있다] 견디다, 떠받치다
* sustenance [sʌ́stinəns] * tenacious [tinéiʃəs] * tenacity [tinǽsəti]
* tenant [ténənt] [ten(hold)+ant(사람) ⇨ 지니고 있는 사람]

얻다, 획득하다 ➡	획득자 ➡	입수(획득)할 수 있는
보유(유지, 간직)하다 ➡	보유자, 가신, 신하	
지탱, 유지/생계/영양(물) ⬅ 견디다, 떠받치다/(상처)입다		
꽉 누른, 단단히 잡고 있는 ➡	고집, 끈기, 강인함	
소작인/부동산 보유자/거주자 ➡	차용(권), 임차, 소작지	

UpGrade 확인학습

* You must first **obtain** permission from the council.
* We do not have sufficient resources to **sustain** our campaign for long.
* The women united in fighting public nuisances with **tenacity**.
* We have a 12-month **tenancy** agreement.

* 당신은 먼저 위원회의 허가를 받아야 합니다.
* 우리는 오랫동안 우리의 운동을 유지할 자원이 충분하지 않습니다.
* 그 여자들은 단합하여 끈기 있게 공해와 싸웠다.
* 우리는 12달 임차계약을 체결한다.

* **nuisance** [njúːsəns] 폐, 성가심 / 불쾌한 사람(물건)

61 thesis, thet (set, place, put : 놓다, 두다)

thesis ➡	**antithesis**	➡	antithetic
synthesize ⬅	syn**thesis**	➡	synthetic
hypothesize ⬅	hypo**thesis**	➡	hypothetical
	epi**thet**	➡	epithetic

* thesis [θíːsis] [pl. -ses : 배열하기] 논제, 제목, 논문
* antithesis [æntíθisis] [anti(against)+place ⇨ 반대로 놓다] 대조, 대립, 정반대
* synthesis [sínθisis] [syn(with)+put, place ⇨ 같이 놓다] 종합, 통합, 합성
* hypothesis [haipáθisis] [hypo(under)+placing ⇨ 아래 놓기] 가설, 전제
* epithet [épiθèt] [epi(on)+place ⇨ 붙여(접촉시켜) 놓는 것] 형용사구 / 통칭, 별명
* synthesize [sínθəsàiz]   * hypothesize [haipáθəsàiz]

논제, 제목, 논문 ➡	대조, 대립 ➡	대조적인, 정반대의
종합하다 ⬅	종합, 합성 ➡	종합(통합)의 / 인조의
가정하다 ⬅	가설, 전제 ➡	가설(가상)의
	형용사구 ➡	형용하는

 UpGrade 확인학습

* There are several puzzling passages in this **thesis**.
* There is an **antithesis** between the needs of the state and the needs of the nation.
* It is a **synthesis** of Eastern and Western religions.
* We have much evidence to support the **hypothesis.**
* One **hypothesis** is that the victim fell asleep while driving.

---

* 이 논문에는 난해한 구절들이 몇 군데 있다.
* 국가의 요구와 국민의 요구 사이에는 대립되는 점이 있다.
* 그것은 동서양 종교의 통합이다.
* 우리는 그 가설을 뒷받침해 줄 수 있는 증거가 많다.
* 한 가지 가설은 피해자가 운전 중에 잠이 들었다는 것이다.

62 therm(o) (heat, hot : 열, 뜨거운)

핵심정리

thermal	=	**therm**ic		
		thermostat	–	thermos
thermometer	–	**thermo**therapy		
		dia**therm**y		

hot ➡ **heat** ➡ heater ➡ heating ➡ overheat

* thermal [θə́:rməl]   * thermostat [θə́:rməstæt]   * thermos [θə́:rməs]
* thermometer [θərmámitər]   * thermotherapy [θə:rmo(u)θérəpi]
* diathermy [dáiəθə̀:rmi] [dia(through)+therm(heat) ⇨ 열을 통과시켜 치료] 투열요법

열의, 온도의	=	열의, 열에 의한		
		서머스탯, 자동온도 조절장치	–	보온병
온도계, 한란계	–	이열 치료법		
		(고주파 이용) 투열요법		

뜨거운 ➡ 열(기), 온도/더위 ➡ 난방기 ➡ 난방 ➡ 과열하다

 **UpGrade 확인학습**

* **Thermal** clothing is made from special material to keep you warm in very cold weather.
* The **thermometer** registered 32°C.
* The temperature in here is controlled by a **thermostat**.
* A **thermos** is a container that keeps drinks hot or cold.
* This room is **heated** by electricity.

* 보온 의류는 매우 추운 날씨에 당신의 몸을 따뜻하게 유지할 수 있도록 하는 특별한 재료로 만들어진다.
* 온도계가 32℃를 가리키고 있다.
* 여기 온도는 자동 온도 조절 장치로 컨트롤된다.
* 보온병은 마실 것을 따뜻하거나 차게 유지하는 용기이다.
* 이 방은 전기로 난방을 한다.

63 tort (twist : 비틀다) – 거북이를 마구 비트는 상상

핵심정리

tortoise ←	**tort** →	**tor**ch	cf. turtle
torturer ←	**tort**ure →	torturous	
extorter ←	ex**tort** →	extortion	
	re**tort** →	retortion	
	con**tort** →	contortion →	contortionist
distorted ←	dis**tort** →	distortion	

* tortoise [tɔ́:rtəs]   * tort [tɔ:rt] [법을 비트는 행위] 불법행위
* torch [tɔ:rtʃ] 모양이 뒤틀려 있음   * turtle [tə́:rtl]
* torture [tɔ́:rtʃər] [tort(twist)+ure(동사, 명사 어미) ⇨ 마구 비틀음] 고문(하다), 고통
* extort [ikstɔ́:rt] [ex(out)+twist ⇨ 거북이를 비틀어 머리를 내어 놓으라고] 강요하다
* retort [ritɔ́:rt] [re(back)+twist ⇨ (뒤쪽) 반대로 비틀다] 반박(항변)하다/복수하다
* contort [kəntɔ́:rt] [con(together)+twist ⇨ 같이 비틀다] 비틀다, 일그러뜨리다/곡해하다
* distort [distɔ́:rt] [dis(apart)+twist ⇨ 비틀어 (원래의 모양에서) 떨어지게 하다]
  뒤틀다, 일그러뜨리다 / 왜곡하다

거북이, 남생이 ←	불법행위 →	횃불	cf. 바다거북
고문하는 사람 ←	고문(하다)/고통(을 주다) →	문의, 괴롭히는	
강청(강탈)자 ←	강요(강탈)하다 →	강요, 강탈	
	말대꾸(반박)(하다)/복수하다 →	보복, 복수/비틀기	
	비틀다, 구부리다/곡해하다 →	비틀기, 비틀림/곡해 →	(마구 구부리는) 곡예사
일그러진, 왜곡된 ←	왜곡하다, 뒤틀다 →	비틀림, 뒤틀림/왜곡	

UpGrade 확인학습

* About half of the prisoners were murdered or died by **torture** or starvation.
* He has been **extorting** money from the old lady for years.
* My original statements has been completely **distorted** by the mass media.

* 죄수들 약 절반이 살해되거나 고문 또는 굶주려 죽었다.
* 그는 오랜 세월 그 노부인으로부터 돈을 강탈해 왔다.
* 내 원래의 말은 언론 매체들에 의해 완전히 왜곡되었다.

64 uni (one : 하나)

unicorn – uniform ➡ uniformly ➡ uniformity

union – unique – unison – unit unisex

united ⬅ unite ➡ unity

universe ➡ universal

* unicorn [júːnikɔ̀ːrn] [uni(one)+corn(horn) ➪ 뿔이 하나] 일각수
* uniform [júːnifɔ̀ːrm] [uni(one)+form ➪ 한 가지 모양] 모양이 같은 / 제복, 군복
* union [júːnjən]   * unique [juːníːk] [uni(one)] 유일한, 독특한
* unison [úːnisn] [uni(one)+son(sound) ➪ (안건에) 한 가지 소리] 일치, 조화 / 동음
* unisex [[júːnisèks] [uni(one)+sex(성)] (복장 따위) 남녀 공통의
* unit [júːnit]   * unity [júːnəti]
* unite [juːnáit] [make one] 합동(합체)하다, 하나로 만들다
* universe [júːnivəːrs] [uni(one)+verse(turn) ➪ 하나가 되다] 우주

일각수	–	제복, 군복	➡	한결같이	➡	균일, 한결같음
결합, 합동	–	유일(독특)한/훌륭한	–	일치, 조화	–	한 사람, 한 개/구성단위 – 남녀공통의
합병한, 뭉친 ⬅	합동하다	➡		통일, 조화
				우주 ➡	전세계의, 보편적인

 UpGrade 확인학습

* She is the most **unique** woman I ever met.
* The cell is the **unit** of which all living organisms are composed.
* They are **united** in their efforts to promote world peace.
* Why is an appreciation for music nearly **universal**?

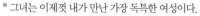

* 그녀는 이제껏 내가 만난 가장 독특한 여성이다.
* 세포는 모든 살아 있는 유기체를 구성하는 구성단위이다.
* 그들은 일치단결하여 세계 평화를 촉진하기 위하여 노력하고 있다.
* 음악 감상이 거의 모든 인류에게 보편적인 이유는 무엇인가?

65 ver, vera, veri (true, truth : 사실, 진실)

핵심정리

		aver		
verification	←	**ver**ify		
		veritable		
verdict	–	**ver**ity	=	veracity

* aver [əvə́ːr] [사실이라고 주장하다]
* veritable [véritəbl]
* verity [vériti]
* verify [vèrifái]
* verdict [və́ːrdikt] [ver(truth)+dict(speak)]
* veracity [vərǽsiti]
* [vèrifikéiʃən]

확인, 조회, 입증	←	단언(주장)하다 증명(입증, 검증)하다 정말의, 진실의	
평결, 판정	–	진실(성)	= 진실(성), 정확성

UpGrade 확인학습

* He **averred** that he had never seen the man before.
* Subsequent events **verified** our testimony.
* The murderer had to accept a guilty **verdict**.
* My field had become a **veritable** jungle by the time I came back from vacation.
* In the film, he plays a spy whose mission is to confirm the **verity** of a military document.

---

* 그는 전에 그 남자를 본 적이 없다고 주장했다.
* 계속 이어지는 사건들로 인하여 우리의 증언이 사실임이 밝혀졌다.
* 그 살인범은 유죄 판정을 받아들여야만 했다.
* 휴가에서 돌아와 보니 나의 밭은 진짜 정글처럼 되어 있었다.
* 그는 그 영화에서 스파이 역을 맡았는데 그의 임무는 어떤 군사 문서의 진실성을 확인하는 것이다.

66 versus, vert 1 (turn: 바꾸다, 변화시키다, 향하게 하다)

verse	contro**vert** ➡	controversy	
averse ⬅	a**vert** ➡	aversion	
adverse ⬅	ad**vert** ➡	adversity ➡	anniversary
converse ⬅	con**vert** ➡	conversion ➡	convertible
diverse ⬅	di**vert** ➡	diversion	

* controvert [kátrəvə̀:rt] 논박(부인)하다   * avert [əvə́:rt] 돌리다 / 피하다, 막다
* averse [əvə́:rs] [a(away)+turn ⇨ 시선을 다른 데로 돌리다] 싫어하는, 꺼리는 / 반대하는
* adverse [ædvə́:rs] [ad(to)+turn ⇨ ~쪽으로 방향을 틀다] 반대의, 역의 / 싫어하는
* advert [ædvə́:rt] [ad(to)+turn ⇨ ~쪽으로 돌리다] 주의를 돌리다 / 언급하다
* anniversary [annus(year)+versum(turn) ⇨ 매년 돌아오는] 기념일
* converse [kənvə́:rs] ① [con(together)+turn ⇨ 마주 보다 같이 방향을 돌리면] 거꾸로 된, 역의, 반대의 ② (같이 방향을 돌려 마주보며) 대화하다
* convert [kənvə́:rt] [con(completely 완전히) ⇨ 완전히 방향을 바꾸다] 전환하다, 변경(개종)하다
* divert [divə́:rt] [di(aside)+turn] (주의를) 딴 데로 돌리다, (기분을) 전환하다

* verse (평범한 말을 바꾼 시의) 절, 연 / 운문	* controversy : 논쟁, 논의, 언쟁
* aversion : 싫음, 혐오	* adversity : 역경, 불운
* conversion : 전환, 변환 / 개조/대화	* convertible : 바꿀(개조)할 수 있는
* diverse : 다양한, 다른	* diversion : 기분전환, 오락 / 전환

UpGrade 확인학습

* I have an **aversion** to falsehood in any form.
* They showed unexpected courage in **adversity**.
* No **conversion** from analogue to digital data is needed.
* Don't **divert** your attention, when you are driving a car.

* 어떤 거짓말이든 거짓말은 질색이다.
* 그들은 역경에 처해 생각도 못했던 용기를 보여주었다.
* 아날로그 데이터를 디지털로 전환할 필요가 없다.
* 운전하면서 한눈팔지 마라.

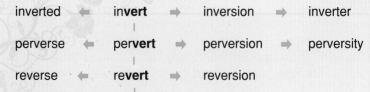

inverted	←	**in**vert	→	inversion	→	inverter
perverse	←	per**vert**	→	perversion	→	perversity
reverse	←	re**vert**	→	reversion		
introvert	–	sub**vert**	→	subversion		
extrovert	–	uni**verse**	→	universal	–	university

* invert [invə́:rt] [in(in, towards)+turn ⇨ (바깥쪽이) 안으로 향하게 하다] 거꾸로 하다, 뒤집다
* pervert [pərvə́:rt] [per(wrongly)+vert(turn) ⇨ 바른 길에서 벗어나게 하다] 타락시키다
* reverse [rivə́:rs] [re(against)+turn ⇨ 대항하게 하다] 반대의, 역의 / 반대로(역으로)하다
* revert [rivə́:rt] [re(back)+turn ⇨ 뒤로 향하게 하다] 되돌아가다, 복귀하다
* introvert [intrəvə́:rt] 내향성의 (사람)   * extrovert [ékstrəvə̀:rt] 외향성의 (사람)
* subvert [səbvə́:rt] [sub(under)+turn ⇨ (위가) 아래로 향하게 하다] 전복하다, 뒤엎다
* universe [jù:nivə́:rs] [uni(one)+turn ⇨ 하나로 되다] 우주, 만물, 삼라만상
* university [jùnivə́:rsiti] [모든 학과가 하나에 모인] 종합대학

역의, 반대의	←	거꾸로 하다, 뒤집다	→	역, 전도, 도치	→	변환장치(기)
괴팍한, 심술궂은	←	타락시키다/오해(악용)하다	→	곡해, 왜곡/남용	→	괴팍함, 심술궂음
반대의, 역의	←	되돌아가다, 복귀하다	→	전환, 반전, 역전		
내향성의(사람)	–	전복하다, 뒤엎다	→	전복, 파괴		
외향성의(사람)	–	우주, 만유	→	보편적인, 전세계의	–	종합대학

UpGrade 확인학습

* Genetic scientists are often accused of **perverting** nature.
* It is just the **reverse** of what we have thought by far.
* He gets **perverse** satisfaction from embarrassing people.
* He studied physics at Oxford **University**.

---

* 유전학자들은 자주 자연을 왜곡한다는 비난을 받고 있다.
* 그것은 이제껏 우리가 생각해온 것과는 정반대이다.
* 그는 심술궂게도 사람들을 난처하게 하고는 만족해 한다.
* 그는 옥스퍼드 대학에서 물리학을 공부했다.

68 vis, vid (see : 보다)

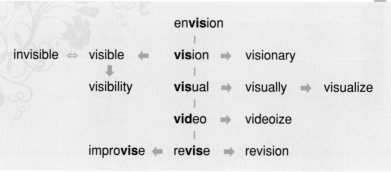

envision

invisible ⇔ visible ⇐ **vis**ion ➡ visionary

visibility **vis**ual ➡ visually ➡ visualize

video ➡ videoize

impro**vis**e ⇐ re**vis**e ➡ revision

* envision [invíʒən] [en(in)+vis(see) ⇨ 안(마음속)에 넣고 봄] 마음속에 넣고 그리다
* revise [riváiz] [re(again)+see ⇨ 다시 보다] 정정(개정, 수정)하다
* improvise [ímprəvàiz] [im(not)+pro(fore)+see ⇨ 앞에서는 못보다]
  즉석에서 짓다(연주하다)

마음속에 넣고 그리다

안 보이는 ⇔ 눈에 보이는 ⇐ 시력, 시각 ➡ 공상적인, 환영의

시각상, 심상 시각의, 보는 ➡ 시각적으로 ➡ 시각화하다

비디오 ➡ 비디오화하다

즉석에서 짓다 ⇐ 정정(수정)하다 ➡ 개정, 교정, 수정

 UpGrade 확인학습

* I **envision** a future of excellent sportsman.
* These young people reject the past without having a **vision** of the future.
* I can **visualize** the scene clearly.
* Artists translate their ideas into **visual** images.
* The college has **revised** its plans because of local objections.

---

* 나는 뛰어난 운동선수가 되는 미래를 마음속으로 그려본다.
* 이 젊은이들은 미래에 대한 비전도 없이 과거를 거부한다.
* 나는 그 장면을 생생하게 마음속에 그려낼 수 있다.
* 화가들은 그들의 생각을 시각적인 모습으로 옮긴다.
* 그 대학은 지역의 반대에 부딪혀 계획을 수정했다.

69 view (시각)

핵심정리

viewpoint ←	**view** →	viewer
	↓	
	inter**view** →	interviewee ⇔ interviewer
	↓	
over**view** −	pre**view**	
	⇕	
	re**view** →	reviewer

glance = glimpse − gaze = stare − leer − askance = sideways

* interview [íntərvjù:] [inter(between)+view ⇨ 사이에서 보다] 인터뷰(회견)(하다)
* overview [óuvərvjù:] [over+view ⇨ 위에서 내려다 봄] 개관, 개요
* preview [prí:vjù:] [pre(before)+view ⇨ 앞서 보다] 예비 조사, 시사회, 시연
* review [rivjú:] [re(again)+view ⇨ 다시 보다] 재조사(재검토)(하다), 복습(하다)
* glance [glæns]   * glimpse [glimps]   * leer [liər]   * askance [əskǽns]

관점, 견해 ←	봄, 시각 →	관찰자, 시청자	
	인터뷰(회견)(하다) →	면접 받는 사람 ⇔	회견자, 탐방기자
개관, 개요 −	예비조사, 시사회		
	재조사, 복습/평론 →	비평가, 평론가	

흘긋 보다 = 흘긋 보다 − 응시하다 = 응시하다 − 흘기다 − 비스듬히, 곁눈질로 = 옆으로, 비스듬히

UpGrade 확인학습

* I was greatly surprised at the first **view** of the East Sea.
* He will have an **interview** next week for the analyst's job.
* Use the **preview** pane to quickly view a message.
* The government will **review** the situation later in the year.
* We **glimpsed** the ruined abbey from the windows of the train.

* 나는 동해를 처음 보고는 깜짝 놀랐다.
* 그는 그 애널리스트(분석가) 자리에 대해 다음 주에 면접을 본다.
* 메시지 내용을 빨리 확인하려면, 미리 보기 창을 사용하시오.
* 정부가 올 후반기에 그 상황을 재검토할 것이다
* 우리는 기차의 창문을 통해 폐허가 된 대수도원을 흘긋 보았다.

* **abbey** [ǽbi] 대수도원, 대성당

70 viv-, vit- (live, life: 살다, 삶)

핵심정리

vividly ←	**viv**id ⇒	**viv**ify ⇒	**viv**isect ⇒	vivisection
	vital ⇒	vitally ⇒	vitality	
	vitamin			
survivor ←	sur**vive** ⇒	survival		
	re**vive** ⇒	revival		

* vivify [vívifài]
* vivisect [vívisèkt] [vivi(살아 있다)+sect(cut)] 생체를 자르다, 해부하다
* vital [váitl]   * vitamin [váitəmin]
* survive [sərváiv] [sur(beyond)+live ⇨ 넘어서 살다] ~보다 오래 살다, 살아남다
* revive [riváiv] [re(again)+live ⇨ 다시 살다] 소생(회복)시키다

생생(선명)하게 ←	생생한, 밝은 ⇒	생명(생기)를 주다 ⇒	생체를 해부하다 ⇒	생체 해부
	생명의/중요한 ⇒	치명적으로, 생명상 ⇒	활기, 정력, 원기	
	비타민			
생존자 ←	살아남다 ⇒	생존, 잔존		
	소생(회복)시키다 ⇒	재생, 회생, 부활		

 UpGrade 확인학습

* I have got **vivid** memories of that summer.
* These measures are **vital** to national security.
* Despite her eighty years, my grandmother is full of **vitality**.
* Try to eat foods that are rich in **vitamins** and minerals.
* Only 20 of the 140 soldiers **survived** the attack.

---

* 나는 그해 여름의 생생한 기억을 가지고 있다.
* 이 조처들은 국가 안보에 매우 중요하다.
* 여든 살인데도 불구하고 할머니는 원기가 넘치신다.
* 비타민과 미네랄이 풍부한 음식을 먹도록 노력하십시오.
* 140명의 병사 중에 겨우 20명만 그 공격에서 살아남았다.

✱ 착각

어떤 남자가 주일이라 아내하고 잘 차려입고 교회에 가던 중이었다. 마침 그 날은 교회에서 불우이웃돕기 성미를 받는 날이었다. 교회도 가깝고 마음이 내켜 며칠 전에 사둔 10kg 쌀 포대를 어깨에 메고 가고 있었다. 가다가 아파트 모퉁이에서 아내가 쌀 봉지를 들고 가는 같은 교회 아주머니를 만났는데 그 아주머니가 깜짝 놀라면서 말했다.

"어머나, 너무 멋있네요."

그러자 아내가 겸손하게 말했다.

"뭘, 그렇게까지 ….."

(아내는 자기 옷에 대한 찬사인지 알고 속으로 흐뭇해 하고 있는데)

그 아주머니 왈.

"어떻게 그렇게 무거운 쌀 포대를 들고 가세요! 정말 대단하시네요."

(으이그, 창피!)

✱ 누드모델

초등학생 남매가 TV를 보고 있었다. 그런데 TV에서 화가가 누드모델을 그리는 장면이 나오는 것이었다. 좀 쑥스럽고 계면쩍은 누이가, "도대체 화가들은 왜 여자를 벗겨 놓고 그리는지 몰라"

그러자 남동생이 대꾸했다.

"누나는 그것도 몰라? 옷 그리는 게 더 어려우니까 그렇지."

✱ 오답의 이유

중국집 아들이 국어시험을 보고 집에 오자 엄마가 물었다.

"오늘 시험 몇 점 나왔니?"

"한 개만 빼고 다 맞았어요."

"무슨 문제를 틀렸는데?"

"보통의 반대가 뭐냐는 문제였어요."

"뭐라고 썼는데?"

"곱빼기요."

CHAPTER 02-1
주제
(감정)

01 감사-불평

핵
심
정
리

thank ➡	thankful ➡	Thanksgiving
‖	‖	
gratitude ➡	grateful ➡	gratefully
‖		
appreciate ➡	appreciation ➡	appreciative
⇕	⇕	
complain ➡	complaint ➡	complainingly
‖	‖	
grumble −	grievance	

* thank [θæŋk]   * gratitude [grǽtitjúːd]   * grateful [gréitʃəl]
* appreciate [əpríʃièit]   * appreciation [əprìːʃiéiʃən]   * complain [kəmpléin]
* grumble [grʌ́mbl]   * grievance [gríːvəns]

	감사 ➡	감사하는 ➡	추수감사제
	감사, 사의 ➡	감사하는 ➡	감사하여, 즐겁게
고맙게 생각하다 ➡	감사, 감상 ➡	감사의, 감상하는	
불평하다 ➡	불평, 불만 ➡	불평하며, 투덜거리며	
불평하다 −	불평 거리		

UpGrade 확인학습

* **Thank** you for nothing.
* I'd be **grateful** if you could do that for me.
* I deeply **appreciate** your kindness.
* We are truly **appreciative** of his efforts to help us.
* Farmers are always **grumbling** about the weather.

* 내 걱정 마시오.
* 당신이 저를 위하여 그것을 해주시면 고맙겠습니다.
* 당신의 친절에 깊이 감사드립니다.
* 우리를 도와주려는 그의 노력에 진심으로 감사드린다.
* 농부들은 항상 날씨에 대하여 불평을 한다.

02 감정

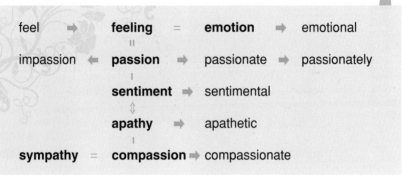

* feel [fi:l]   * emotion [imóuʃən]   * passion [pǽʃən]   * sentiment [séntimənt]
* impassion [impǽʃən] [im(into)+passion ⇨ 격정속으로 몰아 넣다]
* apathy [ǽpəθi] [a(not)+pathy(feeling) ⇨ 감정이 없음] 무감정   * apathetic [æ̀pəθétik]
* sympathy [símpəθi] [sym(with)+pathy(feeling) 같이 느낌] 동감, 공감
* compassion [kəmpǽʃən] [com(together)+passion(feeling) ⇨ 함께 느낌] 동정, 연민

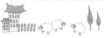

* I **felt** my pulse beat quickly.
* He could not control his **emotion** in a rage.
* His **passions** overcame him
* She is **passionately** fond of tennis.
* What are your **sentiments** towards my sister ?

* 나는 맥박이 빨리 뛰는 것을 느꼈다.
* 그는 격노해서 감정을 수습할 수 없었다.
* 그는 격정에 사로잡혔다.
* 그는 테니스를 열렬히 좋아한다.
* 나의 누이에 대한 너의 감정은 무엇인가?

03 고독한 – 사교적인

핵심정리

single
=

solitude ← **solitary** ➡ solitarily
=

lone = **lonely** ➡ loneliness
=

lonesome **alone**
⇕

society ← **sociable** = social ➡ socialize
⇕

unsociable

* solitude [sάlitjùːd]   * solitary [sάlətèri]   * society [səsάiəti]
* sociable [sóuʃəbl]   * lonely [lóunli]   * social [sóuʃəl]

	고독한, 혼자의	
고독, 쓸쓸함 ←	고독한, 외로운 ➡	혼자서, 외로이
혼자의, 고독한 =	고독한, 슬쓸한 ➡	고독, 쓸쓸함
외로운, 쓸쓸한	혼자서/ ~뿐	
모임, 사회 ←	사교적인 =	사회의 ➡ 사교적으로 만들다
	비사교적인, 붙임성 없는	

UpGrade 확인학습

* He formed the habit of taking long **solitary** walks through the street.
* One night I came across Mary on a **solitary** street.
* I don't know why the **lone** traveler came here.
* She feels **lonely** because he has been away for a month.
* He is not **alone** in ignorance.
* Man shall not live by bread **alone**.

* 그는 거리를 오랫동안 홀로 산책하는 습관이 배었다.
* 어느 날 밤 나는 인적이 드문 길에서 메리를 만났다.
* 나는 그 나그네가 홀로 여기에 왜 왔는지 모르겠다.
* 그가 한 달 동안 떠나 있었기 때문에 그녀는 외로움을 느끼고 있다.
* 그 사람만 모르는 것이 아니다.
* 인간은 빵만으로 사는 것이 아니다.

04 고통(고뇌)

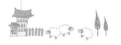

```
                            ache
                             ‖
painstaking  ←  pains  ←  pain  ➡  painful  ⇔  painless

               agonize  ←  agony  ➡  agonizing
                             ‖

               afflict  ➡  affliction
                             ‖

               pang  =  anguish  ➡  anguished
```

* ache [eik]   * pain [pein]   * agony [ǽgəni]
* affict [əflíkt]   * pang [pæŋ]   * anguish [ǽŋgwiʃ]

```
                          아프다 / 아픔
힘 드는, 근면한  ←  수고, 노력  ←  아픔, 고통  ➡  아픈, 괴로운  ⇔  아픔이 없는
                괴롭히다  ←  고뇌, 고통  ➡  고통스러운
                괴롭히다  ➡  고통, 괴로움
                비통, 격통  =  고통, 고뇌  ➡  고뇌하는
```

 UpGrade 확인학습

* She complained of severe **pain** in her chest.
* He spared no **pains** to make you happy.
* She looked on in **agony** at her child's sufferings.
* She cried out for (=in) **anguish** at parting.

* 그녀는 가슴의 심한 통증을 호소했다.
* 그는 당신을 행복하게 하기 위하여 수고를 아끼지 않았다.
* 그녀는 자식이 괴로워하는 것을 고통스럽게 바라보았다.
* 그녀는 이별의 쓰라림으로 울부짖었다.

05 공감과 반감(적대감)

sympathize ← **sympathy** ⇒ sympathetic
⇕ ⇕
antipathy ⇒ antipathetic

animosity
‖
antagonism ⇒ antagonist ⇒ antagonize

foe = enemy ― opponent ← oppose

* sympathy [símpəθi] [sym(with)+pathy(feeling) ⇨ 함께 느낌] 공감, 동감, 동정
* antipathy [æntípəθi] [anti(against)+feeling] 반감, 혐오감
* sympathetic [sìmpəθétik]   * antipathetic [æ̀btipəθétik]
* animosity [æ̀nimásiti]   * antagonism [æntǽgənizm]   * foe [fou]
* enemy [énimi]   * opponent [əpóunənt]

동감(동정, 동의)하다 ← 공감, 동정 ⇒	인정 있는, 동정심 있는/호의적인	
반감, 혐오감 ⇒	반감을 가진, 성미에 안 맞는	

적개심, 증오, 원한		
반대, 적대(심) ⇒	적대자, 경쟁자 ⇒	대항(적대)하다
적, 원수 =	적, 적군 ―	적수, 반대자 ← 반대(대항)하다

UpGrade 확인학습

* I have a lot of **sympathy** for her, she had to bring up the children for her own.
* There's a certain amount of **antipathy** between the two doctors.
* There is no personal **animosity** between the party leaders.
* Don't **antagonize** your customers.
* Excessive smoking is absolutely a **foe** of health.

* 나는 그녀가 몹시 안됐다, 그녀는 아이들을 혼자 힘으로 키워야 했으니.
* 그 두 의사들 사이에는 일정한 반감이 있다.
* 당 지도자들 사이엔 개인적 원한은 없다.
* 당신의 고객을 적으로 돌리지 마라.
* 지나친 흡연은 절대적으로 건강의 적이다.

06 공포

fear ➡	fearful ➡	fearless		
dread ➡	dreadful			
fright ➡	frighten ➡	frightful ➡	frightfully	
terror ➡	terrify ➡	terrible ➡	terrific	
horror ➡	horrify ➡	horrible ➡	horribly	
panic ➡	panic-stricken			
phobia ➡	acrophobia ➡	claustrophobia ➡	xenophobia	

* fear [fiər]　　* dread [dred]　　* fright [frait]　　* terror [térər]
* horror [hárər, hɔ́:r-]　　　* panic [pǽnik]　　* acrophobia [æ̀krəfóubiə]
* claustrophobia [klɔ̀:strəfóubiə]　　　* xenophobia [zènəfóubiə]

공포의 가장 일반적인 말 ➡	무서운, 무시무시한 ➡	무서움을 모르는	
위험한 일을 예상할 때의 불안, 두려움 ➡	무서운, 두려운		
갑작스럽고 순간적인 공포 ➡	깜짝 놀라게 하다 ➡	소름끼치는, 무서운/굉장한 ➡	깜짝 놀라서, 굉장하게
오래가는 아주 커다란 공포 ➡	겁나게 하다, 놀래다 ➡	무서운, 가공스런 ➡	대단한, 훌륭한
오싹하고 혐오나 불쾌감이 섞인 공포 ➡	소름끼치게 하다 ➡	무서운, 소름끼치는 ➡	무섭게, 소름끼치게
근거 없이 많은 사람들에게 만연되는 공포 ➡	공황에 빠진, 당황한		
병적인 두려움 ➡	고소공포증 ➡	밀실 공포증 ➡	외국인 혐오증

UpGrade 확인학습

* As it turned out, their **fears** were groundless.
* I've got an interview tomorrow and I'm **dreading** it.
* Computers used to **frighten** me, but not now.
* The sound of enemy planes struck **terror** into our hearts.
* The whole nation is in a state of **panic** following the attacks.

* 밝혀진 바처럼 그들의 두려움은 근거가 없는 것이었다.
* 내일 면접이 있어 두려운 마음이 든다.
* 예전엔 컴퓨터가 늘 두려움이었는데 이제는 아니다.
* 적기의 소리가 나자 우리는 공포에 휩싸였다.
* 그 공격 이후에 전 국민이 공황상태이다.

07 괴로워하다(괴롭히다)

핵심정리

| suffering ← sufferer ← **suffer** ⇒ sufferable |
| ‖ |
| **distress** ⇒ distressed |
| ‖ |
| ailment ← **ail** ⇒ ailing |
| ‖ |
| harassment ← **harass** ⇒ harassing |
| **tease** = **torment** ⇒ tormentor |

* suffer [sʌ́fər]   * worry [wə́:ri]   * distress [distrés]   * ail [eil]
* harass [hǽrəs]   * torment [tɔ́:rment]   * tease [ti:z]

| 노고, 수난, 고난 ← 수난자, 조난자 ← 고통받다 ⇒ 참을 수 있는 |
| 괴롭히다/고통 ⇒ 괴로워하는, 고민하는 |
| 병, 불쾌 ← 괴롭히다/앓다 ⇒ 앓고 있는, 병든 |
| 괴롭힘 ← 괴롭히다 ⇒ 괴롭히는 |
| (짓궂게) 괴롭히다 ← 괴롭히다/고통 ⇒ 괴롭히는 사람 |

 UpGrade 확인학습

* Seventy-five percent of its population **suffers** from malnutrition.
* He was **distressed** about my having to leave home.
* He has **ailed** ever since he went up to town.
* She was **tormented** by feelings of guilt.
* Snipers still harass the occupying army from ruined apartment blocks.

---

* 인구의 75%가 영양실조로 고통을 받고 있다.
* 그는 내가 집을 떠나야만 하는 것에 대해 괴로워했다.
* 그는 상경한 이래 줄곧 앓고 있다.
* 그녀는 죄책감으로 괴로워했다.
* 저격병들이 아직도 폐허가 된 아파트 단지에서 점령군을 괴롭히고 있다.

* **sniper** [snáipər] 저격병 / 도요새 사냥꾼

08 만족시키다

	suffice ➡	sufficient ➡	sufficiently
	‖		
satisfaction ⬅	**satisfy** ➡	satisfying ➡	satisfactory
	‖		
pleasure ⬅	**please** ➡	pleasant	
	‖		
contentment ⬅	**content** ➡	contented ➡	contentedly
	‖		
gratification ⬅	**gratify** ➡	gratifying	
	‖		
complacency	➡	complacent	

* suffice [səfáis]   * sufficient [səfíʃənt]   * satisfy [sǽtisfài]   * please [pli:z]
* content [kətént]   * gratify [grǽtifài]   * complacency [kəmpléisənsi]

	만족시키다 ➡	충분한, 흡족한 ➡	충분히
만족, 흡족 ⬅	만족시키다 ➡	만족을 주는 ➡	만족한, 더할 나위 없는
기쁨, 만족 ⬅	만족시키다 ➡	유쾌한, 기분 좋은	
기쁨, 만족 ⬅	만족(시키다) ➡	만족한 ➡	만족(흡족)하여
만족, 희열 ⬅	만족시키다 ➡	만족한, 기분 좋은	
흐뭇한 만족, 자기만족 ➡		마음에 흡족한, 자기 만족의	

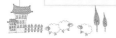

UpGrade 확인학습

* His doctor described his general state of health as fairly **satisfactory**.
* You're an impossible man to **please**.
* She is not **content** with these explanations.
* John was **gratified** to see the improvement in his mother's health.

----

* 의사는 그의 전반적인 건강상태가 꽤 만족스럽다고 설명했다.
* 당신은 정말 비위를 맞추기가 힘든 사람이다.
* 그녀는 이러한 설명들에 만족하지 않는다.
* 존은 어머니의 건강이 회복되는 것을 보고 흐뭇했다.

09 분노

relent	⇔ **anger**	➡ angry	➡ angrily
	‖	‖	
enrage	⬅ **rage**	➡ rageful	
	‖	‖	
infuriate	⬅ **fury**	➡ furious	furiously
	‖	‖	
	indignation	➡ indignant	➡ indignantly
	‖	‖	
resent	➡ **resentment**	➡ resentful	
	‖		
incense	**wrath**		
‖	‖		
exasperate	➡ **exasperation**	➡ exasperating	

* relent [rilént]　　　* anger [ǽŋgər]　　　* rage [reidʒ]　　　* fury [fjúəri]
* indignant [indígnənt]　* resent [rizént]　　* wrath [ræθ]
* exasperate [igzǽspərèit]　* incense [inséns] 성나게 하다 / [ínsens] 향료, 방향

누그러지다	⇔ 노여움, 화	➡ 노한, 성난	➡ 성이 나서
격분시키다	⬅ 격노, 분노	➡ 격노한, 맹렬한	
격분시키다	⬅ 격노, 격분	➡ 격노한	맹렬히, 사납게
	의분, 분개	➡ 분개한, 성난	➡ 분개하여
분개하다	➡ 분개, 분노	➡ 분개한, 골을 잘 내는	
몹시 성나게 하다	격노, 분노		
격분시키다	➡ 격분, 분노	➡ 분통터지는, 화가 나는	

 UpGrade 확인학습

* She often got **angry** about many trivial things.
* They were in a **rage** over the high prices.
* I was really **enraged** at her stupidity.
* In a **fury** she struck him a blow.
* She got **furious** at his insolence.

* 그녀는 하찮은 일들로 종종 화를 낼 때가 많다.
* 그들은 높은 물가에 격분했다.
* 나는 그녀의 어리석음에 정말로 화가 났다.
* 발끈해서 그녀는 그에게 한방 먹였다.
* 그녀는 그의 무례함에 몹시 화가 났다.

10 사랑(애정) – 증오

beloved ⬅ **love** ➡ loving ➡ lovable ➡ lovely
         =
         affect ➡ affection ➡ affectionate
         =   =
         attach ➡ attachment
         ⇕   ⇕
hateful ⬅ **hate** ➡ hatred
         =   =
         abhor ➡ abhorrence = disgust
         =   =
detest = **abominate** ➡ abomination

* affect [əfékt]　　* attach [ətǽtʃ] 붙이다 / (수동) 애정으로 결합시키다
* hatred [héitrid]　　* abhor [əbhɔ́ːr]　　* disgust [disgʌ́st]　　* detest [ditést]
* abominate [əbάminèit]

 사랑스러운/여보 ⬅  사랑(하다) ➡ 사랑하는 ➡ 사랑스러운 ➡ 귀여운, 어여쁜
                       영향을 주다 ➡ 애정, 영향 ➡ 애정이 있는, 자애로운
                       붙이다/애정에 매이게 하다 ➡ 애정, 애착
미운, 가증스러운 ⬅ 미워하다 ➡ 증오
                       몹시 싫어하다 ➡ 혐오, 증오 = 매우 싫음, 혐오감
몹시 싫어하다 = 혐오하다 ➡ 질색, 혐오,증오

UpGrade 확인학습

* A **loving** girl is a girl who feels or shows love.
* The **lovable** baby seemed to be pleased to get a present.
* He has deep **affection** for his parents.
* He is deeply **attached** to his parents.
* I **abhor** all forms of racism.

---

* 사랑하는 소녀는 사랑을 느끼거나 사랑을 보여주는 소녀다.
* 그 사랑스러운 아기는 선물을 받고 기뻐하는 것 같았다.
* 그는 자신의 부모님께 깊은 애정을 가지고 있다.
* 그는 부모를 깊이 사랑한다.
* 나는 모든 종류의 인종주의를 혐오한다.

Spider English

11 소망 – 절망

desperation ←	**despair** ⇕ →	desperate ‖ →	desperately ‖
hopefully ←	hopeful ← **hope** ‖ →	hopeless →	hopelessly
	want = **wish** ‖ →	wished-for →	unwished
	desirable ← **desire** →	desirous	

* despair [dispɛ́ər]   * desperation [dèspəréiʃən]   * hope [houp]
* want [wɔ́:nt]   * wish [wiʃ]   * desire [dizaiər]
* desirable [dizáiərəbl]   * desirous [dizáiərəs]

절망, 자포자기 ←	절망(하다) →	자포자기의 →	절망적으로
희망을 가지고 ← 희망에 찬 ←	소망하다 →	절망적인 →	절망하여
	원하다 = 바라다 →	바라던 (대로의) →	바라지 않는
	바람직한 ← 바라다/욕구 →	원하는, 바라는	

UpGrade 확인학습

* To the **despair** of the workers, the company announced the closure of the factory.
* He seemed to be **wanted** by the police.
* She **wants** me to go to London.
* I **wish** I had never been born.
* She **wished** for peace with her whole heart.
* He walked away in an agony of **hopeless** grief and pity.

---

* 근로자들에게 절망스럽게도 회사가 공장폐쇄를 발표했다.
* 그는 경찰에 쫓기고 있는 것 같았다.
* 그녀는 내가 런던에 가기를 원한다.
* 내가 결코 태어나지 않았더라면 좋으련만.
* 그녀는 진심으로 평화를 바랐다.
* 그는 절망적인 슬픔과 연민의 고뇌에 휩싸인 채 떠나갔다.

12 신뢰와 의심

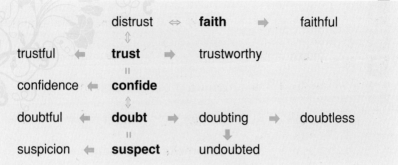

distrust	⇔	**faith**	➡	faithful
trustful ⇐	**trust**	➡	trustworthy
confidence ⇐	**confide**
doubtful ⇐	**doubt**	➡	doubting	➡	doubtless
suspicion ⇐	**suspect**	undoubted

* trust [trʌst]　* faith [feiθ]　* confide [kənfáid]　* confidence [kánfidəns]
* doubt [daut]　* suspect [səspékt]　* suspicion [səspíʃən]

	불신(하다), 의심(하다)	⇔	신용, 신뢰, 신앙	➡	충실한, 성실한
믿는, 신뢰하는 ⇐	신뢰(신용)(하다)	➡	신용(신뢰)할 수 있는
자신, 신용, 신뢰 ⇐	(비밀을) 털어 놓다, 신용하다
의심하는, 못 미더운 ⇐	의심(하다)	➡	의혹을 품고 있는, 불안한 ➡ 의심 없는, 확실한
혐의, 용의, 의심 ⇐	의심하다, 짐작하다	의심할 여지없는, 진짜의

 확인학습

* He has always gained the **trust** of his associates.
* Everybody liked and **trusted** him.
* I am **confident** that there will be no war.
* It's **doubtful** whether the project will be feasible.
* You have never yet begun the work, I **suspect**.

* 그는 항상 동료들의 신뢰를 받아 왔다.
* 모두가 그를 좋아하고 신뢰했다.
* 나는 전쟁이 일어나지 않으리라고 확신한다.
* 그 계획이 실현될지 안될지 의심스럽다.
* 너는 아직도 그 일을 시작조차 하지 않은 게 아니냐?

핵심정리

13 열망

desirable	←	**desire**	→	desirous	⇔	undesirous
		‖				
yearn	=	**long**	=	**ache**		
		‖				
aspirant	←	**aspire**	→	aspiration		
		‖		‖		
hungry	←	**hunger**	=	**thirst**	→	thirsty
‖		‖		‖		‖
eager	→	**eagerness**	=	**anxiety**	→	anxious

* yearn [jə́:rn]   * aspire [əspáiər]   * aspiration [æ̀spəréiʃən]
* hunger [hʌ́ŋgər]   * thirst [θə́:rst]   * eager [í:gər]
* anxiety [æŋzáiəti]   * anxious [ǽŋkʃəs]

바람직한	←	바라다/욕구	→	원하는, 바라는	⇔	바라지 않는
동경(열망)하다	=	열망(갈망)하다	=	열망(동경)하다/아프다		
큰 뜻을 품은/열망자	←	열망(동경)하다	→	열망, 대망, 포부		
베고픈, 열망하여	←	굶주림, 갈망	=	갈증, 갈망	→	목마른, 열망하는
열망(갈망)하는	→	열망, 갈망	=	걱정, 열망	→	열망하여, 걱정하는

 UpGrade 확인학습

* Your behavior leaves nothing to be **desired**.
* It is **desirable** that he should attend the conference.
* Miss Lee **aches** to see you.
* She was exhausted and **longing** for them to go.
* Edward Heath has always **aspired** to leadership.
* I can't understand why he seems to have no **hunger** for knowledge.

* 너의 행동은 나무랄 데가 없다.
* 그가 회의에 참석하는 것이 바람직하다.
* 미스 리가 당신을 몹시 만나고 싶어해요.
* 그녀는 피로에 지쳐서 그들이 가기를 원했다.
* 에드워드 히스는 항상 지도자의 자리를 원했다.
* 나는 그가 어째서 지식욕이 없어 보이는지 이해할 수가 없다.

14 용서

unforgivable ← **forgive** → forgiving → forgiveness

unpardonable ⇕ **pardon** → pardonable

excusable ← **excuse** → unexcused → excuser

overlook = **condone** → condonation

* forgive [fərgív]　　　* pardon [párdn]　　　* excuse [ikskjúːz]
* overlook [òuvərlúk]　　* condone [kəndóun]　　* condonation [kàndo(u)néiʃən]

용서할 수 없는 ← 용서하다 → 용서하는, 관대한 → 용서, 관대함
용서할 수 없는 ← 용서(하다) → 용서할 수 있는
용서할 수 있는 ← 용서(해명)하다 → 변명이 안 되는 → 용서하는 사람
못 본 체하다 = 묵과(용서)하다 → 용서, 묵과

UpGrade 확인학습

* He was **forgiven** for stealing the money.
* A thousand **pardons** for my fault.
* I beg your **pardon**.
* He is always making **excuses** for being late.
* I will **overlook** your fault this time, so you must be more careful in future.

---

* 그는 돈을 훔친 것에 대해 용서를 받았다.
* 제 잘못을 거듭거듭 사과드립니다.
* 미안합니다. 실례합니다. (끝을 내릴 때) – 다시 한 번 말씀해 주세요. (끝을 올릴 때)
* 그는 늘 늦는 것에 대해 변명을 한다.
* 이번에는 용서할 터이니 다음부터 주의하라.

15 울다

 핵심정리

crying	←	**cry**	→	crybaby		
weeping	←	**weep**	→	weepy		
		sob	→	sobbing	→	sobbingly
wail	=	**blubber**				
		tear	–	shed		

동물의 우는 소리							
bark/whine	–	mew	–	bellow	–	roar	
howl	–	grunt	–	squeak	–	crow	–	neigh

* cry [krai] * weep [wi:p] * sob [sɔb] wail [weil] * blubber [blʌ́bər]
* tear [tiər] * shed [ʃed] * whine [whain] * mew [mju:]
* bellow [bélou] * roar [rɔ:r] * [haul] * grunt [grʌnt]
* squeak [skwi:k] * crow [krou] * neigh [nei]

우는, 긴급한	←	울다	→	울보	
울음 / 우는	←	울다	→	눈물 어린	
		흐느껴 울다	→	흐느껴 우는	→ 흐느끼며
울부짖다, 통곡하다	=	엉엉 울다			
		눈물	–	흘리다	

짖다 / 낑낑거리다(개) – 야옹야옹 울다(고양이) – 울다(소) – 으르렁거리다(사자, 범)
긴 소리로 짖다 (늑대) – 꿀꿀거리다(돼지) – 찍찍 울다(쥐, 다람쥐, 토끼) – 울다(수탉) – 울다(말)

UpGrade 확인학습

* The old woman **cried** for joy at the news.
* We must deal with the **crying** matter as soon as possible.
* I couldn't look at her **weeping** eyes for the life of me.
* The boy **sobbed** himself to sleep.

---

* 노파는 그 소식을 듣고 기뻐서 울었다.
* 우리는 가능한 한 빨리 그 긴급을 요하는 문제를 처리해야 한다.
* 나는 도저히 그녀의 눈물 머금은 눈을 바라볼 수 없었다.
* 그 소년은 흐느껴 울다가 잠이 들었다.

16 웃다 -비웃다

laughter ←	**laugh** ⇒	laughable ⇒	laughing
smileless ←	**smile** ⇒	smiling ⇒	smilingly
	chuckle =	**giggle**	

derision ←	**deride** =	**ridicule** ⇒	ridiculous
		scorn ⇒	scornful ⇒ scornfully
mockery ←		**mock** ⇒	mockingly
		sneer ⇒	sneeringly

* laugh [læf]   * smile [smail]   * chuckle [tʃʌ́kl]   * giggle [gígl]
* deride [diráid]   * derision [diríʒən]   * ridicule [rídikjùːl]
* scorn [skɔːrn]   * mock [mak : mɔk]   * mockery [mákəri]

웃기, 웃음 ←	웃다 ⇒	웃기는 ⇒	웃기, 웃음
진지한 ←	미소짓다 ⇒	생글거리는 ⇒	웃으면서
	킬킬 웃다 =	낄낄 웃다	

조소, 비웃음 ←	비웃다 = 비웃다/조소 ⇒	웃기는, 우스꽝스런	
	조소(경멸)하다 ⇒	경멸(조소)하는 ⇒	깔보고, 멸시하여
조롱, 놀림 ←	조롱(우롱)하다 ⇒	조롱하는 듯이	
	비웃다, 냉소하다 ⇒	냉소하여	

UpGrade 확인학습

* He **laughs** best who laughs last.
* They broke out into **laughter** as soon as he mentioned it.
* **Smilingly**, he assured me that he would keep his promise.
* He must be **chuckling** to himself at his success.
* She rarely spoke her mind out of fear of being **ridiculed**.

---

* 최후에 웃는 자가 최후의 승리자다.
* 그들은 그가 그것을 언급하자마자 웃음을 터뜨렸다.
* 웃으면서 그는 약속을 지키겠다고 나를 안심시켰다.
* 그는 자신의 성공에 만족해서 혼자서 킬킬 웃고 있음에 틀림없다.
* 그녀는 조롱당할까 두려워 좀처럼 진심을 말하지 않았다.

97

17 죄와 벌

criminal	←	**crime**	=	**sin**	⇒	sinless
		=				
		blame	⇒	blameful ⇒ blameless ⇒ blameworthy
		=				
		guilt	⇒	guilty

		punishment	←	punish	⇒	punishing
		=				
penal	←	**penalty**				
		judgement	←	judge

* crime [kraim] 　　* criminal [krímɪnəl] 　　* blame [bleim] 　　* guilt [ɡilt]
* punish [pʌ́niʃ] 　　* penalty [pénəlti] 　　* judgement [dʒʌ́dʒmənt]

범인, 범죄자	←	(법적인) 죄	=	(도덕적인) 죄	⇒	죄 없는, 결백한
		죄, 비난(하다)	⇒	비난할 만한	⇒	죄가 없는, 결백한	⇒	비난할 만한
		유죄	⇒	유죄의		

		형벌, 처벌	←	벌(응징)하다	⇒	벌하는, 처형하는
형벌의, 형의		형벌, 위약금				
		천벌/판단, 재판	←	재판(판단)하다/재판관

UpGrade 확인학습

* Hijacking is a **cruel** crime against humanity.
* Marie still **blames** herself for Patrick's death.
* It was his **guilty** conscience that made him offer to help.
* Withdrawing the money early will result in a 10% **penalty**.
* The violator will be **punished** according to law.

* 항공기 납치는 인간성에 어긋나는 잔인한 범죄이다.
* 마리는 여전히 패트릭의 죽음에 대해 자책하고 있다.
* 그는 죄의식에 사로잡혀 돕겠다고 제안했다.
* 일찍 그 돈을 인출하면 10%의 위약금을 물을 것이다.
* 위반자는 법에 따라서 처벌을 받을 것이다.

18 질투

enviable	⟵	**envy**	⟹	envious	⟹	enviously
⇕		=		=		
unenviable		**jealousy**	⟹	jealous	⟹	jealously
				=		
				green	=	**yellow**

suspect	⟹	suspicion	=	doubt

* envy [énvi] * jealousy [dʒéləsi] * suspect [səspékt] * suspicion [səspíʃən]
* doubt [daut]

샘나는, 부러운	⟵	질투(하다), 선망	⟹	시기심이 강한	⟹	시기하여
부럽지 않은		질투, 투기	⟹	질투 많은, 시샘하는	⟹	질투하여
				샘(질투) 많은/녹색	=	질투 많은

의심을 두다, 추측하다	⟹	수상쩍은 생각, 의심, 혐의	=	의심, 의혹

UpGrade 확인학습

* I really **envy** you and Ian, you seem so happy together.
* Now he is in the **enviable** position of not having to work for a living.
* Why are you so **jealous** of his success?
* Polly felt a pang of **jealousy** when she saw Paul with suzanne.
* Driven by **jealousy**, She attempted to murder her husband.
* I can't say for definite who did it, but I have **suspicions**.

* 나는 당신과 이안이 정말 부럽다, 당신들은 함께 있으니 너무 행복해 보인다.
* 그는 이제 생계를 위하여 일할 필요가 없는 남부러운 지위에 있다.
* 당신은 어째서 그의 성공을 그렇게 시기하십니까?
* 폴리는 폴이 수잔과 함께 있는 것을 보고는 심한 질투감에 휩싸였다.
* 질투심에 쫓겨 그녀는 남편을 살해하려고 했다.
* 누가 그것을 했는지 단정적으로 말할 수는 없지만, 심증은 갑니다.

핵
심
정
리

19 참다

stand	=	endure	➡	endurable	➡	endurance
		‖		‖		
		tolerate	➡	tolerable	➡	tolerant	➡	tolerance
forbear	=	bear	➡	bearable	⇔	unbearable
		‖				
		persevere	➡	perseverance

persevere ➡ perseverance
‖
patience ➡ patient ➡ patiently
⇕   ⇕   ⇕
impatience ➡ impatient ➡ impatiently

* endure [indjúər]　　* tolerate [tárəlèit]　　* forbear [fɔːrbéər]
* persevere [pə̀rsivíər]　　* patience [péiʃəns]

참다/서다	=	참다/지속되다	➡	견딜 수 있는	➡	인내(력), 참을성
		참다	➡	참을 수 있는	➡	관용하는	➡	관용, 용인
삼가다, 참다	=	견디다/낳다	➡	견딜 수 있는	⇔	참을 수 없는
		참다, 견디다	➡	인내, 참을성		
		인내, 참을성	➡	참을성 있는	➡	꾸준히, 느긋이
		성급함, 조바심	➡	참지 못하는	➡	참지 못하고

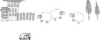

UpGrade 확인학습

* The child is **patient** for sufferings.
* Don't be **impatient** about the thing like that.
* He kept an nagging until I couldn't **stand** it any longer.
* He has a sense of humor plus **tolerance** and **patience**.
* I can't **bear** to see the miserable people.
* Everyone had to **persevere** and face up to innumerable setback.

* 그 아이는 고통을 잘 참는다.
* 그와 같은 일로 조바심을 내지 마라.
* 그가 잔소리를 계속해서 더 이상 참을 수가 없었다.
* 그는 관용과 인내 외에도 유머감이 있다.
* 그 불쌍한 사람들을 차마 볼 수가 없다.
* 누구나 다 인내하며 수많은 좌절에 맞서야 했다.
* **setback** [sétbæ̀k] 방해.좌절 / 패배.실패

20 충격과 흡수

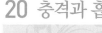

	impact	⇒	impactful	cf. trauma
	‖			
shockproof ⇐	shock	⇒	shocking	
	‖			
	impulse	⇒	impulsion	⇒	impulsive

	absorb	⇒	absorption
	‖		
suction −	assimilate	⇒	assimilation

* impact [ímpækt]   * shockproof [ʃákprùːf]   * impulse [ímpʌls]
* trauma [tráumə]   * absorb [əbsɔ́ːrb]   * suction [sʌ́kʃən]
* assimilate [əsímilèit]

	충격, 영향	⇒	영향력이 강한	cf. 정신적 충격
내진성의 ⇐	충돌, 충격	⇒	충격적인, 쇼킹한	
	충격, 충동/추진력	⇒	추진, 충격	⇒	충동(충격)적인

	흡수(동화)하다	⇒	흡수, 병합
빨기, 흡인력 −	흡수(동화)하다	⇒	흡수, 병합

UpGrade 확인학습

* The new seeds had an immediate **impact** on food production.
* I recovered gradually from the **shock** of her death.
* The **shocking** news that he had been assassinated saddened all the nation.
* He had to fight down the **impulse** to hit the man.
* In cold climates, houses need to have walls that can absorb heat.

* 그 새로운 종자들이 식량생산에 즉각적인 영향을 끼쳤다.
* 나는 점차 그녀가 죽은 충격에서 벗어났다.
* 그가 암살되었다는 충격적인 소기의 전 국민을 슬픔에 빠트렸다.
* 그는 그 남자를 때려눕히고 싶은 충동을 억눌러야 했다.
* 추운 기후에서는 집들이 열을 흡수할 수 있는 벽을 가질 필요가 있다.

21 행복 - 슬픔

핵 심 정 리

well-being	=	bliss	=	felicity		
unhappy ⇔	**happy**	⇒	happily	⇒	happiness
sadden ⇐	**sad**	⇒	sadly	⇒	sadness
	sorrowful ⇐	**sorrow**	=	pathos
mourn ⇒	mournful
grief ⇐	grievous ⇐	grieve	⇒	grievance

* well-being [wélbíːŋ]   * bliss [blis]   * felicity [filísəti]   * sorrow [sɔ́ːrou]
* pathos [péiθəs] [문학·음악 등에서 연민의 정을 자아내는] 비애, 비감
* mourn [mɔ́ːrn]   * grief [griːf]   * grievance [gríːvəns]

행복, 복지 =	행복, 지복 =	최상의 행복/적절	
불행한 ⇔	행복한 ⇒	행복하게 ⇒	행복
슬프게 하다 ⇐	슬픈 ⇒	슬프게 ⇒	슬픔, 비통
	슬퍼하는, 애도하는 ⇐	슬픔, 비통 =	비애, 비감
슬퍼(한탄)하다 ⇒	슬퍼하는, 애도하는	
비탄, 비통 ⇐	슬픈, 쓰라린 ⇐	몹시 슬퍼하다 ⇒	불평거리

 UpGrade 확인학습

* **Happily**, no one was hurt in the accident.
* Many people think that money can bring **happiness**.
* I enjoyed the film even though it made me feel **sad**.
* Their feelings about the murder were expressed more in terms of **sorrow** than of anger.

* 다행히 아무도 그 사고로 부상을 당하지 않았다.
* 돈이 행복을 가져다 줄 수 있다고 생각하는 사람들이 많다.
* 비록 영화를 보며 슬프기는 했지만 나는 그 영화를 즐겼다.
* 그 살인사건에 대한 그들의 감정은 분노보다는 슬픔으로 표현되었다.

CHAPTER **02-2**

주제
(사고)

01 기대

핵심정리

hope
‖
expectation ← **expect** ➡ expectant ➡ expectancy
‖
anticipation ← **anticipate** ➡ anticipator
‖
look forward to = look for ~ to

* expect [ikspékt]   * expectancy [ikspéktənsi]
* anticipate [æntísipèit]   * anticipation [æntìsəpéiʃən]

	기대하다, 바라다		
예상, 기대 ←	예상(기대)하다 ➡	기대(예기)하고 있는 ➡	예상, 기대
예기, 예상, 기대 ←	예기(예상)하다/앞지르다 ➡	예상하고 있는 사람	
	기대하다 =	(누구에게) 기대하다	

 UpGrade 확인학습

* His record was the last thing we **expected**.
* The journey was not as nice as Edward had **expected**.
* Living standards and **expectations** are increasing in recent years.
* Nobody **expected** the strike to succeed.
* It's impossible to **anticipate** when it will happen.
* The Vikings may have **anticipated** Columbus in discovering America.
* I **look forward to** seeing you soon.

* 그의 기록은 전혀 예상 밖이었다.
* 그 여행은 에드워드가 기대했던 것만큼 멋지지는 않았다.
* 최근 몇 년 사이 생활수준과 기대가 점점 높아지고 있다.
* 누구도 그 파업이 성공하리라고는 기대하지 않았다.
* 그것이 언제 일어날는지 예상한다는 것은 불가능하다.
* 아메리카의 발견은 콜럼버스보다 바이킹들이 먼저 했을는지 모른다.
* 당신을 곧 뵙기를 고대하고 있습니다.

02 기억 – 망각

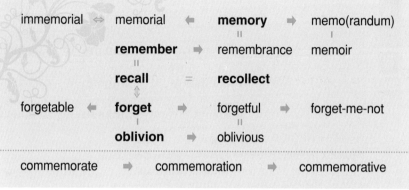

immemorial	⟺	memorial	←	**memory**	⇒	memo(randum)
		remember	⇒	remembrance		memoir
		recall	=	**recollect**		
forgetable	←	**forget**	⇒	forgetful	⇒	forget-me-not
		oblivion	⇒	oblivious		
commemorate	➡	commemoration	➡	commemorative		

* memory [méməri]   * memorial [mimɔ́:riəl]   * remember [rimémbər]
* memoir [mémwa:r]   * recall [rikɔ́:l]   * recollect [rèkəlékt]
* forget [fərgét]   * oblivion [əblíviən]
* commemorate [kəmémərèit] [com(함께) + memor(기억)] 기념하다

기억이 없는	⟺	기념의/기념물	←	기억(력)	⇒	메모, 비망록
		기억하다	➡	기억, 회상		회고록, 자서전
		상기하다	=	상기(기억)하다		
잊기 쉬운	←	잊다	➡	잘 잊는	➡	물망초
		망각, 건망	➡	잘 잊어버리는		
기념(축하)하다	➡	축하, 기념	➡	기념의 / 기념품		

  UpGrade 확인학습

* I have never met her to the best of my **remembrance**.
* Why are some **memories** more available for recall than others?
* They decided to erect a **memorial** to the dead.
* The tree has been here from time **immemorial**.
* He is so **forgetful** that he always misses appointment.
* I have a vague **recollection** of having seen the house.
* I **recall** that I read the article in the newspaper.

* 아무리 기억을 해봐도 그녀를 만난 기억이 없다.
* 왜 어떤 기억들은 다른 기억들보다 기억하기 쉬운 것일까?
* 그들은 죽은 사람들을 위한 기념비를 세우기로 결정했다.
* 그 나무는 아득한 옛날부터 이곳에 있었다.
* 그는 너무도 건망증이 심해서 항상 약속을 지키지 못한다.
* 어렴풋하지만 그 집을 본적이 있는 것 같다.
* 신문에서 그 기사를 읽은 기억이 안다.

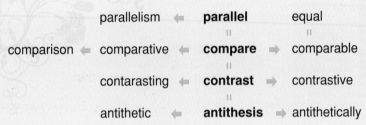

* parallel [pǽrəlèl] 비교하다, 필적하다 / 평행의/ 평행선
* equal [íːkwəl]　　　　* compare [kəmpɛ́ər]　　　　* comparison [kəmpǽrisn]
* contrast 명 [kántræst]　동 [kətrǽst]
* antithesis [æntíθisis] [anti(반대) + thesis(논제) ⇨ 반대되는 논제] 대조, 정반대
* antithetic [æ̀ntəθétik]

		평행, 병행	←	비교하다/평행의		필적하는/같은
비교, 대조	←	비교의	←	비교하다	→	비교할 수 있는, 필적하는
		대조적인	←	대조(대비)(하다)	→	대조적인
		대조적인	←	대조, 정반대/대구	→	대조적으로

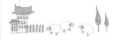 UpGrade 확인학습

* As an essayist he is **compared** frequently to Paine and Hazlitt.
* He was listened to in **comparative** silence.
* She is beautiful beyond **comparison**.
* The staff are not **equal** to all these demands.
* There is a marked **contrast** between the group's action and its professed principles.

* 수필작가로서 그는 종종 페인과 해즐릿에 비견된다.
* 그의 말은 비교적 조용한 가운데 경청되었다.
* 그녀는 비할 수 없이 아름답다.
* 직원들은 이 모든 요구를 감당할 수가 없다.
* 그 단체의 행동과 공언된 방침 사이에는 현저한 차이가 있다.

04 생각

핵심정리

```
                              unthought-of
                                  ↑
       thoughtful      ←       thought    ⇒    thoughtless

       thinking        ←        think     ⇒    thinker    ⇒    unthinkable
          ‖                       ‖
       consideration   ←       consider   ⇒    considerable
                                  ‖                  ↓
       concept ← conception ← conceive         considerate
                   ‖
                 notion
```

* think [θiŋk]   * thought [θɔ́:t]   * consider [kənsídər]
* conceive [kənsí:v]   * concept [kánsept]   * notion [nóuʃən]

```
                       생각지도 않은, 의외의
       사려 깊은, 숙고하는  ←    생각, 사고    ⇒    부주의한, 생각 없는
       사색, 사고         ←   생각(판단)하다  ⇒    사상(색)가      ⇒    생각할 수 없는
       고려, 고찰, 생각    ←   고찰(숙고)하다  ⇒    상당한, 중요한
       개념, 관념 ← 개념, 생각 ← 생각(상상)하다      동정심 많은, 사려 깊은
                 관념, 개념, 생각
```

UpGrade 확인학습

* What's the governmen's **thinking** on this matter ?
* It would be **unthinkable** for the West to turn its back on this crisis.
* He felt uneasy at the **thought** of being betrayed by his men.
* Until I saw you I'd never **conceived** that such beauty existed.
* How can I get the abstract **concept** of beauty ?
* He **considered** 'Hamlet' as an example of Shakespearian tragedies.

* 이 문제에 대한 정부의 생각은 무엇입니까 ?
* 서구가 이런 위기에 등을 돌린다는 것은 생각할 수도 없다.
* 그는 부하들에게 배반당할 거라는 생각에 불안감을 느꼈다.
* 내가 당신을 만나게 될 때까지는 그런 아름다움이 존재하리라고는 결코 생각하지 못했다.
* 어떻게 하면 내가 미美라는 추상적 개념을 이해할 수 있을까?
* 그는 햄릿을 셰익스피어 비극의 전형이라고 생각했다.

05 설명 – 해석

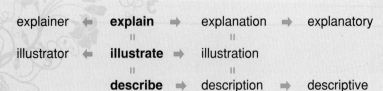

explainer	⬅	**explain**	➡	explanation	➡	explanatory
illustrator	⬅	**illustrate**	➡	illustration		
		describe	➡	description	➡	descriptive
interpreter	⬅	**interpret**	➡	interpretation		
		misinterpret	➡	misinterpretation		

* explain [ikspléin]　　　* explanation [èksplənéiʃən]　　* explanatory [ikspǽnətɔ̀:ri]
* illustrate [íləstrèit]　　* illustration [ìləstréiʃən]　　* describe [diskáib]
* interpret [intə́:rprit]　　* interpretation [intə̀:rprətéiʃən]　* description [diskrípʃən]

설명하는 사람	⬅	설명(해명)하다	➡	설명, 해명	➡	설명하는
삽화가, 도해자	⬅	설명(도해)하다	➡	설명, 삽화, 도해		
		묘사(기술)하다	➡	기술, 서술	➡	설명적인, 서술적인
해설자, 통역	⬅	해명(해석)하다	➡	해석, 해석, 통역		
		오해(오역)하다	➡	오해, 오역		

 UpGrade 확인학습　　　

* Mrs. Travers **explained** that the girl used to be a nurse.
* Davis sent an **explanatory** letter.
* Will you please **interpret** for me?
* The announcement may be given several **interpretations**.
* He saw the smile and **misinterpreted** it as friendliness.

---

* 트래버스 부인은 그 아가씨가 예전에 간호원이었다고 설명해주었다.
* 데이비스는 해명의 편지를 보냈다.
* 통역 좀 해 주시겠습니까?
* 그 성명은 몇 가지 의미로 해석될 수 있다.
* 그는 미소를 호의로 오해했다.

06 암시

	hint	=	**imply**	⇒ implication
suggestion	←	**suggest**	⇒ suggestive	
allusion	←	**allude**	⇒ allusive	
intimation	←	**intimate**		

* imply [implái]   * implication [ìmplikéiʃən]   * suggest [sədʒést]
* suggestion [sədʒéstʃən]   * allude [əlúːd]   * allusion [əlúːʒən]
* intimate 동 [íntimèit]   형 [íntəmət]

	암시(하다)	함축(내포)하다, 암시하다 ⇒	연루/함축, 암시
암시, 시사, 힌트 ←	암시(제안)하다	암시적인, 시사하는	
암시, 언급 ←	암시(시사)하다	암시적인	
암시, 발표 ←	암시하다, 넌지시 알리다/친밀한		

 UpGrade 확인학습

* His attitude **implies** boredom.
* The doctor **hinted** to me that my sister was suffering from cancer.
* His words **suggest** that he loves Judy.
* It was a speech full of helpful **suggestion**.
* When there is any **allusion** to his size he comes embarrassed.
* She lit another cigarette and he **intimated** his disapproval by coughing loudly.

---

* 그의 태도에서 싫증이 났다는 것을 엿볼 수 있다.
* 의사는 누이가 암에 걸려있음 암시했다.
* 그의 말은 쥬디를 사랑하고 있음을 암시하고 있다.
* 그것은 유익한 시사가 많은 강연이었다.
* 그는 자신의 키가 어쩌고 하는 언급이라도 있으면 당황해 한다.
* 그녀가 또 담배에 불을 붙이자 그는 크게 기침을 해서 싫어한다는 암시를 했다.

07 우월 - 열등

predominance ←	**predominate** =	**excel** →	excellence
	surpassing ←	**surpass**	
inferiority ←	**inferior** ⇔	**superior** →	superiority
		supreme →	supremacy

* predominance [pridámənəns] * predominate [pridámənéit] * excel [iksél]
* excellence [éksələns] * surpass [sərpǽs] * inferior [infíəriər]
* inferiority [infìəriárəti] * superior [sjupíəriər, səp-] * supreme [səprí:m]

탁월, 발군 ←	우세(탁월)하다 =	탁월하다, 보다 낫다 →	우수, 탁월성
	탁월한, 빼어난 ←	보다 낫다, 뛰어나다	
하위, 열등 ←	열등한, 하위의 ⇔	뛰어난, 발군의 →	우월, 탁월, 우수
		최고(최상)의 →	우월, 최고, 최상

 UpGrade확인학습

* Pine trees **predominate** in this area of forest.
* He **excels** others in the company in characters.
* The horrors of the battlefield **surpassed** all description.
* He loves making fun of women. It makes him feel **superior**.
* The present constitution gives **supreme** authority to the presidency.
* It was clear the group were regarded as intellectually **inferior**.

---

* 숲의 이 지역은 소나무가 주종을 이루고 있다.
* 그의 평판은 회사의 어느 누구보다 뛰어나다.
* 전쟁의 공포는 필설로 이루 다 형용할 수 없다. (⇐ 어떠한 묘사보다도 뛰어나다)
* 그는 여자들을 놀리기 좋아한다. 그렇게 함으로써 그는 우월감을 느낀다.
* 현행 헌법은 대통령의 지위에 최고의 권위를 부여한다.
* 그 그룹의 사람들이 지적으로 열등하다고 간주되는 것은 분명했다.

08 이해

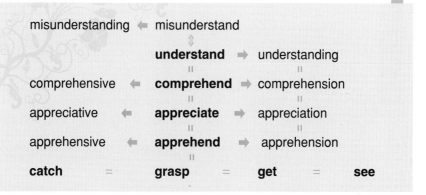

* understand [ʌ̀ndərsǽnd] (가장 일반적인 말) 이해하다
* comprehension [kàmprihénʃən]
* comprehend [kàmprihénd] (완전히 이해하기까지의 과정 강조) 이해하다
* apprehend [æ̀prihénd] (불완전하기는 하지만) 이해하다
* apprehension [æ̀prihénʃən]
* appreciate [əpríːʃiéit] (진가를 올바르게) 이해하다, 감상하다
* appreciation [əpríːʃiéiʃən]
* see [siː] (추리 · 관찰할 능력이 있다)

* A child **apprehends** death but does not **comprehend** it until later in life.
* Linda received **comprehensive** training after joining the firm
* What is your **understanding** of Hamlet's madness ?
* You can't **appreciate** English poetry unless you understand its rhythm.
* We must deepen our **appreciation** of Korean culture.
* We often fail to **apprehend** the real nature of change.

----

* 어린 아이는 죽음이 뭔지는 어렴풋이는 알지만 인생 말년이 되어야 이해하게 된다.
* 린다는 그 회사에 입사한 뒤 포괄적인 훈련을 받았다.
* 당신은 햄릿의 광기를 어떻게 생각하십니까?
* 영시의 운을 이해하지 못하면 당신은 영시를 감상할 수 없다.
* 우리는 한국문화에 대한 이해를 심화시켜야 한다.
* 우리는 종종 변화의 진정한 본질을 이해하지 못한다.

09 인식

real	➡	**realize**	➡	realization
recognizable	⬅	**recognize**	➡	recognition
perceptible	⬅	**perceive**	➡	perception
cognizant	⬅	**cognize**	➡	cognizance
		appreciate	➡	appreciation

* realize [ríːəlàiz]　　* recognize [rékəgnàiz]　　* recognition [rèkəgníʃən]
* perceive [pəːrsíːv]　　* perception [pərsépʃən]　　* cognize [kagnáiz]
* cognizance [kágnizəns]　* appreciate [əpríːʃiéit]

진짜의, 현실의	➡	이해(지각)하다	➡	실현, 현실화
인지(분간)할 수 있는	⬅	인지(인정)하다	➡	인식, 승인, 인정
인식할 수 있는	⬅	지각(인식)하다	➡	지각(작용), 이해
인식하고 있는	⬅	(철학) 인식하다	➡	인식, 인지
		올바르게 인식하다	➡	인식, 식별, 감지

UpGrade 확인학습

* I can't **realize** in the end why this must be done.
* I could scarcely **recognize** my old friend.
* She walked past me without so much as a glance of **recognition**.
* He **perceived** what was not seen by many others.
* These changes were already **perceptible** before the war.

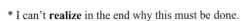

* 나는 왜 이것을 해야만 하는지 끝내 이해할 수 없다.
* 옛 친구를 보고도 거의 알아볼 수 없었다.
* 그녀는 아는 척도 하지 않고 내 옆을 지나갔다.
* 그는 많은 다른 사람들이 보지 못하는 것을 인식했다.
* 이러한 변화는 이미 전쟁 전에 감지할 수 있었다.

10 인정하다

	acknowledge ➡ acknowledgement	
admission ⬅	**admit** ➡	admittedly
own =	**confess** ➡	confessed ➡ confessedly
recognition ⬅	**recognize**	
avowal ⬅	**avow** ⇔	disavow

* acknowledge [əknάlidʒ]   * admitedly [ədmítidli]   * admission [ədmíʃən]
* confessed [kənfést]   * confessedly [kənfésidli]   * recognize [rékəgnὰiz]
* avow [əvάu]

	인정(승인)하다 ➡	승인, 시인, 자백		
승인, 허가 ⬅	인정(허가)하다 ➡	명백히, 일반적으로 인정하듯이		
인정(자백)하다 =	인정(자백)하다 ➡	인정된, 명백한 ➡	명백히, 의심할 여지없이	
인식, 인정 ⬅	인정(승인)다			
공언, 고백 ⬅	인정(고백)하다 ⇔	부인(부정)하다		

 UpGrade 확인학습

* He **admitted** that the charge is groundless.
* **Admittedly**, economist often disagree among each other.
* He **recognized** that he had been beaten.
* My **recognition** of him was immediate.
* She was obliged to **avow** openly that she had been there.

* 그는 그 비난이 근거가 없음을 인정했다.
* 일반적으로 인정되듯이 경제학자들은 종종 서로 의견이 일치되지 않는다.
* 그는 자신이 패했다는 것을 인정했다.
* 한 눈에 곧 그임을 알아보았다..
* 그녀는 어쩔 수 없이 자신이 거기에 있었던 것을 솔직하게 인정해야 했다.

11 추측

guess	=	guesstimate	⇒ guesswork
‖			‖
estimate	⇒	estimated	⇒ estimation
‖			
conjecture	⇒	conjectural	
‖			
supposing ⇐	**suppose**		⇒ supposition
‖			
surmise			

* guess [ges] 　　* guesstimate [géstəmèit] 　　* estimate [éstimèit]
* estimation [èstəméiʃən] 　　* conjecture [kəndʒétʃər]
* suppose [səpóuz] [sus(under)+pose(put) ⇨ 아래에 놓다]
* supposition [sÀpəzíʃən]
* surmise [sərmáiz] [sur(upon)+mise(send) ⇨ 위로 던지다] 짐작(추측)하다

	짐작(추측)하다	=	어림짐작(하다)	⇒ 어림짐작, 추측
	어림잡다	⇒	추측의, 예상의	⇒ 짐작, 평가
	짐작(추측)하다	⇒	추측의, 억측하기 좋아하는	
만약 ~이라면 ⇐	상상(추정)하다			⇒ 상상, 추정, 억측
	짐작(추측)하다			

 **UpGrade** 확인학습

* He **guessed** that the cost would be 50 dollars.
* This is pure **guesswork** at this stage, of course.
* I **estimated** that it would take two weeks to finish this work.
* His opinion was merely **conjectural**, not proved.

* 그는 그 비용이 약 50달러가 될 것이라고 짐작했다.
* 물론 이것은 현 단계에서는 순전히 어림짐작일 뿐입니다.
* 나는 이 일을 끝내는데 2주가 걸릴 것이라고 추정했다.
* 그의 견해는 단지 추측일 뿐 입증된 것이 아니었다.

CHAPTER 02-3

주제
(행동)

01 걷다

walking	⇐	**walk**	⇒	walker		
strolling	⇐	**stroll**	⇒	stroller		
trample	–	**tramp**	⇒	tramper		
misstep	⇐	**step**	⇒	stepping-stone		
reel	=	**stagger**	=	totter	–	trek
promenade	–	outing		picnic	–	excursion

* walk [wɔːk]   * stroll [stroul]   * tramp [træmp]
* trample [træmpl]   * stagger [stǽgər]   * totter [tátər]
* promenade [prὰmiá:d]   * outing [áutiŋ]   * excursion [ikskə́ːrʒən]

걷기, 산책	⇐	걷다 / 걷기	⇒	보행자 / 보행기		
순회 공연하는	⇐	산책(만보)하다	⇒	산책자, 방랑자		
짓밟다	–	쾅쾅(터벅)거리며 걷다	⇒	도보 여행자		
실족(하다)	⇐	걸음, 발자국/걷다	⇒	디딤돌, 섬돌		
비틀거리다	=	비틀거리다	=	비틀거리다, 아장아장 걷다	–	(천천히, 힘들게) 나가다
산책, 산보	–	소풍, 산책	–	소풍, 피크닉	–	소풍, 짧은 여행

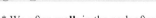

UpGrade 확인학습

* We often **walk** in the park after lunch.
* I **strolled** along the beach with the warm sun on my face.
* I perhaps think we should postpone the **outing**.
* He was **trampled** to death by a runaway horse.
* He was shot and managed to **stagger** the last few steps.

---

* 우리는 종종 점심식사 후에 공원을 산책한다.
* 나는 따뜻한 햇살을 얼굴에 받으며 해변을 따라 산책했다.
* 나는 아마도 우리가 소풍을 연기해야 되지 않을까 생각합니다.
* 그는 고삐풀린 말에 밟혀 죽었다.
* 그는 총을 맞고는 비틀거리며 간신히 마지막 몇 걸음을 뗐다.

02 게으르다

laziness	←	**lazy**	→	lazily	→	lazybones
idleness	←	**idle**	→	idly	→	idler
indolence	←	**indolent**				
sloth	→	**slothful**				
slug	→	**sluggish**	→	sluggard		

* lazybones [léizibòunz]　　* indolence [índələns]　　* sloth [slɔ:θ]
* slug [slʌg]　　* sluggard [slʌ́gərd]

게으름, 나태	←	게으른, 나태한	→	게으르게	→	(보통 단수 취급)게으름뱅이
나태, 빈둥거림	←	빈둥거리는, 놀고 있는	→	게으르게, 놀고 있는	→	게으름뱅이
나태, 게으름	←	게으른, 나태한				
나태, 게으름	→	나태한, 게으른				
느린 사람(동물)	→	게으른 / 느린	→	게으름뱅이		

* lazy : 성격적, 습관적으로 게으르다　　* idle : 할 일을 하지 않고 빈둥거리다
* indolent : 태생이 몸을 움직이기 싫어하다　　* sloth : 해야 할 것을 잘 알면서도 하기 싫어하다

 UpGrade 확인학습

* He is a **lazy** fellow(=a **lazybones** = and an **idler**).
* Don't **idle** away your precious time.
* **Idleness** is the root of all vice.
* Mr. Humbert has to overcome his habitual **sloth**.
* A heavy lunch makes me **sluggish** in the afternoon.

* 그는 게으른 녀석이다.
* 너의 귀중한 시간을 빈둥거리며 보내지 마라.
* 나태는 백악의 근원.
* 험버트씨는 그의 습관적인 게으름을 극복해야 한다.
* 나는 점심식사를 많이 하면 오후에 나태해진다.

03 계속 – 중지

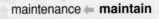

maintenance ⬅ **maintain**
‖
last ➡ lasting
‖
continuously ⬅ continuous ⬅ **continue** ➡ continual ➡ continually
⇕
discontinuity ⬄ continuity ⬅ **discontinue** = stop ➡ stoppage

suspension ⬅ **suspend** ➡ suspense

* maintain [meintéin]   * maintenance [méintinəns]   * last [læst]
* continue [kəntínju:]   * continuity [kàntinjú:əti]   * continual [kəntínjuəl]
* suspense [səspéns] [매달려 언제 떨어질지 모르는 불안한 긴장 상태]

지속, 보존(유지) ⬅ 지속(계속)하다 / 보존하다
계속(지속)하다 ➡ 영속하는, 영구적인
연속적으로 ⬅ 계속되는 ⬅ 계속되다 ➡ 단속적인 ➡ 쉴 새 없이
불연속, 중단 ⬄ 연속성, 계속 ⬅ 중지(중단)하다 = 중단하다 ➡ 정지, 멈춤
매달리기/미결 ⬅ 매달다/중지하다 ➡ 미결, 불안, 긴장감

UpGrade 확인학습

* Despite living in other countries, the two families have **maintained** close links.
* The fighting around the airport **continued** for a week before the enemy were defeated.
* The brain needs a **continuous** supply of food.
* He hates these **continual** arguments with his wife.
* He will **discontinue** teaching his class until after the summer vacation.
* They are waiting in **suspense** to hear what the jury's verdict will be.

---

* 다른 나라에 살고 있는데도 불구하고, 그 두 가족은 밀접한 관계를 유지해 왔다.
* 공항 근처의 전투는 적이 패배하기 전 일주일간 계속되었다.
* 두뇌는 끊임없는 자양분의 공급이 필요하다.
* 그는 자기의 부인과의 끊임없는 이런 논쟁을 싫어한다.
* 그는 여름 방학이 끝날 때까지 학생들을 가르치는 일을 중지할 것이다.
* 그들은 배심원의 판결이 어찌될지 긴장하면서 기다리고 있다.

04 노력하다 – 땀

effortless ⇔ effortful ← **effort** = **endeavor**

exertion ← **exert**

strive = **struggle**

sweat ➡ sweaty

perspiration ← **perspire**

* effort [éfərt]　　* endeavor [indévər]　　* exert [igzə́:rt]　　* exertion [igzə́:rʃən]
* strive [straiv]　　* struggle [strʌ́gl]　　* sweat [swet]
* perspire [pərspáiər]　　* perspiration [pə̀:spəréiʃən]

노력하지 않는　⇔　노력한　←　노력, 수고　=　노력(시도)하다
　　　　　　　　　　노력, 진력　←　노력하다
　　　　　　　　　　　　　　　　노력하다, 힘쓰다　=　싸우다, 애쓰다

　　　　　　　　　　　　　　　　땀(나다), 노동　➡　땀이 나는, 몹시 더운
　　　　　　　땀, 발한 작용　←　땀을 흘리다, 발한하다

UpGrade 확인학습

* We will **exert** our effort to the utmost to help you out of this difficulty.
* He did not spare any **efforts** to succeed in the enterprise.
* Mark has failed in the entrance examination in spite of all his **exertions**.
* It is important that we **strive** for consensus.
* When you **perspire** profusely, you become thirsty soon.

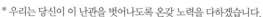

* 우리는 당신이 이 난관을 벗어나도록 온갖 노력을 다하겠습니다.
* 그는 사업에 성공하기 위해 노력을 아끼지 않았다.
* 마크는 온갖 노력에도 불구하고 입학시험에 실패했다.
* 합의를 이루려는 노력이 중요하다.
* 땀을 너무 많이 흘리면 곧 갈증이 난다.

* **profusely** [prəfjú:sli] 풍부하게, 막대하게

119

05 덫, 함정

핵
심
정
리

trapper	←	**trap**	→	entrap	→	entrapment
=		=		=		=
snarer	←	**snare**	→	ensnare	→	ensnarement
		=				
pit	=	**pitfall**	=	hook		

* entrap [intrǽp] [en(in)+trap(함정)] 덫에 걸리게 하다, 함정에 빠뜨리다
* ensnare [insnέər] [en(in)+snare ⇨ 함정에 집어 넣다]   * pitfall [pítfɔ:l]
* hook [huk]   * trap [træp]   * snare [snέər]

덫 사냥꾼	←	올가미, 덫(을 놓다)	→	(함정에) 빠뜨리다	→	함정에 빠뜨리기
덫을 놓는 사람	←	올가미, 덫, 유혹	→	덫으로 잡다, 유혹하다	→	함정에 빠뜨리기, 유혹
함정, 구멍	=	함정, 덫	=	올가미/갈고리		

 UpGrade 확인학습

* The legal system is full of **snares** for those who are not wary.

* The employer set a **trap** for the thief by putting marked money in the drawer.

* His very old friend **entrapped** him to destruction.

* I tried to **ensnare** Mr. Johnson into doing it.

* There are many **pitfalls** in English spelling for foreign students.

* 법체계는 조심하지 않는 사람에게는 함정으로 가득 차 있다.

* 고용주는 서랍 속에 표시된 돈을 넣어 그 도둑을 잡기 위한 함정을 설치했다.

* 바로 그의 오랜 친구가 그를 함정에 빠트려 파멸시켰다.

* 나는 존슨씨를 유혹해서 그것을 하게 하려고 애썼다.

* 외국 학생들에게 영어는 철자상의 많은 함정이 있다.

06 돕다

helper	⬅	**help**	➡	helpful	➡	helpless
assistant	⬅	**assist**	➡	assistance		
aide	⬅	**aid**		‖		
collaborator	⬅	**collaborate**	➡	collaboration		

* help [help]　　* assist [əsíst]　　* aid [eid]　　* aide [eid]
* collaborate [kəlǽbərèit] [col(together)+labor(일) ⇨ 함께 일하다] 협력(협동)하다
* collaboration [kəlæ̀bəréiʃən]

조수, 협력자	⬅	돕다, 원조하다	➡	유익(유용)한	➡	속수무책인
조수, 보조자	⬅	돕다, 원조하다	➡	조력, 원조		
조력자, 보좌관	⬅	돕다, 거들다				
협력자, 합작자	⬅	협력(협동)하다	➡	협조, 협동, 합작		

UpGrade 확인학습

* Heaven **helps** those who help themselves.
* His parents **assisted** him to tide over the financial difficulties.
* Despite her cries, no one came to her **assistance**.
* This feature is designed to **aid** inexperienced newcomers.
* We should work in close **collaboration** with the company.

* 하늘은 스스로 돕는 자를 돕는다.
* 그의 부모가 그를 도와 재정상의 위기를 벗어나게 했다.
* 그녀의 울부짖음에도 불구하고 아무도 그녀를 도우러 오지 않았다.
* 이런 특징은 경험 없는 신참자들을 돕기 위해 고안된 것이다.
* 우리는 그 회사와 긴밀히 협력해서 일해야 한다.

Spider English

07 밀다 – 당기다

핵심정리

pusher ⬅	**push** ➡	pushing
thrust =	**jostle** =	**shove**
	=	
	elbow	

puller ⬅	**pull** ➡	pullover	
	draw ➡	drawing ➡	drawer
	=		
strain =	**stretch** ➡	stretcher	
	=		
jerk =	**haul** =	**tug**	

* thrust [θrʌst]   * jostle [dʒásl]   * shove [ʃʌv]   * elbow [élbou]
* pullover [púlòuvər]   * strain [stréin]   * stretch [stretʃ]
* jerk [dʒə́ːrk]   * haul [hɔːl]   * tug [tʌg]

미는 사람 ⬅	밀다 ➡	미는, 진취적인
밀다, 찌르다 =	밀다, 밀치다 =	(뒤에서) 밀다, 밀어 젖히다
	팔꿈치(로 밀다)	

당기는 사람, 재갈 ⬅	끌다, 당기다 ➡	풀오버(당겨서 머리로부터 뒤집어 입는 스웨터)
	끌다, 당기다 ➡	끌어내기 / 그림 ➡ 끄는 사람, 제도사
잡아당기다, 긴장시키다 =	잡아 늘이다(당기다) ➡	들것
확 잡아당기다 =	세게 잡아당기다 =	세게 당기다

 UpGrade 확인학습

* Turn the handle, lift and **push**.
* He **thrust** his way through the crowd.
* He **dragged** her out to the door and shoved her into the street.
* The car won't start. Can you give it a **shove**?
* We **elbowed** ourselves into a crowded train.

---

* 핸들을 돌리고 들어서 미세요.
* 그는 군중을 밀어제치며 나아갔다.
* 그는 그녀를 문을 끌고 가서 길거리로 밀어냈다.
* 차가 시동이 걸리지 않습니다. 차를 밀어 주시겠습니까?
* 우리는 남들을 밀어 제치며 붐비는 기차에 올라탔다.

08 바꾸다

changeable ← **change** ➡ changeless ＝ unchanged

         ‖

         alter ➡ alteration ➡ alternative

variable ← **vary** ➡ various ➡ variety

         ‖

convertible ← **convert** ➡ convertor

         ‖

         shift ➡ shifting

* change [tʃeindʒ]   * alteration [ɔːltəréiʃən]   * alternative [ɔːltɚːrnətiv]
* alter [ɔ́ːltər]   * vary [vέəri]   * variety [vəráiəti]
* convert [kənvə́ːrt]   * shift [ʃift]

변하기 쉬운 ← 바꾸다, 변하다 / 변화 ➡ 변하지 않는 ＝ 변하지 않는
            (부분적으로) 바꾸다, 고치다 ➡ 변경, 개조 ➡ 양자택일, 대안
변덕스러운 ← 바꾸다, 고치다 / 변하다 ➡ 각종의, 별개의 ➡ 다종, 다양
전환(개조)할 수 있는 ← 변환(전환, 개종)시키다 ➡ 변환기 / 전환시키는 사람
            옮기다, 바꾸다 ➡ 이동, 변천, 교대

* Heat can **change** water into vapor.
* There is no **alternative** but to arrest you.
* 'I don't know,' Margaret said, **shifting** from her earlier attitude.
* Here is a life of **variety** that we have dreamed of.
* This process, however, is not **invariable**.
* The missionary **converted** savages into civilized men.

* 열은 물을 수증기로 바꿀 수 있다.
* 당신을 체포할 수밖에 없다.
* 자신의 이전 입장을 바꾸면서 '나는 몰라' 라고 마가렛은 말했다.
* 여기에 우리가 꿈꾸어 온 다채로운 삶이 있습니다.
* 그러나 이 과정은 불변은 아니다.
* 그 선교사가 야만인들을 문명인으로 만들었다.

09 방문하다 - 초대하다

	invite ⇒	inviting ⇒	invitation
revisit ←	**visit** ⇒	visitor ⇒	visitation
calling ←	**call** ⇒	caller	
	interview ⇒	interviewer ⇒	interviewee
guest ←	host ⇔	hostess	

* invite [inváit]   * invitation [ìnvitéiʃən]   * visit [vízit]
* visitation [vìzətéiʃən]   * interview [íntərvjù:]   * guest [gest]
* hostess [hóustis]

	초대(처청)하다 ⇒	초대하는/유혹적인 ⇒	초대(장), 초청
재방문하다 ←	방문하다 ⇒	방문객, 손님 ⇒	방문, 구경
부름, 소집 ←	방문하다 ⇒	방문객, 소집자	
	방문(면접)하다 ⇒	회견자, 면담자 ⇒	면접받는 사람
(초청 받은) 손님 ←	(손님 접대하는)주인 ⇔	여주인, 안주인	

UpGrade 확인학습

* We **invited** her to have dinner with us.
* She has large dark eyes, and is shy but **inviting**.
* She **visited** some of her relatives for a few days.
* I have a plan to **call** on you during this summer vacation.
* We try to make interviewees feel as relaxed as possible.

* 우리는 함께 만찬을 들자고 그녀를 초대했다.
* 그녀는 크고 검은 눈의 소유자로 수줍음이 많지만 유혹적이다.
* 그녀는 며칠 동안 친척 몇 명을 방문했다.
* 나는 이번 여름방학 동안 당신을 방문할 계획을 세우고 있습니다.
* 우리들은 면접을 받는 사람들에게 가능한 한 편안하게 느끼도록 애쓰고 있습니다.

10 방해하다

preventable ← **prevent** → prevention → preventive
ǁ
hinder → hindrance
ǁ ǁ
prohibit → prohibition → prohibitive
ǁ ǁ
obstacle ← **obstruct** → obstruction → obstructer
ǁ
disturbed ← **disturb** → disturbance
ǁ ǁ
interrupted ← **interrupt** → interruption → interruptive
ǁ ǁ
interfere → interference

* prevent [privént]   * hinder [híndər]   * prohibit [pro(u)híbit]
* obstruct [əbstrʌ́kt]   * obstacle [ástəkl]   * disturb [distə́:rb]
* interrupt [ìntərʌ́pt]   * interfere [ìntərfíər]

예방할 수 있는 ← 방해(예방)하다 → 예방, 방지 → 방해하는, 예방의
방해하다 → 방해, 훼방
금지(방해)하다 → 금지, 금제 → 금제의, 금지의
장애(물), 지장 ← 막다, 방해하다 → 방해(물), 훼방 → 훼방꾼, 방해자
불안한, 뒤숭숭한 ← 방해하다 → 방해, 소란
중단된, 방해받은 ← 방해(중단)하다 → 훼방, 방해 → 방해하는
방해(참견)하다 → 충돌, 방해

* **Prevention** is better than cure.
* I settled the matter without any **hindrance**.
* I had broken the stern **prohibition** of Uncle Nick.
* There are many things that **disturb** our domestic happiness.
* Sorry to **interrupt** you but I have an urgent message for you.

* 예방이 치료보다 낫다.
* 나는 별 장애 없이 그 문제를 해결했다.
* 나는 닉 아저씨의 엄격한 금주령을 어겼다.
* 우리 가정의 행복을 깨뜨리는 것들이 많이 있다.
* 방해해서 죄송합니다만 당신에게 긴급히 전할 말이 있습니다.

11 부지런하다

industrial ← industry ➡ **industrious**
 ‖ ‖
 diligence ➡ **diligent** ➡ diligently
 ‖ ‖
 assiduity ➡ **assiduous**
 ‖
 hardworking

* industry [índəstri] * industrial [indʌ́striəl] * industrious [indʌ́striəs]
* diligence [dílidʒəns] * assiduity [æ̀sidjú:iti] * assiduous [əsídʒuəs]
* hardworking [há:rdwɔ́:rkiŋ]

산업의, 공업의 ← 산업 / 근면 ➡ 열심히 일하는, 부지런한
 근면, 부지런함 ➡ 근면한, 부지런한 ➡ 부지런히
 근면, 부지런함 ➡ 근면한, 바지런한
 근면한, 부지런히 일하는

UpGrade 확인학습

* Poverty is a stranger to **industry**.
* Japan is an **industrial** nation.
* I am sure that he will succeed because he is **industrious**.
* **Diligence** is a key quality in success.
* The boy is **assiduous** in reading.

* 부지런히 일하면 가난은 없다.
* 일본은 산업 국가이다.
* 나는 그가 근면하기 때문에 성공할 것이라고 확신한다.
* 근면은 성공의 중요한 자질이다.
* 그 소년은 독서를 부지런히 한다.

12 비난하다

* criticize [krítisàiz]   * criterion [kraití:riən]   * blame [bleim]
* reproach [ripróutʃ]   * condemn [kəndém]   * rebuke [ribjú:k]
* denounce [dináuns]   * denunciation [dinʌnsiéiʃən]   * approve [əprú:v]

표준, 기준, 척도	─	비평(비판)하다	⇒	비평의, 위기의	⇒	비평, 비난
		비난(하다)	⇒	비난할 점이 없는	⇒	비난을 받을 만한
비난하다, 꾸짖다	=	비난(선고)하다	⇒	비난, 유죄판결		
책망(훈계)하다	=	비난(탄핵)하다	⇒	탄핵, 고발	=	탄핵, 고발
찬성, 동의	⇐	찬성(동의)하다	⇔	찬성하지 않다	⇒	불찬성, 비난

 UpGrade 확인학습

* The teacher **blamed** him for neglecting his duty.
* I am **blameless** in the matter.
* The major **rebuked** a subordinate for being impudent.
* He **denounced** the election as a farce.
* I knew my parents would **disapprove**, but I went anyway,

* 선생님은 그가 의무를 소홀이 한다고 책망했다.
* 나는 그 일에는 결백하다.
* 소령은 부하가 건방지다고 야단을 쳤다.
* 그는 그 선거를 광대극이라고 비난했다.
* 나는 부모님이 반대하실 것을 알고 있었지만 어쨌든 갔다.

* **subordinate** [səbɔ́:rdənət] 부하(의), 부차적인

13 빌려주다 – 빌리다

핵심정리

| lender | ← | **lend**(영) | → | lending |
| loaner | ← | **loan**(미) | | |

borrow	=	**rent**	→	rental
hirer	←	**hire**	→	hired	→	hire-purchase
lease	=	**let**	→	**charter**

| liabilities | = | debt | → | debtor | ⇔ | creditor | ← | credit |

* loan [loun]　　　　　　* liability [làiəbíləti]　　　　* rental [réntl]
* hire-purchase [háiər-pə́:tʃrəs]　　* lease [li:s]　　　　* charter [tʃá:rtər]

| 빌려주는 사람 | ← | 빌려주다, 대여하다 | → | 대여(물) |
| 대여인, 채권인 | ← | 빌려주다 / 대여(대부) | | |

빌다, 차용하다	=	임차하다, 빌리다	→	지대(집세, 사용료) 수입(의)
고용주, 임차인	←	고용(임대)하다	→	고용된, 임대의	→	할부구입(의)
(토지, 가옥) 임대하다	=	(토지, 가옥) 임대하다	→	(항공기, 버스 등) 전세 내다

| 채무, 빚/책임 | = | 채무, 빚 | → | 채무자 | ⇔ | 채권자 | ← | 신용, 대부(금액) |

UpGrade 확인학습

* The price includes accommodation and car rental.
* Could I **borrow** your car for a week ?
* We **hired** a carpenter to repair our house.
* They had **chartered** a plane to find a lost ship.
* This room **lets** fifty dollars for a month.

* 그 가격은 숙박과 차량 렌탈비를 포함하고 있습니다.
* 일주일만 당신의 차를 빌릴 수 있을까요?
* 우리는 집을 수리하기 위하여 목수를 한 명 고용했다.
* 그들은 잃어버린 배를 찾기 위하여 비행기를 한 대 전세냈다.
* 이 방의 방세는 한 달에 50달러이다.

14 빠르다 – 느리다

* quick [kwik]　　* rapid [rǽpid]　　* rapidity [rəpíditi]　　* swift [swift]
* dullard [dʌ́lərd]　　* sluggard [slʌ́gərd]

빨리, 서둘러	←	빠른, 신속한	⇒	빠르게 하다		
빨리, 서둘러	←	빠른, 신속한	⇒	급속, 신속		
빠른/꽉, 단단히	=	재빠른, 신속한	⇒	재빨리, 즉각적으로	⇒	빠름, 민첩함
감속, 조업단축	←	느린, 더딘	⇒	느릿느릿	⇒	느린, 슬로우 모션의
더딘, 느린	=	둔한/느린	⇒	둔함, 멍청함	⇒	느림보, 멍청이
괄태충	⇒	둔한, 느린/게으른			⇒	게으름뱅이, 건달

 UpGrade

* She was **quick** and precise in her movements.
* She wants to get over with the whole thing as **quickly** as possible.
* The film shows the **rapidity** of the changes in this area of medicine.
* My watch is two minutes **fast**.
* All the cars have to **slow** at the band
* Even the most **sluggish** of today's computers can deal with such a problem.

* 그녀는 움직임이 빠르고 정확했다.
* 그녀는 모든 일을 가능한 한 빨리 끝내기를 원한다.
* 그 영화는 의학이 이 분야에서 급속하게 변화하고 있음을 보여주고 있다.
* 이 시계는 2분이 빠르다.
* 차량은 모두 경사진 곳에서는 속도를 줄여야 한다.
* 오늘날의 컴퓨터 중에서 가장 느린 것조차 그런 문제를 처리할 수 있다.

15 빼앗다

핵심정리

	robber	←	**rob**	⇒	robbery
			‖		
			deprive	⇒	deprived
			‖		
pillage	=	**plunder**	=	**divest**	=	**strip**
			‖		
			snatch	=	**usurp**

* rob [rab]   * deprive [dipráiv]   * divest [daivést]   * pillage [pílidʒ]
* plunder [plʌ́ndər]   * strip [strip]   * snatch [snætʃ]   * usurp [juːzɔ́ːrp]

	(노상) 강도	←	빼앗다, 강탈하다	⇒	강도, 강탈
			빼앗다, 탈취하다	⇒	(빼앗겨) 빈곤한
약탈(하다)	=	약탈(강탈)하다	=	빼앗다, 옷을 벗기다	=	(옷을) 벗기다/빼앗다
			잡아채다, 강탈하다	=	(권력을) 빼앗다, 횡령하다

 UpGrade 확인학습

* The insufficient nutrition **robbed** him of his sight.
* The failure in the enterprise **deprived** him of his hope.
* Pirates **pillaged** the towns along the coast.
* He was **divested** of all parental rights by the court.
* The burglars **stripped** the travellers of their money.

* 그는 영양실조로 인하여 시력을 잃었다.
* 그 사업의 실패로 인하여 그는 희망을 잃었다.
* 해적들이 연안의 도시들을 노략질하였다.
* 그는 법정에서 친권을 모두 박탈당했다.
* 강도들이 여행객들의 돈을 빼앗았다.

16 사냥하다

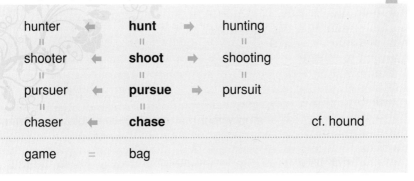

hunter	←	**hunt**	⇒	hunting
shooter	←	**shoot**	⇒	shooting
pursuer	←	**pursue**	⇒	pursuit
chaser	←	**chase**		cf. hound
game	=	bag		

* hunt [hʌnt]　　* shoot [ʃúːt]　　* pursue [pəːrsjúː]　　* chase [tʃeis]
* hound [haund]

사냥꾼	←	사냥(하다)	⇒	수렵, 사냥
사수, 포수	←	사격(사냥)하다	⇒	사격, 발사
추적자, 추구자	←	추적(추격)하다	⇒	추적, 추격 / 추구
추격자, 사냥꾼	←	추격(사냥)하다		cf. 사냥개
사냥감/게임	=	사냥감 / 가방		

 UpGrade 확인학습

* At last they sight a zebra and the **hunt** begins.
* The tiger is a very efficient **hunter**.
* He went to Scotland at the weekend to **shoot** pheasants.
* When a child I loved to **chase** rabbits in the mountains near my village.

* 마침내 그들은 얼룩말을 목격하고 사냥이 시작된다.
* 호랑이는 유능한 사냥꾼이다.
* 그는 주말에 꿩을 사냥하러 스코틀랜드로 갔다.
* 나는 어렸을 때 마을 근처의 산속에서 토끼 사냥하기를 좋아했다.

17 사용하다

핵심정리

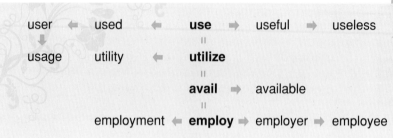

user	←	used	←	**use**	⇒	useful	⇒	useless
usage		utility	←	**utilize**				
				avail	⇒	available		
employment	←	**employ**	⇒	employer	⇒	employee		

* usage [júːsidʒ]   * utilize [júːtilàiz]   * utility [juːtíləti]
* avail [əvéil]   * employ [implɔ́i]

사용(소비)자	←	사용된, 중고의	←	사용(이용)(하다)	⇒	유용한	⇒	쓸모없는
사용법		유용성, 효용	←	이용하다				
				소용되다, 쓸모 있다	⇒	쓸모 있는, 사용할 수 있는		
		사용, 고용	←	사용(고용)하다	⇒	고용주, 사용인	⇒	고용인

 UpGrade 확인학습

* The method is very **useful** for the purpose.
* The taxi driver is **used** to danger.
* It's no **utility** (=use) to cry over spilt milk.
* More information becomes **available** through the use of computers.
* He was intelligent, healthy and active, but did not know how to **employ** his energy.

* 그 방법은 그 목적에 매우 유용하다.
* 그 택시기사는 위험에 익숙하다.
* 쏟아진 우유를 보고 울어봤자 소용없다.
* 컴퓨터를 사용함으로서 더 많은 정보를 이용할 수 있게 된다.
* 그는 총명하고 건강하며 활동적이다. 그러나 자신의 에너지를 사용하는 방법을 모르고 있다.

18 서다 – 앉다 – 눕다

rising ⟵	**rise** ➡	risen	withstand ⬆
erect =	**stand** ➡	stand-by ➡	standstill
sitting ⟵	**sit** ➡	baby-sitter	
	seat ➡	seated ➡	seatless
lay –	**lie** ➡	lie-down	

chair –	stool –	bench –	couch –	sofa
cf. perch –		alight		roost

* rise [raiz]　　　　　* risen [rízn]　　　　* erect [irékt]　　　　* seat [siːt]
* withstand [wiðstǽnd] [with(against)+stand ⇨ 대항하여 서있다] 항거하다, 버티다
* standstill [stǽndstìl]　* stool [stuːl]　　　* couch [kautʃ]　　　* alight [əláit]
* perch [pəːrtʃ]　　　* roost [ruːst]

올라가는, 등귀하는 ⟵	일어나다 / 오르다 ➡	솟은, 오른	항거하다 버티다 ⬆
세우다/직립의 =	세우다, 서있다 ➡	대역(대비)(의) ➡	정지, 휴지
착석, 한번 앉기 ⟵	앉아있다, 앉다 ➡	애 봐주는 사람	
	좌석 / 앉히다 ➡	앉은 ➡	자리(의석)이 없는
눕히다 / 놓다 –	누워있다/거짓말하다 ➡	드러눕기, 낮잠	

의자 –	둥근 의자 –	긴 의자 –	긴 의자(일반적으로 소파) –	소파
(새가) ~에 앉다 –		(새가) 나무에 내려앉다		(닭이) 홰에 앉다

UpGrade 확인학습

* I'll **stand** you in the corner.
* We have a crew on **stand-by**.
* I **lay** there trying to remember what he had looked like.　(lie - lay - lain)
* The child **laid** himself on the ground and blubbered.　(lay - laid - laid)

---

* 벌로서 너를 구석에 세워놓게 하겠다.
* 우리는 대체 선원(승무원)이 한명이 있다.
* 나는 거기에 누워서 그가 어떤 모습이었을까 기억하려고 애썼다.
* 그 아이는 땅에 누워서 엉엉 울었다.

133

19 세다

countdown ←	**count** ⇒	counter ⇒	countless
	‖		
calculation ←	**calculate** ⇒	calculator	
	‖		
computation ←	**compute** ⇒	computer ⇒	computerize
	‖		
reckon =	**number** ⇒	**enumerate**	
	↓		
	numberless =	**innumerable**	

* count [kaunt]   * calculate [kǽljulèit]   * compute [kəmpjú:t]
* number [nʌ́mbər]   * reckon [rékən]
* enumerate [injúmərèit] [e(out of)+numer(수)] 세다, 열거하다
* innumerable [injú:mərəbl] [in(not)+numer(numer)+ible] 셀 수 없는

초읽기, 최종점검 ←	세다, 계산하다 ⇒	계산(판매)대 ⇒	셀 수 없는
계산, 추정 ←	계산(추산)하다 ⇒	계산자, 계산기	
계산, 산출 ←	계산(하다) ⇒	계산기, 컴퓨터 ⇒	컴퓨터(자동)화하다
세다, 계산하다 =	수 / 세다 ⇒	열거하다, 세다	
	무수한 =	무수한, 셀 수 없는	

* He began to **count** out loud on his fingers.
* **Countless** fishing villages dot the coasts.
* There was a long line of people waiting at the **counter**.
* The **countdown** was well under way.
* It is difficult to **compute** the loss in revenue.
* Portable **computer** can be plugged into TV set.

* 그는 손가락을 꼽으며 큰 소리로 세기 시작했다.
* 무수한 어촌들이 해안에 점이 흩어져 있다.
* 계산대에는 줄이 길게 늘어져 있었다.
* 최종점검은 잘 진행 중이었다.
* 소득의 손실을 계산하는 것은 어렵다.
* 휴대용 컴퓨터는 텔레비전에 접속될 수 있다.

* **dot** [dat] 점/점을 찍다, 점점이 산재시키다.

20 알리다

informant ← **inform** → information → well-informed

reporter ← **report** → reportedly

teller ← **tell** = **impart**

notice ← **notify** → notification

communicative ← **communicate** → communication

* inform [infɔ́ːrm]   * information [ìnfərméiʃən]   * report [ripɔ́ːrt]
* impart [impáːrt]   * notification [nòutifikéiʃən]   * communicate [kəmjúːnikèit]

통고(통지)자 ← 알리다, 통지하다 → 정보, 보고 → 유식한, 견문이 넓은
보고자, 통신원 ← 알리다, 보고하다 → 소문에 의하면
알리는 사람 ← 말하다, 이야기하다 = 전하다 / 나누어 주다
통지(주의, 주목)(하다) ← 통지(신고)하다 → 통지, 통고 / 게시
수다스러운 ← 전하다, 통신하다 → 통신, 통화 / 편지

UpGrade 확인학습

* That's a valuable piece of **information**.
* He is to make a medical **report** on the patient.
* **Reportedly** there broke out a great fire in Pusan.
* He told them that he had a terrible piece of news to **impart**.
* Flowers **impart** beauty to a room.
* At the entrance gate, there was a large **notice** which said 'Visitors welcome at any time.'
* Bees have several ways of **communicating**.

* 그것은 귀중한 정보이다.
* 그는 그 환자에 관하여 의학보고를 할 예정이다.
* 들리는 바에 의하면 부산에서 큰 불이 발생했다고 한다.
* 그는 그들에게 전해야 할 끔찍스러운 소식이 있다고 말했다.
* 꽃은 방에 아름다움을 더해준다.
* 현관문에 '항상 방문객을 환영합니다' 라는 커다란 게시문이 있었다.
* 벌들은 몇 가지 통신수단이 있다.

21 약속하다 −보증하다

핵심정리

pledge	=	promise	⇒	promising
engagement	⇐	engage	⇒	engaged
appointment	⇐	appoint	⇒	appointed
		date		

| | | guarantee | = | guaranty |
| assurance | ⇐ | assure | ⇒ | assured | ⇒ | assuredly |

* pledge [pledʒ]   * promise [prámis]   * engage [ingéidʒ]   * appoint [əpóint]
* guaranty [gǽrənti]   * assure [əʃúər]   * assuredly [əʃúəridli]

맹세(서약)하다	=	약속(약정)(하다)	⇒	유망한
서약, 약속, 약혼	⇐	약속(보증)하다	⇒	약속(계약)된
(회합의) 약속/임명	⇐	(회합)약속하다	⇒	약속된, 지정된
		(이성과 만날) 약속을 하다		

| | | 보증(하다), 개런티 | = | 보증(물) |
| 보증, 보장 | ⇐ | 보증(보장)하다 | ⇒ | 보증된, 확실한 | ⇒ | 확실히, 틀림없이 |

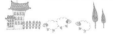

 UpGrade 확인학습

* Many rock stars have **pledged** to support the campaign to save the rain forests.
* They **promised** us that the car would be ready on Friday.
* A previous **engagement** prevents my attendance.
* They **appointed** the time and the place for the meeting.

* 많은 락 스타들이 우림지구를 구하고자 하는 운동을 지지하겠다고 약속했다.
* 그들은 우리에게 금요일에 차를 준비해 놓겠다고 약속했다.
* 선약이 있어 참석을 못합니다.
* 그들은 그 회합의 시간과 장소를 정했다.

22 열다 – 닫다

핵심정리

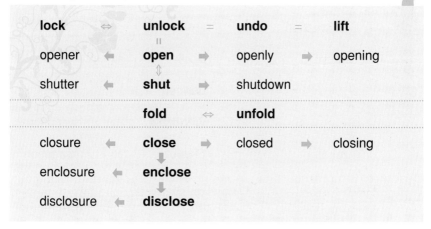

lock	⇔	unlock	=	undo	=	lift
opener	←	open	⇒	openly	⇒	opening
shutter	←	shut	⇒	shutdown		
		fold	⇔	unfold		
closure	←	close	⇒	closed	⇒	closing
enclosure	←	enclose				
disclosure	←	disclose				

* unlock [ʌnlák]   * shutdown [ʃʌ́tdàun]   * unfold [ʌ́nfóuld]
* enclose [inklóuz] [en(in)+close(shut)] ⇨ 안에 넣고 닫다] 에워싸다, 둘러싸다
* disclose [disklóuz] [dis(not) close(shut)] ⇨ 닫지 않고 열다] 폭로하다, 적발하다

자물쇠(를 채우다)	⇔	(자물쇠) 열다	=	(편지, 포장) 열다	=	(뚜껑을) 열다
병따개	←	열다, 펼치다	⇒	공공연히	⇒	개방, 구멍
덧문/셔터	←	닫다	⇒	임시휴업		
		접다(접어 개다)	⇒	펼치다		
폐지, 종결	←	닫다, 잠그다	⇒	닫힌, 밀폐한	⇒	폐쇄, 종결
포위 / 울, 담	←	에워싸다				
폭로, 적발	←	폭로(적발)하다				

 UpGrade 확인학습

* She **slammed** the door shut.
* The police called for a **shutdown** between 2 and 5 p.m.
* He **unlocked** the door with a key.
* **Close** your eyes and count from one to ten.
* He had a fairly **closed** circle of friends.
* They threatened that they make a **disclosure** of the fact.

* 그녀는 문을 쾅하고 닫았다.
* 경찰은 오후 2시와 5시 사이에 조업중단을 요구했다.
* 그는 열쇠로 문을 열었다.
* 눈을 감고 일부터 십까지 세어보세요.
* 그는 상당히 제한된 교제범위를 가지고 있다. (닫혔으니 ⇨ 제한된)
* 그들은 그 사실을 폭로하겠다고 위협했다.

23 예약하다 −취소하다

핵심정리

reservation	←	**reserve**	→	reserved
booking	←	**book**	⇕	
		cancel	→	cancellation
		withdraw	→	withdrawal
recall	=	**retract**	→	retraction

* reserve [rizə́:rv]　　　* reservation [rèzərvéiʃən]　　　* canacel [kǽnsəl]
* withdraw [wiðdrɔ́:]　　* recall [rikɔ́:l]　　　* retract [ritrǽkt]
* retraction [ritrǽkʃən]

예약, 유보	←	예약하다	→	예약된, 내성적인
예약 / 장부기입	←	예약(기록)하다		
		취소로 하다	→	취소, 말소, 폐지
		취소(철회, 인출)하다	→	취소, 철회 / 인출
취소(상기)하다	=	취소(철회)하다	→	취소, 철회

UpGrade 확인학습

* Did you have a **reserved** seat ?
* I will make the **reservation** for seven thirty.
* I'd like to **book** a table for four for tomorrow night.
* I've had two **cancellations** already this morning.
* The ambassador was **recalled** when war broke out.

* 자리를 예약하셨습니까?
* 일곱 시 반에 맞추어 예약을 하겠다.
* 나는 내일 밤 사인용 테이블을 하나 예약하고 싶습니다.
* 나는 이미 오늘 아침에 두 건의 취소를 접수받았다.
* 그 대사는 전쟁이 발발하자 소환되었다.

24 움직이다 – 정지하다

핵심정리

stopper	←	**stop**	⇒	stoppage	⇒	nonstop
movement	←	**move**	⇒	motion	⇒	motionless
immobile	⇔	**mobile**	⇒	mobility		
stillness	←	**still**	⇒	standstill		

* stoppage [stápidʒ]   * move [muːv]   * motion [móuʃən]
* mobile [móubil]   * mobility [moubíləti]   * standstill [stǽndstìl]

방해자(물)/구원투수	←	멈추다, 중단하다	⇒	멈춤, 막음/정지	⇒	직행의/직행열차(버스)
움직임, 운동	←	움직이다/이동하다	⇒	운동, 이동	⇒	움직이지 않는
움직일 수 없는, 정지된	⇔	움직이기(이동하기) 쉬운	⇒	이동성, 운동성		
고요, 정적/부동	←	움직이지 않는/고요한	⇒	고요, 정적/부동		

UpGrade 확인학습

* The 1980s saw the decline of the trade-union **movement** in Britain.
* She is more **mobile** now that she has her own car.
* With the airline, people achieved a physical **mobility** never before dreamed of.
* Please keep **still** while I take your photograph.
* The truck came to a **standstill** all of a sudden.

* 1980년대에는 영국 노동조합 운동의 쇠퇴를 목격했다.
* 그녀는 자신의 차가 있어 더욱 이동하기가 쉽다.
* 정기 항공으로 인해 사람들은 전에는 결코 꿈도 꾸어보지 못했던 물리적 기동성을 획득했다.
* 사진을 찍는 동안 가만히 계십시오.
* 그 트럭은 갑자기 멈추어 섰다.

25 유혹하다

핵심정리

temptation ←	**tempt**	
allurement ←	**allure** ➡	alluring
enticement ←	**entice** ➡	enticing
seduction ←	**seduce**	
	lure =	decoy = bait
	ensnare =	**entrap**
	attract ➡	attraction

* tempt [tempt]   * allure [əlúər]   * entice [intáis]   * seduce [sidjúːs]
* seduction [sidʌ́kʃən]   * lure [luər]   * decoy [dikɔ́i]
* ensnare [insnɛ́ər]   * entrap [intrǽp]   * bait [beit]   * attract [ətrǽkt]

유혹 ←	꾀다, 유혹하다	
매혹, 유혹 ←	꾀다, 유인하다 ➡	유혹하는, 매혹적인
매혹, 유혹 ←	꾀다, 유혹하다 ➡	유혹하는
유혹, 교사, 매력 ←	꾀다, 유혹하다	
	꾀다, 유혹하다 =	미끼 / 꾀다, 유인하다 = 미끼/유혹하다
	유혹하다, 함정에 빠뜨리다 =	덫에 걸리게 하다, 모함하다
매혹하다, (매력 등으로) 유인하다 ➡	매력, 흡인	

UpGrade 확인학습

* It would take a lot of money to **tempt** me to quit this job
* There might be a **temptation** to cheat if students sit too close together.
* The lecturer was sacked for **seducing** female students.
* Our new special offers are intended to **entice** people to buy.
* Computers are **luring** youngsters away from their lessons.
* young homeless people easily become **ensnared** in a life of crime.

* 나에게 이 일을 그만두게 하려면 막대한 돈이 들 것이다.
* 학생들이 너무 가까이 앉으면 부정행위를 하고 싶은 유혹이 생길 수도 있을 것이다.
* 그 강사는 여학생들을 유혹했다고 해고되었다.
* 우리의 새로운 특별제안은 고객들로 하여금 사도록 유인하려는 의도이다.
* 컴퓨터 게임은 어린애들을 그들의 학과공부에서 멀어지도록 유혹하고 있다.
* 집이 없는 젊은 노숙자들은 쉽사리 범죄생활에 빠져든다.

140

26 이동하다

핵심정리

move-in ←	**move**	= **remove** →	removal
	‖		
	transfer →	transference →	transfer fee
	‖		
travel(l)er ←	**travel** →	travel(l)ing	
migrant ←	**migrate** →	migration →	migratory
immigrant ←	im**migrate** →	immigration	
emigrant ←	e**migrate** →	emigration	

* remove [rimúːv]   * transfer [trǽnsfər]   * travel [trǽvl]
* migrate [máigreit]   * immigrate [ímigrèit] [im(into)+migrate(remove)] ⇨ 안으로 이동하다]
* emigrate [émigrèit] [e(ex:밖으로)+migrate ⇨ 밖으로 이동하다]   * migratory [máigətɔ̀ːri]

이입, 전입 ←	움직이다, 이동하다 =	이동(이사, 제거)하다 →	이동 / 제거
	이동(하다) →	이동, 이전 →	(선수의) 이적료
여행자, 여객 ←	이동(여행)하다 →	이동하는, 여행하는	
이주자, 철새 ←	이주하다 →	이주, 이동 →	이동(이주)하는
이주민, 이민 ←	이주해 오다 →	(외국에서) 이주, 이민	
이민, 이주자 ←	(외국으로)이주하다 →	(외국으로) 이민, 이주	

 UpGrade 확인학습

* I am going to **move** into the country.
* Three **removes** are as bad as fire.
* What branch did you say you would like to **transfer** to ?
* When an atom splits, its neutrons **travel** outwards.
* Mr. and Mrs. Jonson **immigrated** into our country last year.
* Their ancestors **emigrated** from Italia to Hawaii.

* 나는 시골로 이사 갈 예정이다.
* 세 번 이사하면 불난 것과 같은 손해.
* 어떤 지점으로 옮기고 싶다고 말씀하셨죠?
* 원자가 분열할 때, 중성자는 밖으로 이동한다.
* 존슨 부부는 작년에 우리나라로 이주해 왔다.
* 그들의 조상은 이탈리아에서 하와이로 이민을 갔다.

27 제거하다

핵심정리

removal ⇐ **remove**
‖
eliminate ➡ elimination
‖   ‖
erase ➡ erasure ➡ eraser = rubber
‖   ‖
eradicate = **delete** ➡ deletion

* remove [rimúːv]   * eliminate [ilíminèit]   * elimination [ilìmənéiʃən]
* erase [iréiz]   * delete [dilíːt]   * deletion [dilíːʃən]
* eradicate [irǽdikèit] [e(from)+radic(root) ⇨ 뿌리를 제거하다] 뿌리째 뽑다, 근절하다

제거, 철수 / 이동 ⇐ 제거(삭제)하다 / 이동하다
　　　　　　　　제거(삭제)하다 ➡ 제거, 삭제
　　　　　　　　지우다(삭제)하다 ➡ 지우기, 삭제 ➡ 칠판(잉크) 지우개 = (영) 지우개
근절하다　　 =　삭제하다, 지우다 ➡ (원고, 인쇄물 등의) 삭제, 말살

UpGrade 확인학습

* It is not safe to **eliminate** all fat and starches from the diet.
* His name was **erased** from the document.
* Every detail of it was written with scarcely an **erasure** or correction.
* Try to **remove** dirty marks with an **eraser**.
* Please underline any words for **deletion**.

---

* 식사에서 모든 지방과 전분을 제거하는 것이 안전한 것은 아니다.
* 그의 이름은 서류에서 삭제되었다.
* 그것의 모든 상세한 내용은 거의 삭제나 정정 없이 씌어졌다.
* 지우개로 더러운 자국들을 지워보시오.
* 삭제하려는 단어들은 어느 것이든 밑줄을 그으시오.

28 주다 – 받다

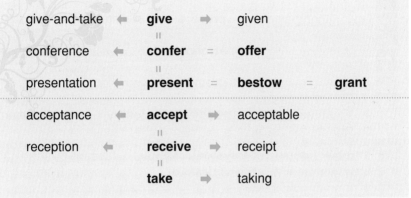

give-and-take	←	**give**	→	given	
		=			
conference	←	**confer**	=	**offer**	
		=			
presentation	←	**present**	=	**bestow**	=	**grant**
acceptance	←	**accept**	→	acceptable	
		=			
reception	←	**receive**	→	receipt	
		=			
		take	→	taking	

* confer [kənfəːr] [con(together)+fer(bring) ⇨ offer] 주다, 수여하다
* present 통 [prizént] 명 [préznt]   * bestow [bistóu]   * grant [grænt]
* accept [əksépt] 제공된 것을 기꺼이 받아들이다
* receive [risíːv] (그저 주어진 것을) 받다   * reception [risépʃən]
* take [teik] (자기의 의지 · 노력 · 힘을 다하여) 얻다

교환, 타협	←	주다	→	주어진, ~이라고 가정하면	
회의, 협의	←	주다, 수여하다/협의하다	=	제공하다/제안하다	
증정, 기증/설명	←	증정(제출)하다/선물	=	주다, 수여하다	=	주다, 수여하다
수납, 수락, 인수	←	받다, 수락하다	→	받아들일 수 있는, 만족스러운	
수령, 입회/환영	←	받다, 얻다	→	영수증, 받음	
		얻다, 잡다	→	취득, 획득, 소득	

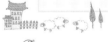

* The honour was **conferred** on him just after the war.
* The winners were **presented** with medals.
* As a token of our gratitude of all the work you have done, we would like you to **accept** this small gift.
* She died after **receiving** a blow to the head.

* 전쟁이 끝나고 바로 그에게 훈장이 수여되었다.
* 승자에게는 메달이 수여되었다.
* 당신이 하신 이 모든 일에 대한 저희의 감사표시로 이 작은 선물을 받아주시기를 바랍니다.
* 그녀는 머리에 타격을 받고 죽었다.

Spider English

29 준비하다

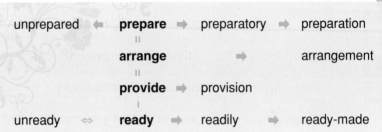

unprepared	⬅	**prepare**	➡	preparatory	➡	preparation
		=				
		arrange		➡		arrangement
		=				
		provide	➡	provision		
		∣				
unready	⬄	**ready**	➡	readily	➡	ready-made

* prepare [pripέər]   * preparation [prèpəréiʃən]   * preparatory [pripǽrətɔ̀ːri]
* arrange [əréindʒ]   * provide [prəváid]   * provision [prəvíʒən]   * ready [ré

준비가 되지 않은, 즉석의	⬅	준비(채비)하다	➡	예비(준비)의	➡	준비, 대비
		준비(정리)하다		➡		준비 / 정돈, 배열
		준비(공급)하다	➡	준비(대비) / 공급		
준비가 안 된	⬄	준비된	➡	즉시, 기꺼이	➡	기성품의/진부한

UpGrade 확인학습

* Many people overlook the importance of **preparatory** training.
* Don't try to do it without **preparation**.
* He had his secretary **arrange** the details of a talk.
* Everything is **ready** for working.
* I'd like to buy a suit of **ready-made** clothes.

* 많은 사람들이 준비연습의 중요성을 간과한다.
* 준비 없이 그것을 하려고 하지 마십시오.
* 그는 비서에게 회담의 세부적인 것들을 준비시켰다.
* 작동준비는 다 갖추어져 있다.
* 기성복 한 벌을 사고 싶다.

144

30 중지하다

stopper ⬅ **stop** ➡ stoppage

incessantly ⬅ incessant ⬅ **cease** ➡ ceaseless ➡ cease-fire

pause = **quit**

suspension = suspense ⬅ **suspend**

* stop [stap]　　* stoppage [stápidʒ]　　* cease [si:s]　　* incessant [insésnt]
* pause [pɔ:z]　　* quit [kwit]　　* suspend [səspénd]

		정지자, 구원투수	⬅	중지하다	➡	정지, 중지		
계속적으로	⬅	그칠 새 없는	⬅	그만두다	➡	끝임없는	➡	휴전(명령)
				멈추다	=	그만 두다		
매달리기, 미정	=	지속적 긴장	⬅	매달다, 중지하다				

UpGrade 확인학습

* Let's **stop** talking and begin to work.
* The publication of the magazine **ceased** with the May number.
* It has been raining **incessantly**.
* I've **quit** my job. = I've quit working.　　(quit - quit - quit)
* The company's share price fell so low that trading had to be **suspended**.

* 이야기는 그만하고 일을 시작합시다.
* 그 잡지의 출간은 5월호로 끝났다.
* 그칠 새 없이 비가 오고 있다.
* 나는 사직했다.
* 그 회사의 주가가 너무 낮게 떨어져 거래가 중단되어야 했다.

Spider English

31 출발 – 도착

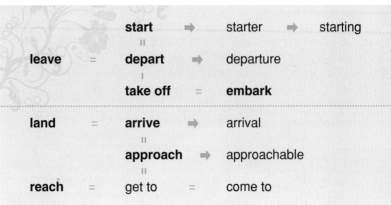

		start	➡	starter	➡	starting
leave	=	depart		departure		
		take off	=	embark		
land	=	arrive	➡	arrival		
		approach	➡	approachable		
reach	=	get to	=	come to		

* start [sta:rt]   * depart [dipá:rt]   * departure [dipá:rtʃər]   * leave [li:v]
* embark [imbá:rk]   * arrive [əráiv]   * approach [əpróutʃ]

출발하다	=	출발(시작)(하다)	➡	출발자, 기동기	➡	시작, 출발
		출발하다	➡	출발		
		(비행기가) 이륙하다	=	(배, 비행기에) 타다/떠나다		
닿다, 착륙하다	=	도착(도달)하다	➡	도착, 도달		
		접근하다	➡	접근하기(사귀기) 쉬운		
도착하다	=	~에 닿다	=	~에 이르다		

 UpGrade 확인학습

* I **arrived** at the conclusion that he must be insane.
* Call me up on **arrival** and I will pick you up at the station.
* It was dark by the time I **reached** his house.
* Her hair **comes to** her back.
* He opened the door for her as she **approached**.

* 나는 그가 틀림없이 제정신이 아니라는 결론에 도달했다.
* 도착하시는 대로 전화를 주시면 제가 정거장으로 모시러 나가겠습니다.
* 내가 그의 집에 도착할 무렵에는 어두웠다.
* 그녀의 머리카락은 등 뒤까지 늘어져 있다.
* 그는 그녀가 다가오자 그녀를 위해 문을 열어주었다.

32 칭찬하다

praiser ⬅	**praise** ➡	praiseworthy
admirer ⬅	**admire** ➡	admiration
	commend ➡	commendation
eulogizer ⬅	**eulogize** ➡	eulogy = compliment
extol =	**applaud** ➡	applause

* praise [préiz]   * admire [ədmáiər]   * admiration [ædməréiʃən]
* commend [kəménd]   * eulogize [júːlədʒàiz] [eu(good)+log(말)+ize ⇨ 좋은 말을 하다]
* applaud [əplɔ́ːd]   * applause [əplɔ́ːz]   * extol [ikstóul]
* compliment [kámplimənt]   * commendation [kàmendéiʃən]

칭찬하는 사람, 찬미자 ⬅	칭찬(찬양)(하다) ➡	칭찬할 만한
찬미(찬양)자 ⬅	칭찬(찬양, 감탄)하다 ➡	감탄, 찬양
	칭찬(추천)하다, 기리다 ➡	칭찬, 찬양 / 추천
칭찬(찬미)자 ⬅	칭찬하다 ➡	찬사, 찬양 = 칭찬(찬사)하다
칭찬(찬양)하다 =	칭찬(찬양)하다 ➡	칭찬, 박수갈채

UpGrade 확인학습

* They **praised** him for his honesty.
* Visitors to Britain usually **admire** our policemen.
* He shook his head in **admiration**.
* They **extolled** me to the skies.
* The audience **applauded** the singer for five minutes.

* 그들은 그가 정직하다고 칭찬했다.
* 영국을 방문하는 사람들은 대개 우리의 경찰들에게 감탄한다.
* 그는 감탄을 금치 못하며 머리를 흔들었다.
* 그들은 나를 크게 칭찬했다.
* 청중들은 그 가수에게 5분 동안 박수갈채를 보냈다.

33 충고하다 – 경고하다

핵심정리

adviser ←	**advise** ⇒	advisable ⇒ advice
counselee ⇔ counselor ←	**counsel** ⇒	counseling
	exhort ⇒	exhortation
	warn ⇒	warning
cautiously ← cautious ←	**caution**	
	admonish ⇒	admonition

* advise [ədváiz]   * counsel [káusəl]   * exhort [egzɔ́:rt]
* warn [wɔ:rn]   * caution [kɔ́:ʃən]   * admonish [ədmániʃ]

상담받는 사람 ⇔	고문, 조언자 ← 충고(조언)하다 ⇒	권할만한, 합당한 ⇒ 충고, 조언
	고문, 상담역 ← 충고(조언)하다 ⇒	상담, 협의
	권고(훈계)하다 ⇒	권고, 훈계
	경고(훈계)하다 ⇒	충고, 경고, 훈계
조심스럽게 ← 조심성 있는, 신중한 ←	조심, 경고(하다)	
	경고(훈계)하다 ⇒	경고, 충고

UpGrade 확인학습

* It's **advisable** to ring up first to make an appointment.
* They want **advice** on how to do it.
* Her children would not listen to their mother's good **counsel**.
* He had a period of psychiatric **counseling**.
* As it was her first offence, she was only given a **caution**.

---

* 먼저 전화를 걸어 약속하는 것이 바람직하다.
* 그들은 그것을 하는 방법에 대한 조언을 원한다.
* 그녀의 자식들은 엄마의 훌륭한 충고에 귀를 기울이려 하지 않는다.
* 그는 한 동안 정신과 치료 상담을 받았다.
* 그것이 그녀의 첫 번 째 위반행위였으므로 단지 경고만이 주어졌다.

* **psychiatric** [sàikiǽtrik] 정신의학의, 정신과의

34 피하다

		evitable	⇔	inevitable
avoidance ←	**avoid** ➡	avoidable		
	=**evade** ➡	evasive		
	=**escape** ➡	escapism ➡	escapist	
shun =	**help** =	**dodge**		

* evitable [évitəbl]　　　* avoid [əvɔ́ːid]　　　* evade [ivéid]
* escape [iskéip]　　　* shun [ʃʌn]　　　* dodge [dadʒ]

		피할 수 있는	⇔	피할 수 없는
회피, 도피 ←	피하다 ➡	피할 수 있는		
	교묘히 피하다 ➡	도피(회피)적인		
	피하다 / 도망하다 ➡	현실 도피 ➡	현실도피자
피하다, 멀리하다 =	피하다, 막다/돕다 =	피하다, 비키다		

UpGrade 확인학습

* The **avoidance** of bad companions is good for your study.
* If this continues, then violence is **inevitable**.
* I cannot **help** his bad manners.
* I am unable to **escape** the conviction that the boy is concealing.
* The victims of the disease found themselves **shunned** by society.

* 네가 공부를 하려면 나쁜 친구들은 피해야 한다.
* 이것이 계속되면 폭력사태는 피할 수 없다.
* 그의 버릇없는 행동은 어쩔 수 없다.
* 나는 그 소년이 숨기고 있다는 확신을 피할 수가 없다.
* 그 질병의 희생자들은 자신들이 사회로부터 기피당하고 있다는 사실을 깨달았다.

35 행동

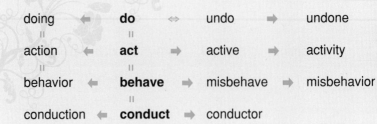

doing	←	**do**	⇔	undo	→	undone
action	←	**act**	→	active	→	activity
behavior	←	**behave**	→	misbehave	→	misbehavior
conduction	←	**conduct**	→	conductor

* undo [ʌndúː]   * undone [ʌndʌ́n]   * action [ǽkʃən]
* behave [bihéiv]   * behavior [bihéivjər]   * conduct [kəndʌ́kt]

하기, 행동	←	하다, 행하다	⇔	취소(원상태로)하다	→	하지 않은, 미완성의
행동, 활동/조치	←	하다, 행하다	→	활동적인, 활발한	→	활동, 운동
행동, 거동	←	행동하다, 움직이다	→	나쁜 짓을 하다	→	나쁜 행실, 부정 행위
유도, 전도	←	행동(처신)(하다), 이끌다	→	안내자, 차장, 관리인

 확인학습

* From saying to **doing** is a long step.
* What's done cannot be **undone**.
* Firm **action** is needed to keep the situation from getting out of control.
* He was a little boy, but he **behaved** as if he were an adult.
* The senator's **conduct** is investigated by the Ethics committee.

* (속담) 말하기는 쉬우나 행하기는 어렵다.
* (속담) 이미 엎지른 물은 다시 담을 수 없다.
* 상황이 통제 불능이 되는 것을 막기 위하여 단호한 조치가 필요하다.
* 그는 어린 소년이었지만 마치 어른인 양 처신했다.
* 그 상원의원의 행동은 윤리 위원회의 조사를 받고 있다.

36 환호(갈채)하다

핵심정리

cheerleader ← **cheer** ➡ cheery ➡ cheerful ➡ cheerless

applaud ➡ applause = ovation

acclaim ➡ acclamation

hurrah = **hurray**

clap one's hands

* cheer [tʃiər]　　* applaud [əplɔ́ːd]　* ovation [ouvéiʃən]　* acclaim [əkléim]
* acclamation [æ̀kləméiʃən]　* hurrah [həráː]　* hurray [həréi]　　* clap [klæp]

응원단장 ← 환호(하다) ➡ 원기 왕성한 ➡ 기분 좋은, 명랑한 ➡ 기운 없는, 활기 없는
박수갈채하다 ➡ 박수갈채, 성원 = 대인기, 큰 갈채
갈채를 보내다 ➡ 갈채, 환호
만세, 환호(하다) = 만세, 환호(하다)
박수치다

 UpGrade 확인학습

* When they saw the food, they laughed and **cheered**.
* You could never be unhappy in such a **cheerful** house.
* It was a cold, **cheerless**, gray sort of morning.
* The children **applauded** at the end of the song.
* Everyone is **acclaiming** this play as the chief event of this year.

----

* 그들은 그 음식을 보고 웃고 환호했다.
* 당신이 그렇게 명랑한 가정에서 산다면 결코 불행할 수 없을 것이다.
* 춥고 음산하며 흐린 아침이었다.
* 아이들은 노래가 끝나자 박수갈채를 보냈다.
* 모두가 이 연극을 금년의 중요한 사건이라고 갈채를 보내고 있다.

✳ 당신은 직업병이야

한 프로그래머가 한밤에 일하다가 쓰러져 병원에 실려 왔다.

다음날 프로그래머를 진찰한 의사가 말했다.

"지금 당신의 몸속에 침투한 바이러스는 현대의학으로는 도저히 치료할 수 없는 것입니다. 죄송합니다."

그러자 그 프로그래머가 물었다.

"수술이 불가능하다는 말씀인가요?"

의사가 고개를 끄덕이자 또 물었다.

"약물치료도 안 되고요?"

의사가 또 고개를 끄덕이자 프로그래머는 체념한 듯이 말했다.

"그럼, 포맷해 주세요."

✳ 사자가 무서워하는 것

어느 학교에서 동물원으로 소풍을 갔다. 사자 우리 앞에서 선생님이 아이들을 세워놓고 물었다.

"자, 여러분! 세상에서 가장 무서운 동물은 무엇이죠?"

그러자 아이들은 일제히 소리쳤다. "사자요!"

선생님은 박수를 치면서 다시 말했다.

"정말 잘했어요! 그러면 사자가 가장 무서워하는 동물은 무엇일까요?"

선생님의 질문에 아이들이 모두 주춤하고 있는데 갑자기 맨 뒤에서 구경을 하고 있던 한 아저씨가 외쳤다.

"암사자."

CHAPTER 02-4

주제
(태도)

Spider English

01 겸손하다 - 오만하다

핵심정리

immodest	⟺	**modest**	➡	modesty	⟺	immodesty
		‖		‖		
humbly	⬅	**humble**	➡	humility		
		⇕				
arrogance	⬅	**arrogant**	=	**haughty**		
		‖				
insolence	⬅	**insolent**	=	**pompous**		
		‖				
		overbearing			cf. airs	

* modest [mάdist]   * humble [hʌ́mbl]   * humility [hjuːmíləti]
* arrogant [ǽrəgənt]   * insolent [ínsələns]   * pompous [pámpəs]
* overbearing [òuvərbέəriŋ]

염치(버릇)없는	⟺	겸손한, 수수한	➡	겸손, 사양	⟺	버릇없음, 불근신
겸손하게	⬅	겸손한, 하찮은	➡	겸손, 비하		
거만, 오만	⬅	건방진, 거만한	=	건방진, 교만한		
건방짐, 오만	⬅	건방진, 오만한	=	점잔 빼는, 거드름 피우는		
		건방진, 위압적인			cf. 젠 체하는 태도	

 UpGrade 확인학습

* Brando was very self-conscious and **modest**.
* Her **modesty** prevented her from making her feeling known to him
* He is very **humble** in his manner.
* I can't stand his **arrogant** claims.

* 브란도는 대단히 자의식이 강하고 겸손한 사람이었다.
* 그녀는 겸손함으로 인하여 자신의 감정을 그에게 알리지 못했다.
* 그는 태도가 몹시 겸손하다.
* 나는 그의 오만불손한 요구를 참을 수 없다.

02 공손하다 – 무례하다

impolite ⇔	**polite** ➡	politely ➡	politeness
	⇕	⇕	⇕
	rude ➡	rudely ➡	rudeness
	⇕		
uncivil ⇔	**civil** ➡	civility	
respect ➡	**respectful** ➡	respective ➡	respectively
	=		
	courteous ➡	courtesy	

* polite [pəláit]   * rude [ru:d]   * civil [sívil]
* civility [sivíləti]   * respect [rispékt]   * courtesy [kə́ːrtisi]
* courteous [kə́ːrtiəs]

버릇없는, 무례한 ⇔	예의바른, 공손한 ➡	예의바르게 ➡	예의바름, 정중한
	버릇없는, 무례한 ➡	버릇없이 ➡	버릇없음, 불손함
무례한, 버릇없는 ⇔	시민의, 예의바른 ➡	정중, 공손, 예의바름	
존경, 경의 / 관계 ➡	공손한, 예의바른 ➡	개개의, 각각의 ➡	각각, 각기
	예의바른, 공손한 ➡	예의, 공손 / 관대	

* He made a **polite** refusal to answer a question.
* Such an action is considered rather **impolite**.
* I didn't mean to be **rude**, but I had to leave early.
* He seemed not to notice their **rudeness**.
* I apologized to her by **courtesy**.

* 그는 질문에 답해달라는 부탁을 공손히 거절했다.
* 그런 행위는 좀 무례하다고 여겨진다.
* 무례하게 굴 생각은 전혀 없었습니다만 일찍 가봐야만 했습니다.
* 그는 그들의 무례함을 깨닫지 못하는 것 같았다.
* 나는 예의상 그녀에게 사과를 했다.

03 관심

핵
심
정
리

	disinterested ⟵ **disinterest**	
	↑	
uninterested ⇔ interested ⟵ **interest** ⟹ interesting		
‖	‖	‖
unconcerned ⇔ concerned ⟵ **concern** ⟹ concerning		
	⇕	↓
	unconcerned ⟵ **unconcern** = apathy	
	∣	
indifferent ⟵ **indifference** ⇔ differ ⟹ difference ⟹ different		

* interest 명 [íntərist] 동 [ìntərést]　　　* concern [kənsə́:rn]　　　* differ [dífər]

```
                    공평무사한, 무관심한 ⟵ 무관심
이해관계(흥미) 없는 ⇔ 흥미를 가진      ⟵      흥미(관심)(을 갖게하다) ➡ 주의를 끄는, 재미있는
무관심한        ⇔  관계있는 / 걱정스러운 ⟵ 관심, 걱정(하다)      ➡    ~에 관하여
                    무관심한         ⟵  무관심, 냉담    =    무감동(정), 냉담
관심없는, 무감동의 ⟵  무관심, 태연  ⟵  다르다, 틀리다 ➡  다름, 차이  ➡  다른, 틀린
```

UpGrade 확인학습

* I have a great **interest** in politics.
* His action was not altogether **disinterested**.
* It's no **concern** of mine.
* Many large companies seem totally **unconcerned** about the environment.
* The authorities **concerned** denied the fact.

....

* 나는 정치에 관심이 많다.
* 그의 행동은 전혀 사심이 없지는 않았다.
* 그건 내 알바 아니다.
* 많은 큰 회사들이 환경에는 전혀 무관심한 것 같다.
* 관계당국은 그 사실을 부인했다.

04 능동 - 수동, 긍정 - 부정

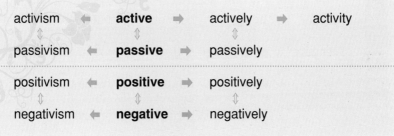

activism ⬅ **active** ➡ actively ➡ activity
⇕ ⇕ ⇕
passivism ⬅ **passive** ➡ passively

positivism ⬅ **positive** ➡ positively
⇕ ⇕ ⇕
negativism ⬅ **negative** ➡ negatively

* active [ǽktiv] * activity [æktíviti] * passive [pǽsiv]
* negative [négətiv] * positive [pázətiv]

활동(행동)주의 ⬅	활동적인/적극(능동)적인 ➡	활동적으로, 활발히 ➡	활동, 활발
수동성/수동주의 ⬅	소극적(수동적)인 ➡	소극(수동)적으로	
실증주의 ⬅	명백한/긍정적인/적극적인 ➡	명확하게/긍정적으로	
부정론/소극주의 ⬅	부정의/소극적인 ➡	소극적(부정적)으로	

 UpGrade 확인학습

* He took an **active** part in the matter.
* The streets were noisy and full of **activity**.
* Kathy seems to take a very **passive** role in the relationship.
* The majority of people, when asked whether or not they are creative, will reply in the **negative**.
* They have a uniformly **positive** image of the school

---

* 그는 그 일에 적극적으로 참여했다.
* 거리는 부산하고 활기로 가득했다.
* 캐시는 그 관계에 있어 대단히 소극적인 역할을 수행하는 것 같다.
* 대다수의 사람들은 자신이 창조적인지 아닌지 질문을 받으면 부정적으로 대답하는 경향이 있다.
* 그들은 한결같이 학교에 대하여 긍정적인 이미지를 가지고 있다.

05 바쁘다 – 한가하다

busily ← **busy** → business → businesslike → businessman

engage → **engaged** → engagement

hustle = **bustle** = hustle-bustle

leisure → leisureless → leisurely

freedom ← **free**

* busy [bízi]   * busyness [bíznis]   * engage [ingéidʒ]   * hustle [hʌsl]
* bustle [bʌsl]   * leisure [líːʒər, lé-]   * freedom [fríːdəm]

바쁘게, 열심히 ← 바쁜, 통화중인 → 일, 직업 → 실무(실제)적인 → 사업가
약속하다/바쁘게 하다 → 약속된, 바쁜 → 약속, 계약/고용
소동, 야단법석 = 소동, 법석 = (생활의) 악착같은 야단법석
여가, 틈/한가함 → 틈이 없는, 바쁜 → 서두르지 않는, 유유한
자유, 면제 ← 자유로운/한가한, 할 일 없는

UpGrade 확인학습

* He had been **busier** than usual for several days before the meeting.
* Everybody's **business** is nobody's business.
* Some people detest the **hustle** and **bustle** of the cities.
* Not everybody wants more **leisure**.

*그 모임이 있기 전 며칠 동안 그는 평소보다 더 바빴다.
* 공동책임은 무책임이다.
* 도시의 악착같은 야단법석을 싫어하는 사람들도 있다.
* 모두가 더 많은 여가를 원하는 것은 아니다.

* **detest** [ditést] 몹시 싫어하다.

06 솔직하다

dishonesty ←	dishonest ⇔	**honest** ➡	honesty
	⇕	=	
candidly ←	**candid** =	**frank** ➡	frankly
		=	
		plain =	**open(hearted)**
		=	
		outspoken	cf. speak out

* honest [ánist]   * candid [kǽndid]   * frank [fræŋk]   * plain [pein]
* outspoken [àutspóukən]

부정직, 불성실 ←	부정적인, 불성실한 ⇔	정직한, 성실한 ➡	정직, 성실
솔직하게, 노골적으로 ←	솔직한, 숨김없는 =	솔직한, 숨김없는 ➡	솔직히 (말해서)
		솔직한, 명백한 =	속을 터놓은, 솔직한
		솔직한, 거리낌 없는	cf. 솔직히 말하다

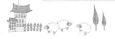

* Be **honest**, John, and admit what a mess the world is.
* They are all victims of that kind of **dishonest** behavior.
* To be **candid** with you, I stole the money.
* The child looked at her with **frank** eyes.
* You are younger and more **outspoken** than they are.

* 존, 세상이 얼마나 뒤죽박죽인지 정직하게 인정하거라.
* 그들은 모두 그런 부정직한 행위의 희생자들이다.
* 솔직하게 말씀드리자면 그 돈은 제가 훔쳤습니다.
* 그 아이는 솔직한 눈으로 그녀를 쳐다보았다.
* 너희들이 그들보다 더 젊고 더 솔직하다.

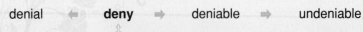

denial	←	**deny**	→	deniable	→	undeniable
approval	←	**approve**	→	disapprove	→	disapproval
admission	←	**admit**	→	admittedly		
		endorse	→	endorsement		

* deny [dináai]   * denial [dináiəl]   * approve [əprúːv]
* admit [ədmít]   * admittedly [ədmítidli]   * endorse [indɔ́ːrs]

부인, 거절	←	부정(부인)하다	→	부정할 수 있는	→	부정할 수 없는, 명백한
승인, 시인	←	승인(찬성)하다	→	승인하지 않다	→	불찬성, 부인
입장, 입회 / 승인	←	인정(허락)하다	→	일반적으로, 틀림없이		
		시인하다/(어음) 배서하다	→	승인, 시인/배서		

 **UpGrade 확인학습**

* He strongly **denied** himself to be a jew.
* Both of these statements are **undeniable** facts.
* At first he denied stealing the money but he later admitted (to) it.
* Several senior ministers will be at the meeting, to endorse the party's candidate in the by-election.
* The decision met with the committee's **approval**.
* Christian ethics **disapprove** of suicide.

* 그는 자신이 유태인이라는 사실을 강력하게 부인했다.
* 이 진술은 둘 다 부인할 수 없는 사실이다.
* 처음에는 그가 그 돈을 훔쳤다는 사실을 부인했지만 나중에 그것을 인정했다.
* 수석 장관 몇 명이 회합을 가지고 보궐선거의 당후보를 승인할 것이다.
* 그 결정은 위원회의 승인을 받았다.
* 기독교 윤리는 자살을 부정한다.

08 신중하다(조심성 있다)

핵심정리

carefully ⬅	**careful** ⬅	care ➡	careless ➡	carefree
‖	‖	‖		
cautiously ⬅	**cautious** ⬅	caution		
	‖	‖		
imprudent ⬄	**prudent** ⬅	prudence ⬄	imprudence	
	‖	‖	‖	
indiscreet ⬄	**discreet** ⬅	discretion ⬄	indiscretion	
	wary =	**circumspect**		
	rash ➡	rashness		
	‖			
reck ➡	**reckless**			

* careful [kέəfəl]　　* caution [kɔ́:ʃən]　　* prudence [prú:dəns]　　* discreet [diskrí:t]
* discretion [diskréʃən]　　* wary [wέəri]　　* rash [ræʃ]　　　　* reckless [réklis]
* circumspect [sə́:rkəmspekt] [circum(around) + speck(look) ⇨ 주위를 둘러보다]

주의 깊게, 신중히 ⬅	주의 깊은, 조심성 있는 ⬅	주의, 조심/근심 ➡	부주의한, 경솔한 ➡	근심 없는
조심스럽게 ⬅	조심성 있는, 신중한 ⬅	조심, 경계/경고하다		
경솔한, 무모한 ⬄	조심성 있는, 세심한 ⬅	사려분별, 신중 ⬄		경솔, 경망/무례
지각(분별)없는 ⬄	사려(분별) 있는 ⬅	사려분별, 신중/자유재량 ⬄	무분별, 지각없음	
	조심성 있는, 신중한 =	조심성 있는, 신중한		
	무분별한, 무모한 ➡	경솔, 지각없음		
마음 쓰다, 중요하다 ➡	앞뒤를 가리지 않는, 무모한			

UpGrade 확인학습

* Never be **careless** in driving.
* He maintained a **discreet** silence during the meeting.
* You must show more **discretion** in choosing your friends.
* I consider that I have acted with diligence and **prudence**.
* The servant had the **imprudence** to go away with his master's money.

---

* 운전을 하는 데 신중을 기하지 않으면 안 된다.
* 그는 회의 내내 신중히 침묵을 지켰다.
* 너는 친구 선택에 있어서 더욱 신중해야 한다.
* 나는 부지런하고 신중하게 행동해 왔다고 생각한다.
* 하인이 무례하게도 주인의 돈을 가지고 도망쳤다.

09 예의

manners	=	etiquette	=	propriety	=	decorum
		courtesy	➡	courteous		
		decency	⬅	decent		
		politeness	⬅	polite	⬄	impolite
				rude	➡	rudely

* manner [mǽnər]　　* etiquette [étikèt]　　* propriety [prəpráiəti]

* decorum [dikɔ́:rəm]　　* courtesy [kə́:rtisi]　　* decency [dí:snsi]　　* polite [pəláit]

예의, 예절	=	예의 (범절)	=	예의 바름/적절	=	예의 바름, 단정
		예의, 정중, 공손	➡	예의바른, 정중한		
		예절 바름, 품위, 체면	⬅	예절 바른, 점잖은		
		공손(정중)함	⬅	공손한, 예의 바른	⬄	버릇없는, 무례한
				버릇없는, 조야한	➡	버릇없이, 무례하게

 확인학습

* It's bad **manners** to talk with your mouth full.

* They conducted themselves with **propriety**.

* He didn't have the **courtesy** to call and say he couldn't come.

* The majority of residents here are **decent** citizens.

* I didn't mean to be **rude**, but I had to leave early.

---

* 음식을 먹으면서 말하는 것은 예의에 어긋난다.

* 그들은 예의바르게 처신했다.

* 그는 무례하게도 전화를 걸어 올 수 없다는 말도 하지 않았다.

* 여기 주민들의 대다수는 점잖은 시민들이다.

* 나는 무례할 의도는 없었지만 일찍 자리를 떠야만 했다.

10 완고 – 유순

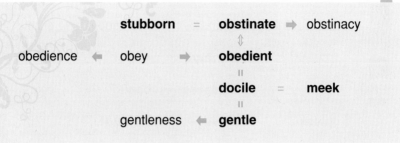

stubborn = obstinate ➡ obstinacy

obedience ⬅ obey ➡ obedient

docile = meek

gentleness ⬅ gentle

* stubborn [stʌ́bərn]   * obstinate [ábstinit]   * obstinacy [ábstinəsi]
* obey [oubéi]   * obedience [oubí:diəns]   * docile [dásil]
* meek [mi:k]   * gentle [dʒéntl]

복종, 순종, 충실 ⬅	완고한, 고집센 = 완고한, 고집센 ➡	완고, 고집 / 난치
	복종(순종)하다 ➡ 순종하는, 고분고분한	
	온순한, 유순한 =	순한, 유순한
	상냥함, 점잖음 ⬅ 상냥한, 부드러운, 점잖은	

 UpGrade 확인학습

* The boy was too **stubborn** to admit that he was wrong.
* He was the most **obstinate** man that I've ever met.
* They live in **obedience** to the Bible's teachings.
* They called her Miss Mouse because she was **meek** as a lamb.
* Labradors are gentle, **docile** dogs.

* 그는 너무 고집이 세서 자기 잘못을 인정하지 않았다.
* 그는 내가 이제껏 만난 중에 가장 완고한 사람이었다.
* 그들은 성경의 가르침에 순종하며 산다.
* 그들은 그녀가 양처럼 온순해서 '예쁜이' 라고 불렀다.
* 래브라도종은 점잖고 유순한 개다.

* **mouse** [maus] 새앙쥐 / 겁장이 / (속어) 예쁜이

11 용기-비겁

핵
심
정
리

discourage ⇔	**courage** ➡	courageous ➡	encourage
	‖		
	bravery ⬅	brave ➡	bravely
	‖	‖	‖
	boldness ⬅	bold ➡	boldly
	‖		
pluck =	**nerve** =	**fortitude**	
	⇕		
	cowardice ⬅	cowardly ⬅	coward = chicken
timidness ⬅	**timidity** ⬅	timid	

* courage [kʌ́ridʒ] * bravery [bréivəri] * bold [bould] * pluck [plʌk]
* encourage [inkʌ́ridʒ] [en(in)+courage(용기) ⇨ 안에 용기를 불어넣다] 격려하다
* discourage [diskʌ́ridʒ] [dis(없애다) + 용기] 낙담시키다, 용기를 잃게 하다
* nerve [nə́:rv] * fortitude [fɔ́:rtitjùːd] * cowardice [káuərdis] * timid [tímid]

용기를 잃게하다 ⇔	용기, 배짱 ➡	용기 있는 ➡	용기를 불어넣다
	용기 ⬅	용감한/화려한 ➡	용감하게, 훌륭하게
	대담, 뱃심 ⬅	대담한, 용감한 ➡	대담하게, 뻔뻔스럽게
용기, 담력/잡아 뜯다 =	신경/용기, 담력 =	꿋꿋함, 불요불굴	
	겁, 비겁 ⬅	겁 많은, 비겁한 ⬅	겁쟁이 = 병아리, 겁쟁이
겁 많음, 소심 =	겁 많음, 소심 ⬅	겁 많은, 소심한	

UpGrade 확인학습

* The boys had the **courage** to swim across the river.
* Your success **encouraged** me very much.
* We were **discouraged** at the news.
* Being a nurse requires infinite patience and **bravery**.
* He is too much of a **coward** to do such a thing.

* 그 소년들은 용감하게 그 강을 헤엄쳐 건너갔다.
* 너의 성공은 나에게 많은 용기를 주었다.
* 우리는 그 소식을 듣고 낙담했다.
* 간호사가 되는 데는 무한한 인내와 용기가 필요하다.
* 그는 너무나 겁쟁이어서 그런 일을 할 수 없다.

12 의도하다

intent ← **intend** ➡ intention

mean ➡ meaning ➡ meaningful ⬌ meaningless

design ➡ designed ➡ designedly

aim ➡ aimless

purpose ➡ purposeless

* intention [inténʃən]　* meaning [míːniŋ]　* design [dizáin]　* design [dizáinidli]
* purpose [pə́ːrpəs]

의도, 목적 ←	의도(계획)하다 ➡	의도, 의지, 목표		
	의도(꾀)하다 ➡	의미, 의도 ➡	의미심장한 ⬌	무의미한
	계획, 의도/디자인 ➡	고의(계획)적인 ➡	고의로, 계획적으로	
	목적, 뜻/겨누다 ➡	목적(목표)가 없는		
	목적, 의도(하다) ➡	목적이 없는, 무의미한		

UpGrade 확인학습

* This is my job and I will **intend** do it.
* I have no **intention** of flattering him.
* I'm sorry, I didn't **mean** to be rude.
* He is **designing** his son for a lawyer.
* Our campaign's main **purpose** is to raise money.

----

* 이것은 나의 일이니 해볼 작정이다.
* 나는 그에게 아첨할 의도가 전혀 없다.
* 미안합니다. 무례할 의도는 없었습니다.
* 그는 아들을 변호사로 만들려고 계획하고 있다.
* 우리 캠페인의 주된 목적은 모금을 하는 것이다.

13 의존하다 – 독립하다

핵심정리

self-reliance ⇐ reliance ⇐ **rely** ⇒ reliable ⇔ unreliable

resort = **depend** ⇒ dependent ⇒ dependence

⇕ ⇕

independent ⇒ independence

‖

self-support = self-help

* rely [rilái]   * reliance [riláiəns]   * depend [dipénd]
* dependence [dipéndəns]   * resort [rizɔ́:rt]   * self-support [sélf-səpó:rt]

자기의존, 독립독행 ⇐ 신뢰, 의지 ⇐ 믿다, 의지하다 ⇒ 믿을 수 있는 ⇔ 신뢰할 수 없는
의지(하다)/행락지 ⇐ 의지(신뢰)하다 ⇒ 의지(의존)하는 ⇒ 의지, 의존
독립의, 자립의 ⇒ 독립, 자립
자활, 자립 = 자조, 자립

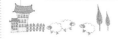

* Hong Kong's prosperity **relies** heavily **on** foreign business.
* The student has complete **reliance on** his girl friend.
* Officials fear that the extremists may **resort to** violence.
* Our lives and those of all other animals **depend** on oxygen.
* Two **independent** studies each came to exactly the same conclusions.
* Our program emphasizes their **self-help**.

* 홍콩의 번영은 대외 거래에 크게 의존하고 있다.
* 그 학생은 자신의 여자 친구를 완전히 신뢰하고 있다.
* 관리들은 극단주의자들이 폭력에 호소할까 두려워하고 있다.
* 우리를 비롯해 모든 동물들의 삶은 산소에 의존하고 있다.
* 두 개의 독자적인 연구가 정확히 똑같은 결론에 이르렀다.
* 우리의 프로그램은 그들의 자립을 강조하고 있다.

14 인사 – 감사

bow =	**greet** ⇒	greeting
	‖	
salute ⇒	salutation –	kowtow
	‖	
	obeisance ⇐	obey

thankful ⇐ **thank** = **gratitude** ⇒ grateful ⇒ gratefully

* bow [bau]/[bou 활, 커브] * salute [səlúːt] * salutation [sæ̀ljutéiʃən]
* kowtow [kautáu] (옛날 중국에서 경의나 아부로 머리가 땅에 닿도록 하던 절) 고두
* obey [oubéi] * obeisance [oubéisəns] * gratitude [grǽtətjùːd]

절(하다), 굴복하다/활 =	인사(환영)하다 ⇒	인사, 경례
인사(절, 경례)하다 ⇒	인사(말) –	고두
	인사, 절/복종 ⇐	복종(순종, 준수)하다

감사하고 있는/기쁜 ⇐ 감사(하다) = 감사, 사의 ⇒ 감사의, 고맙게 생각하는 ⇒ 감사하며, 즐겁게

 UpGrade 확인학습

* The boy made a very polite **bow** to me.
* Bill opened the door to Harold and **greeted** him with cries of welcome.
* I smiled a polite **greeting**, but the woman didn't even acknowledge me.
* The soldiers jumped to their feet and **saluted**.
* "Sit!" he sid, and the dog **obeyed** him instantly.

---

* 그 소년은 아주 공손하게 내게 인사를 했다.
* 빌은 해롤드를 위해 문을 열고 환성을 지르며 맞이했다.
* 나는 미소를 띠며 공손하게 인사했지만, 그녀는 아는 체도 하지 않았다.
* 병사들은 벌떡 일어나서 경례를 했다.
* 그가 "앉아라!"라고 말하자 개는 즉각 그의 말에 복종했다.

15 호기심

incurious	⇔	**curious**	➡	curiosity	➡	curio
		=				
inquire	➡	**inquiring**	➡	inquiry		
		=				
inquisition	➡	**inquisitive**	➡	inquisitiveness		

* curious [kjúəriəs]   * curiosity [kjùəriásiti]   * curio [kjúəriòu]
* inquire [inkwáiər]   * inquisitive [inkwízətiv]   * inquisition [ìnkwizíiʃən]

호기심 없는, 무관심한	⇔	호기심 많은	➡	호기심 / 골동품	➡	골동품
묻다, 질문하다	➡	호기심 많은, 묻기 좋아하는	➡	질문, 문의		
조사, 심문, 취조	➡	호기심이 강한	➡	호기심이 강함		

UpGrade 확인학습

* He was **curious** (to know) what had become of her.
* He yielded to **curiosity** and opened the letter addressed to his sister.
* I was then a **curiosity** to their eyes but they stare at me casually now.
* He **inquired** of me how I had enjoyed the play.
* He tried not to sound **inquisitive**.

* 그는 그녀에게 무슨 일이 일어났는지 궁금했다.
* 그는 호기심을 참지 못하고 누이에게 온 편지를 뜯어보았다.
* 나는 그 당시 그들의 눈에 호기심의 대상이었지만 지금 그들은 별 생각 없이 나를 바라본다.
* 그는 내게 그 연극이 어떠했는지 물었다.
* 그는 캐묻는 것처럼 들리지 않으려고 애썼다.

16 활력

* animation [ӕniméiʃən]   * vigor [vígər]   * vital [váitl]
* vitality [vaitӕliti]   * brisk [brisk]   * lively [láivli]
* invigorate [invígərèit] [[in(안으로) +vigor(활력)] 기운나게 하다, 격려하다

		생기있게 하다 ➡ 생기, 활기, 만화영화
힘, 활력 ➡	활발한, 정력적인	활기띠게(기운차게) 하다
생명력, 활력 ➡	생명의 / 활기찬 ➡	중대하게, 치명적으로
	활발한, 기운찬 ➡	활발하게, 기운차게
생계, 살림살이 ⬅	활기(생기) 넘친, 활발한	

UpGrade 확인학습

* In spite of his old age he has great **vigor**.
* The fresh air **invigorated** the tired men.
* Their leader's **vital** and cheerful manner filled his men with courage.
* Lynn's tone was greatly **brisk**.
* Business is **briskly** carried on here.

* 노령에도 불구하고 그는 원기 왕성하다.
* 그 지친 사람들은 신선한 공기에 생기가 감돌았다.
* 지도자의 활기차고 유쾌한 태도가 그의 부하들에게 용기를 가득 불어 넣어 주었다.
* 린의 어조는 몹시 기운찼다.
* 이곳은 장사가 활기를 띠고 있다.

✳ 직업별로 가장 싫어하는 사람

1. **중매쟁이** : 연애 잘하는 사람
2. **성형외과 의사** : 생긴대로 산다는 사람
3. **산악인** : 내려올 걸 뭐하러 올라가느냐고 말하는 사람
4. **여행업자** : 집 나가면 고생이라고 강변하는 사람
5. **골프공 제조회사 사장** : 공 하나로 라운드를 끝냈다고 하는 사람
6. **목사** : 하나님을 찾지 않고도 잘 사는 사람들
7. **세무사** : 고지서 나온 대로 곧이곧대로 세금 내는 사람
8. **학원선생님** : 자기주도학습이야말로 진정한 공부라고 강변하는 사람

✳ 숫자 이야기

잠이 덜 깬 7이 잠에 취해 1학년 교실로 잘못 들어가다가 1학년 선생님께 걸렸다.
"야 임마! 너 왜 머리 내렸어?"
"그게 아니라, 저 … 교실을 잘못 ….."
"핑계대지 말고, 복도에 나가 무릎 꿇고 있어!"
7이 복도로 가다가 2를 보았다.
"너 2지! 너도 걸렸냐?"
"아닌데요. 전 1인데요. 지금 고개 숙이고 무릎 꿇고 있어서 그런 거예요."

「숫자 '0'이 '8'에게 말했다. "너 허리에 벨트 맸구나."
숫자 '3'이 '8'에게 말했다. "너 키스하는 구나."
숫자 '6'이 '9'에게 말했다. "너 물구나무 섰구나."」

✳ 부전자전

아버지와 아들이 텔레비전으로 〈헤드라인 뉴스〉를 시청하고 있었다.
아들이 물었다.
"아빠 … 헤드가 뭐야?"
"응... 머리라는 뜻이다."
"그럼 라인은 뭐지?"
"선 …"
"헤드라인은?"
"가리마."

CHAPTER 02-5

주제
(창조와 능력)

01 가능하다 - 불가능하다

unattainable =	impossible	➡ impossibly	➡ impossibility
	⇕	‖	‖
	possible ➡	possibly ➡	possibility
	‖		
	feasible	➡	feasibility
	‖		
practice ➡	**practicable**		
	∣		
potent ➡	**potential** ➡	potentiality	

* possible [pásəbl]   * unattainable [ʌnətéinəbl]   * feasible [fí:zəbl]
* practice [prǽktis]   * potent [póutənt]   * potential [po(u)tén∫əl]
* potentiality [potènsiǽliti]

달성할(이룰) 수 없는 =	불가능한	➡ 있을 수 없을 정도로 ➡	불가능(성)
	가능한, 있을 수 있는	➡ 혹시, 아마 ➡	가능(실현)성
	(실현)가능성 있는	➡	가능성, 실현 가능
관습/실행/연습 ➡	실행 가능한, 실용적인		
강력한, 힘센 ➡	가능성(잠재력)을 가진 ➡ 가능성, 잠재력		

UpGrade 확인학습

* It's **possible** for us to measure his progress.
* Television is **possibly** to blame for this.
* They found a few reasons for its **impossibility**.
* He was talking about the **feasibility** of setting up a military government.
* We should not overlook the **potential** risks of the drug.

---

* 우리가 그의 진척도를 측정해 보는 것은 가능하다.
* 아마도 이점에 대해선 텔레비전이 비난받아 마땅할 것이다.
* 그들은 그것이 불가능하다는 이유를 몇 가지 찾아내었다.
* 그는 군사정부의 설립 가능성에 대해 이야기 하고 있었다.
* 그 약의 잠재적인 위험성을 간과해서는 안 된다.

02 건설과 파괴

construct ➡ construction ➡ constructive		
builder ⬅ **build** ➡ building		
erectly ⬅ **erect** ➡ erection		
founder ⬅ **found** ➡ foundation		
destroyer ⬅ **destroy** ➡ destruction ➡ destructive		
demolish ➡ demolition		

* construct [kənstrʌ́kt] * build [bild] * erect [irékt]
* foundation [faundéiʃən] * destroy [distrɔ́i] * destruction [distrʌ́kʃən]
* demolish [dimáliʃ] * demolition [dèməlíʃən]

	건설(부설)하다 ➡	건축, 건설 ➡	건설적인, 구조적인
건설자, 건축업자 ⬅	짓다, 건축하다 ➡	건축물, 빌딩	
직립하여 ⬅	세우다, 건설하다/직립의 ➡	직립/건설, 설립	
창설자, 발기인 ⬅	창설(설립)하다 ➡	대, 기초, 근원	
파괴자/구축함 ⬅	파괴하다, 박멸하다 ➡	파괴, 파멸, 박멸 ➡	파괴적인, 해로운
	파괴하다, 뒤집다 ➡	파괴, 폭파/황폐	

UpGrade 확인학습

* Tree ants in South-East Asia **construct** nests by sewing leaves together.
* This fortress was **erected** to shield Havana from the French and English armies.
* It took the builders three weeks to lay the **fondations**.
* Floods, cyclones, and earthquakes are the major **destroyers**.
* It causes the **destruction** of our seas and rivers.

* 동남아시아의 나무개미들은 나뭇잎을 엮어서 보금자리를 만든다.
* 이 요새는 불란서와 영국군들로부터 하바나를 보호하기 위하여 건설되었다.
* 기초를 놓는데 그 건축업자들에게 3주가 걸렸다.
* 홍수, 태풍과 지진은 중요한 파괴자들이다.
* 그것으로 인하여 우리의 바다와 강이 파괴된다.

* **fortress** [fɔ́:rtris] 요새

Spider English

03 도구, 연장

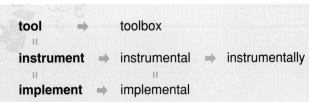

tool	→	toolbox		
=				
instrument	→	instrumental	→	instrumentally
=		=		
implement	→	implemental		
=				
apply	→ appliance	= utensil	=	apparatus

* tool [tu:l]
* instrument [ínstrumənt]
* instrumental [ìnstruméntl]
* implement [ímplimənt]
* implemental [ìmpləméntl]
* applaiance [əpláiəns]
* utensil [ju:ténsil]
* apparatus [æpəréitəs]

	(직공의) 연장	→	연장상자		
	(정교한) 도구	→	기구의, 도움이 되는	→	방법을 써서
	도구, 연장		도구의, 도움이 되는		
쓰다, 사용하다	→ (전기·기계용)기구, 설비	= (가사용) 도구		=	(특수 용도의)기구, 장치

UpGrade 확인학습

* Primitive men used stone **implements** in hunting and sewing.
* The medical **instruments** are too expensive for us to buy.
* A tool is any **instrument** such as an axe, hammer, spade, etc, held in the hands for doing special jobs.
* The hotel is fitted up with modern **appliances**.
* These ideas are often difficult to **apply** in practice.

---

* 원시인들은 사냥과 바느질에 돌연장을 사용했다.
* 그 의료기구들은 너무 비싸서 우리는 살 수 없다.
* 연장이란 특별한 일을 하기 위하여 손에 쥐는 도끼, 해머, 삽 등의 도구이다.
* 그 호텔의 설비는 현대적이다.
* 이러한 아이디어들은 종종 실제로 적용하기에는 어렵다.

04 도전 – 반응

	challenge ➡	challenging	
defiance ⬅	**defy** ➡	defiant	
reaction ⬅	**react** ➡	reactionary	➡ reactivity
response ⬅	**respond** ➡	respondence	

* challenge [tʃǽlindʒ]   * defy [difái]   * defiance [difáiəns]
* react [riǽkt]   * reactivity [rìætívəti]   * respond [rispánd]
* response [rispáns]

	도전(하다) ➡	도전적인 / 매력적인	
도전, 도발 ⬅	도전(무시)하다 ➡	도전적인, 반항하는	
반항, 반작용 ⬅	반응(반대)하다 ➡	반동의, 반작용의	➡ 반응, 반동성
응답, 대답 ⬅	대답(반응)하다 ➡	대답, 대응, 응답	

* The company is ready to meet the **challenge** of the next few years.
* Many people were drinking in the streets, in **defiance** of the ban.
* We have to **react** quickly to circumstances.
* The news brought a angry **reaction** from unions.
* The law was passed in **response** to public pressure.

* 그 회사는 앞으로 몇 년간의 도전에 대처할 자세가 되어 있다.
* 많은 사람들이 금지령을 무시하고 길거리에서 술을 마시고 있었다.
* 우리는 상황에 신속하게 반응해야 한다.
* 그 뉴스는 노조 측의 성난 반응을 초래했다.
* 그 법은 대중의 압력을 받아 통과되었다.

05 독창적 – 발명·고안하다

origin	←	**original**	⇒	originally	⇒	originality
create	⇒	**creative**	⇒	creation	⇒	creativity
cf. ingenuous		**ingenious**	⇒	ingeniously	⇒	ingenuity
		inventor	←	**invent**	⇒	invention
contrivance	←	**contrive**	=	**devise**	⇒	device

* origin [ɔ́rədʒin]
* original [ərídʒənl]
* originality [ərìdʒnǽləti]
* create [kriéit]
* creativity [krìːeitívəti]
* ingenious [indʒíːnjəs]
* invent [invént]
* contrive [kəntráiv]
* contrivance [kəntráivəns]
* devise [diváiz]
* ingenuous [indʒénjuəs]

근원, 기원	←	본래의/독창적인	⇒	원래는, 본래는	⇒	독창성(력)
창조(창시)하다	⇒	창조의, 독창적인	⇒	창조, 창시	⇒	창조성, 독창력
cf. 꾸밈없는, 순진한		독창적인, 정교한	⇒	교묘(정교)하게	⇒	영리함, 발명의 재간
		발명가	←	발명(날조)하다	⇒	발명, 날조
고안품/계획, 모략	←	고안(연구)하다	=	궁리(고안)하다	⇒	장치, 고안품

 UpGrade 확인학습

* The meeting was **originally** scheduled on Wednesday.
* Henry is rich in **originality**.
* It goes without saying that it is good to think **creatively**.
* **Creativity** in literature is indispensable.
* An **inventor** is an ingenious mind.
* She **devised** a method for quicker communications between offices.

---

* 그 모임은 원래는 수요일에 예정되어 있었다.
* 헨리는 독창성이 풍부하다.
* 독창적으로 생각하는 것이 좋다는 말할 나위도 없다.
* 문학에 있어서 독창성은 필수 불가결하다.
* 발명가란 독창적인 (=발명의 재간이 있는) 사람이다.
* 그녀는 사무실 간에 더욱 빨리 의사소통을 할 수 있는 방법을 고안했다.

06 만들다 - 부수다

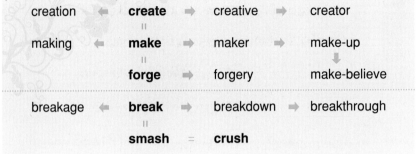

creation	←	**create**	⇒	creative	⇒	creator
making	←	**make**	⇒	maker	⇒	make-up
		forge	⇒	forgery		make-believe
breakage	←	**break**	⇒	breakdown	⇒	breakthrough
		smash	=	**crush**		

* create [kr(:)éit]   * forgery [fɔ́:rdʒəri]   * breakage [bréikidʒ]
* smash [smæʃ]   * crush [krʌʃ]

창조, 창시	←	창조하다, 만들다	⇒	창조의, 창조적인	⇒	창조주, 창시자
만들기, 제조	←	만들다, 제조하다	⇒	제작자, 제조업자	⇒	조성, 구성/화장
		(쇠로)만들다/지어내다	⇒	위조, 날조		가장, 거짓
파손, 파괴	←	부수다, 깨다	⇒	고장, 붕괴, 몰락	⇒	돌파구, 타개
		분쇄하다, 산산히 부수다	=	눌러 부수다, 으깨다		

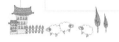 

* Chimpanzees not only use tools but also **make** them.
* You have to learn the difference between what's real and what's **make-believe**.
* He has **broken** a window with a ball.
* All **breakage** has to be paid for.
* There was a serious **breakdown** of communications.
* Firemen had to **smash** the lock to get in.
* The boy **crushed** ants under the foot.

* 침팬지들은 연장을 사용할 뿐만 아니라 만들기도 한다.
* 당신은 진짜와 가짜의 차이를 알아야만 한다.
* 그는 공으로 유리창을 깼다.
* 모든 파손은 변상되어야 한다.
* 의사소통에 있어서 심각한 장애가 있었다.
* 소방대원들은 들어가기 위하여 자물쇠를 때려 부수어야만 했다.
* 그 소년은 개미를 밟아 뭉갰다.

07 번역하다 – 통역하다

핵심정리

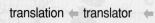

translation ⬅ translator ⬅ **translate** ⬌ mistranslate ➡ mistranslation

version   **turn** = **render** = **put**

decipher = **decode**

interpretation ⬅ **interpret** ➡ interpreter

* translate [trænsléit]   * version [vɔ́:rʒən]   * render [réndər]
* decipher [disáifər]   * decode [di:kóud]   * interpret [intə́:rprit]

번역(물)/해석 ⬅	번역자, 통역기 ⬅	번역(해석)하다 ⬌	오역하다 ➡	오역
번역/변형	옮기다, 번역하다 =	번역하다/되게하다 =	번역(설명)하다/놓다, 두다	
		(암호)해독하다, 번역하다 =	(암호)해독(번역)하다	

통역, 해석, 해설 ⬅ 해석(통역)하다 ➡ 통역, 해설자

UpGrade 확인학습

* The professor **translated** an English book into French.
* I **rendered (=put, turned)** a piece of a Latin poem into Korean.
* The version of the original has many incorrect **translations**.
* Archaeologists labored to **decipher** the clay tablets.
* He couldn't speak much English, so his son had to **interpret** for him.

* 그 교수는 영어책 한 권을 불어로 번역했다.
* 나는 라티어로 된 시 한 편을 한글로 번역했다.
* 그 원본의 번역서는 부정확한 번역이 많다.
* 고고학자들은 그 점토판을 판독하려고 노력했다.
* 그는 영어를 제대로 할 줄 몰라서 아들이 그를 위해 통역을 해 주어야 했다.

* **archaeologist** [à:rkiáləʤist] 고고학자

08 4칙

sum-up ←	**sum**		
	=		
addition ←	**add** ⇒	additional ⇒	additionally
	⇕		
subtraction ←	**subtract**		
	│		
multiplication ←	**multiply** ⇒	multiple	
⇕	⇕		
division ←	**divide** ⇒	dividend	

* sum-up [sʌmʌ́p]   * add [æd]   * addition [ədíʃən]
* subtract [səbtrǽkt]   * multiply [mʌ́ltəplài]   * multiplication [mʌ̀ltəplikéiʃən]
* devide [diváid]   * division [divíʒən]   * dividend [dívədènd]

요약, 적요 ←	총계(합계)(하다)		
부가, 추가/덧셈 ←	더하다, 늘다 ⇒	부가적인, 추가의 ⇒	부가적으로, 그 위에
빼냄, 삭감/뺄셈 ←	빼다, 덜다		
곱셈/증식, 번식 ←	늘다, 증가하다/곱하다 ⇒	다수의, 다양한 / 배수의	
분할, 분배/나눗셈 ←	나누다, 분배하다 ⇒	피젯수 / 배당금	

* To **sum up**, for a healthy heart you must take regular exercise.
* Two **added** to three makes five.
* A week later, read the meter again and **subtract** the first reading from the second.
* Having **multiple** partners increases your risk of sexual diseases.
* What's six **divided** by three? - Two.

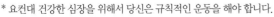

* 요컨대 건강한 심장을 위해서 당신은 규칙적인 운동을 해야 합니다.
* 3 + 2 = 5
* 일주일 후에 계량기를 다시 읽고 첫 번째 읽은 것을 두 번째 읽은 것에서 빼시오.
* 다수의 파트너를 두는 것은 당신이 성병에 걸릴 위험을 증가시킨다.
* 6을 3으로 나누면 얼마인가? - 2.

09 수리(수선)하다

mender	⬅ **mend** ➡	mendable ➡	mending
reparation ⬅	repairer ⬅ **repair** ➡	irreparable	
fixture ⬅	**fix** ➡	fixed	
fit ➡	**refit** ➡	refitment	

* mender [méndər]　　* repair [ripέər]　　* reparation [rèpəréiʃən]
* irreparable [irépərəbl]　　* fixture [fíkstʃər]　　* refit [rifít]

	수리자, 개량자 ⬅	고치다, 수선하다 ➡	고칠 수 있는 ➡ 수선
수선/보상(배상) ⬅	수리공, 수리업자 ⬅	수리(수선)하다 ➡	수리(회복)할 수 없는
	고정(고착)물, 설비 ⬅	고정(수선, 수리)하다 ➡	고정된, 불변의
	맞다, 적합하다 ➡	수리(하다) ➡	수리, 개수

* It's never too late to **mend**.
* It took half an hour for him to **repair** the flat tire.
* It may have done **irreparable** harm to her reputation.
* I can't **fix** even a radio.
* The ship sailed into the dock to refit.

---

* 허물을 고치기를 꺼리지마라. (←결코 고칠 수 없을 만큼 너무 늦은 일이란 없다)
* 그가 타이어 펑크를 수선하는데 30분이 걸렸다.
* 그것이 그녀의 명성에 회복할 수 없는 손상을 입혔을는지 모르겠다.
* 나는 라디오조차도 고치지 못한다.
* 그 배는 수리를 위해 독(=선거)으로 들어갔다.

10 수정하다

corrective	⬅	correction	⬅	**correct**		
		‖		‖		
		modification	⬅	**modify**	➡	modifier
		‖		‖		
		amendment	⬅	**amend**	➡	amender
				‖		
		revision	⬅	**revise**	➡	reviser
				‖		
alteration	⬅	**alter**	=	**change**	➡	changeable

* correct [kərékt]   * modify [mádəfài]   * modification [màdəfikéiʃən]
* amendment [əméndmənt]   * revise [riváiz]   * alteration [ɔːltəréiʃən]
* change [tʃeindʒ]

바로잡는, 개정하는	⬅	정정, 수정, 교정	⬅	고치다, 정정(교정)하다		
		변경, 수정	⬅	변경(수정)하다	➡	변경(수정)하는 사람/수식어구
		변경, 수정	⬅	변경(수정)하다	➡	개정자, 수정자
		개정, 교정	⬅	개정(교정)하다	➡	개정(교정)자
변경, 개정	⬅	바꾸다, 변경하다	=	바꾸다, 변경하다	➡	변덕스러운, 변하기 쉬운

 UpGrade 확인학습

* They all participated in **amending** or adding to the text.
* This doesn't **alter** the fact that the problem has got to be dealt with.
* You can't **change** human nature.
* This book has sold a half-million copies since it was **revised** last year.

* 그들은 본문을 수정하거나 첨가하는 일에 모두 참여했다.
* 이것으로 인하여 그 문제가 다루어져야 한다는 사실이 바뀌어 지지는 않는다.
* 인간의 본성을 바꿀 수는 없습니다.
* 이 책은 작년에 개정된 이래 오십 만부가 팔렸다.

Spider English

11 숫자

	figure	=	number	⇒	numberless
	‖		‖		
innumerable ⇔	numerable	⇐	numeral	⇒	numerous
‖	‖				
uncountable ⇔	countable	⇐	count	⇒	countdown

double	–	duo	–	dual	–	duality
‖		‖				
triple	–	trio	–	trilogy		
quadruple	–	quartet(te)	–	quintet(te)		

* figure [fígjər]   * number [nʌ́mbər]   * numerable [njúːmərəbl]
* countdown [káuntdàun] * double [dʌ́bl]   * duo [djúːou]   * duality [djuːǽl]
* triple [tripl]   * trilogy [trílədʒi] * quadruple [kwadrúːpll] * quartet [kwɔːrt

	숫자/도형, 무늬/가격	=	수, 숫자	⇒	무수한
무수한, 헤아릴 수 없는 ⇔	셀 수 있는, 계산되는	⇐	숫자 / 수의	⇒	매우 많은, 무수한
무수한, 헤아릴 수 없는 ⇔	셀 수 있는, 가산의	⇐	세다, 계산하다	⇒	초읽기, 카운트다운

두 배의, 이중의	–	이중주(창)	–	둘의, 이중의	–	이중성
세 배의	–	3중주(창)	–	3부작, 3부극		
네 배의, 4중의	–	4중주(창)	–	5중주(창)		

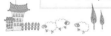 

UpGrade 확인학습

* **A number of** books are missing from the library.
* **The number of** books missing from the library is large.
* 1, 2, 3, etc. are Arabic **numerals** and Ⅰ, Ⅱ, Ⅲ, etc, are Roman **numerals**.
* I have **numerous** thing to do.
* He has bought the house at a high **figure**.

---

* 도서관에서 책들이 많이 없어지고 있다.
* 도서관에서 분실되는 책들의 수는 막대하다.
* 1, 2, 3 등은 아라비아 숫자이고, Ⅰ, Ⅱ, Ⅲ 등은 로마숫자이다.
* 나는 할 일이 매우 많다.
* 그는 그 집을 비싸게 샀다.

12 알다 – 모르다 – 알리다

well-known ← unknown ← **know** → knowledge → knowhow

ignorant ← **ignore** → ignorance

illiteracy ← illiterate ⇔ **literate**

---

acquainted ← **acquaint** → acquaintance

informant ← **inform** → information

notice ← **notify** → notification

* well-known [wélnóun]
* knowledge [nálidʒ]
* ignore [ignɔ́ər]
* ignorance [ígnərəns]
* illiterate [ilítərit]
* acquaint [əkwéint]
* inform [infɔ́:rm]
* information [ìnfərméiʃən]
* notify [nóutifài]
* notification [nòutifikéiʃən]
* notice [nóutis]

유명한, 주지의 ← 미지의, 불명의 ← 알고 있다/기억하다 → 지식, 학식 → 전문지식, 전문기능

무식한, 무지의 ← 모르다, 무시하다 → 무학, 무지

문맹, 무학 ← 문맹의, 무학의 ⇔ 읽고 쓸 줄 아는

잘 알고 있는, 친한 ← 알리다 / 아는 사이가 되게 하다 → 면식, 교제/ 친지

통고자, 통보자 ← 알리다, 통지하다 → 통보, 정보

통지, 통보/게시 ← 알리다, 통지하다 → 통지, 통고, 고시

UpGrade 확인학습

* There are **unknown** effects on the body and brain.
* I have a little **knowledge** of French.
* How can they be so **ignorant** at that age ?
* I am **acquainted** with the names of at least eight such people.

* 신체와 두뇌에 미치는 미지의 효과가 있다.
* 나는 불어를 약간 알고 있다.
* 그들은 어떻게 그 나이에 그렇게 무지할 수 있을까?
* 나는 최소한 8명의 그런 사람 이름을 알고 있다.

13 유능 – 무능

disabled	←	**disable**	→	disability	
		↑			
		enable			nonability
					‖
ability	←	**able**	⇔	unable	→ inability
‖		‖		‖	
capability	←	**capable**	→	incapable	
‖		‖			
competence	←	**competent**	→	compete	→ incompetence

* able [eibl]   * ability [əbíliti]   * nonability [nànəbíliti]
* enable [inéibl] [en(in)+able ⇨ 능력 속으로] 가능하게 하다
* disable [diséibl] [dis(빼앗다)+able ⇨ 능력을 빼앗다] 무능하게 만들다, 불구로 만들다
* capable [kéipəbl]   * compete [kəmpí:t]   * competence [kámpitəns]

불구가 된, 무능력자인	←	무능하게(불구로) 만들다	→	무능, 불구	
		가능하게 만들다			불능, 무능
능력, 수완	←	(적극적 능력) 할 수 있는, 유능한	⇔	할 수 없는, 허약한	→ 불능, 무능
능력, 가능성	←	(소극적 능력) 할 수 있는, 유능한	→	할 수 없는, 무능한	
능력, 재능	←	유능한, 충분한	→	경쟁하다, 겨루다	→ 무능력, 부자격

 UpGrade 확인학습

* You may as well do your job to the best of your **abilities**.
* He was **unable** to sleep at night because of his anxiety.
* The disease **disables** thousands every year.
* The poison is **capable** of causing death within a few minutes.
* The French nuclear **capability** was never used.

* 너는 힘이 닿는 데까지 너의 일을 하는 게 좋다.
* 그는 걱정 때문에 밤에 잠을 잘 수가 없었다.
* 그 질병 때문에 매년 수천 명이 불구가 된다.
* 그 독은 수분 안에 죽음을 유발할 수 있다.
* 프랑스의 핵능력은 결코 사용된 적이 없다.

14 음악

	play	➡	player	
performance ⬅	perform	➡	performer	— instrument
composition ⬅	compose	➡	composer	➡ composite
	recite	➡	reciter	➡ recital = concert
symphony —	concerto	— chorus	—	choir

* perform [pərfɔ́:rm]　　* compose [kəmpóuz]　　* composition [kàmpəzíʃən]
* recite [risáit]　　* concert [kánsə:rt]　　* symphony [símfəni]
*.concerto [kəntʃɛ́ərtou]　　* chorus [kɔ́:rəs]　　* choir [kwáiər]

	놀다/연주하다	➡	노는 사람/선수/연주자	
연주(상연)/실행 ⬅	연주(상연)하다/이행하다	➡	연기(연주)자/실행자	— 악기/기계. 기구
작곡/구성/기질 ⬅	작곡(작문, 구성)하다	➡	작곡가, 작자	➡ 합성(혼합)물
	암송(낭독)하다	➡	낭독(암송)자	➡ 연주회, 독주회=연주(음악)회
교향곡 —	협주곡	— 합창(대)	—	합창단, 성가대

UpGrade 확인학습

* He is learning to **play** the piano.
* Allin was envious of Jane **performing** on the violin on the stage.
* The orchestra will give two more **performances** this week.
* Mozart **composed** his last opera shortly before he died.
* She **recited** a poem that she had learned at school.

* 그는 피아노 연주를 배우고 있다.
* 앨린은 제인이 무대에서 바이올린 연주하는 것을 부러워했다.
* 오케스트라가 이번 주에 두 번 더 공연을 할 것이다.
* 모차르트는 죽기 직전에 마지막 오페라를 작곡했다.
* 그녀는 학교에서 배운 시를 암송했다.

15 이론과 실제

핵
심
정
리

theoretician	←	**theory**	→	theoretical	→	theoretically
practician	←	**practice**	→	practical	→	practicable
hypothetical	←	**hypothesis**	=	supposition	←	suppose
logic	→	logical	→	logically		
deduction	←	**deduce**	→	deductive		
induction	←	**induce**	→	inductive		

* theory [θíəri]　　　　　* theoretician [θìərétiʃən]　　　* practice [prǽktis]
* hypothesis [haipáθəsis]　* hypothetical [hàipəθétikəl]　* suppose [səpóuz]
* supposition [sʌ̀pəzíʃən]　* logic [ládʒik, lɔ́-]　　　　* deduce [didjú:s]
* deduction [didʌ́ʃən]　　　* induce [indjú:s]　　　　　* induction [indʌ́ʃən]

이론가	←	이론, 이치	→	이론상의	→	이론상으로
경험자, 숙련자	←	실행, 실습/관습, 연습	→	실제(실용)적인	→	실행 가능한, 실용적인
가설(가정)의	←	가설, 가정	=	상상, 가정, 추측	←	가정(추측)하다
논리(학)/조리, 이치	→	논리적인	→	논리상, 논리적으로		
추론, 연역/공제	←	연역(추론)하다	→	추론적인, 연역적인		
유도, 귀납(법)	←	설득하다, 귀납하다	→	귀납적인/유도의		

UpGrade 확인학습

* Your plan is excellent in theory, but would it succeed in **practice** ?
* Darwin spent more than twenty years working on his **theory** of evolution.
* It is only a **theoretical hypothesis**.
* Your invention is ingenious, but not **practical**.
* Children will soon make **deductions** about the meaning of a word.
* Nothing would **induce** me to vote for him again.

* 당신의 계획은 이론상 뛰어나지만 실제로 성공할 수 있겠습니까?
* 다윈은 그의 진화론을 연구하느라고 20년 이상의 세월을 소비했다.
* 그것은 이론상의 가설일 뿐이다.
* 너의 발명품은 독창적이기는 하지만 실용성은 없다.
* 아이들은 곧 단어의 의미에 관하여 추론을 할 것이다.
* 무슨 일이 있더라도 나는 다시는 그에게 투표를 하지는 않을 것이다.

16 증가(감소)하다 – 더하다(빼다)

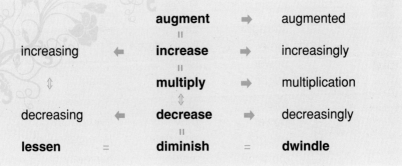

* augment [ɔːgmént]
* multiplication [mʌ̀ltiplikéiʃən]
* diminish [dimíniʃ]

* increase [ínkriːs]
* decrease [díkriːs]
* dwindle [dwíndl]

* multiply [mʌ́ltiplài]
* lessen [lésn]

점점 느는, 증대하는 ←	커지다, 증대하다 ➡	증가된
	늘다/늘리다 ➡	점점 더, 증가하여
	늘다, 증가하다/증가시키다 ➡	증가, 증식, 번식
감소하는 ←	줄다/줄이다 ➡	점점 덜, 감소하여
줄다, 작아지다/줄이다 =	줄이다, 감소하다 =	(점차) 감소하다

* He **augmented** his income by writing short stories.
* The consumption of beer is still on the **increase**.
* His influence slowly **decreased**.
* It was a life of **increasing** labor and **decreasing** leisure.
* These drugs **diminish** blood flow to the brain.

* 그는 단편 소설을 써서 수입을 늘렸다.
* 맥주 소비는 여전히 증가 일로에 있다.
* 그의 영향력이 서서히 쇠퇴했다.
* 그것은 노동이 증가하고 여가가 감소하는 생활이었다.
* 이 약들은 뇌로 가는 혈류를 줄인다.

17 힘

구분	명사	형용사	부사	동사
체력	strength force power might	strong forced/forcible powerful mighty	strongly powerfully mightily	
물리력	force power energy	forced powerful energetic	powerfully energetically	enforce reinforce
	violence	violent	violently	
능력	ability capacity power	able capable powerful		enable disable

* strength [streŋks]   * force [fɔːrs]   * power [páuər]   * might [mait]
* energy [énərdʒ]   * violence [váiələns]   * capacity [kəpǽsiti]   * enforce [infɔ́ːrs]
* reinforce [rìːinfɔ́ːrs] [re(again)+enforce] 강화(증강, 보강)하다

	명사	형용사	부사	동사
체력	힘, 체력, 지력 힘, 체력 체력, 국력, 정신력 힘, 세력, 권력	힘센, 강한 강요된 / 강제적인 강한, 강력(강인)한 힘센, 강력한	강하게, 튼튼하게 강력(유력)하게 강하게, 맹렬히	
물리력	폭력, 완력 동력/군사(통치)력 에너지, 정력	강요된, 무리한 세력(권력) 있는 활기 찬, 원기왕성한	강력하게, 유력하게 정력(활동)적인	시행하다, 강요하다 강화(보강)하다
	폭력, 난폭, 격렬	난폭한, 맹렬한	맹렬(난폭)하게	
능력	능력, 재능 수용(포용)력, 재능 권한, 권능, 권력	할 수 있는, 유능한 유능한, 수용할 수 있는 강한, 강력한		할 수 있게 하다 무능하게 하다, 불구로 만들다

UpGrade 확인학습

* You should not waste your **energy** in such a trivial thing.
* The police used **force** in putting down a riot.
* They **enforced** obedience to their demands by threats.
* I have no **strength** left to walk further.

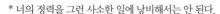

* 너의 정력을 그런 사소한 일에 낭비해서는 안 된다.
* 경찰은 폭동을 진압하는 데 폭력을 사용하였다.
* 그들은 협박으로 자신들의 요구에 복종할 것을 강요하였다.
* 나는 더 이상 걸을 힘이 남아있지 않다.

CHAPTER 02-6
주제
(가치와 판단)

01 가치

핵심정리

equivalent ➡ equivalence

↑

evaluate ➡ evaluation

↑

valueless ⬅ **value** ➡ valuable ➡ <u>invaluable</u>

worthless ⬅ **worth** ➡ worthy ⇔ unworthy ➡ worthwhile

merit system ⬅ **merit**

* value [vǽljuː]   * worth [wɔ́ːrθ]   * merit [mérit]
* equivalence [ikívələns] [equi(same)+val(가치)] 같음, 동가
* evaluate [ivǽljueit] [e(x)(out)+val(가치) ⇨ 가치를 밖으로] 평가하다, 가치를 정하다

동등한, 동가의 ➡ 같음, 등가, 동량
평가하다 ➡ 평가, 사정
무가치한, 하찮은 ⬅ 가치, 값 ➡ 귀중한 ➡ 값을 헤아릴 수 없는
무가치한, 하찮은 ⬅ 가치(있는) ➡ 가치 있는, 훌륭한 ⇔ 가치 없는 ➡ 보람 있는, 훌륭한
능력본위 승진제도 ⬅ 가치, 장점/공적/마땅히 받을 만하다

UpGrade 확인학습

* This is one of the most **valuable** lessons I learned.
* I bought her an **invaluable** sapphire.
* We can't **evaluate** individual human worth with money.
* I thought about trying to talk to him about it but decided it wasn't **worth** it.
* This plan **merits** careful attention.

* 이것이 내가 배운 가장 귀중한 교훈들 중의 하나이다.
* 나는 그녀에게 대단히 귀중한 사파이어를 사주었다.
* 우리는 개인의 인간적 가치를 돈으로 평가할 수 없다.
* 나는 그것에 관해 그에게 이야기를 해볼까 생각했지만, 그럴만한 가치가 없다고 결정을 내렸다.
* 이 계획은 마땅히 주의 깊게 살펴볼 가치가 있다.

02 같다 – 유사하다

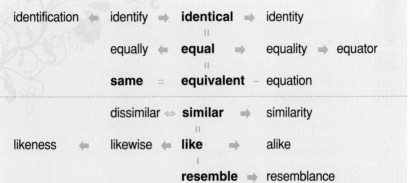

identification ← identify → **identical** → identity

equally ← **equal** → equality → equator

same = **equivalent** – equation

dissimilar ⇔ **similar** → similarity

likeness ← likewise ← **like** → alike

resemble → resemblance

* identification [aidèntəfikéiʃən]   * identical [aidéntikəl]   * identify [aidéntifài]
* equal [íːkwəl]   * equality [ikwáləti]   * equator [ikwéitər]
* equivalent [ikwívələnt]   * equation [ikwéiʃən]   * similar [símilər]
* likewise [láikwaiz]   * resemble [rizémbl]

동일함, 신분증명 ←	동일시하다, 확인하다 →	동일한, 꼭 같은 →	동일함, 일치	
	똑같게, 동등하게 ←	같은, 동등한 →	같음, 동등 →	적도
	같은 =	동등한, 같은 가치의 –	균등화, 방정식	
	다른, 닮지 않은 ⇔	유사한, 비슷한 →	닮음, 유사	
닮기, 유사 ←	마찬가지로/그 위에 ←	유사한, 비슷한 →	서로 같은, 비슷한	
		닮다 →	유사, 상사	

UpGrade 확인학습

* He was too far away to be able to **identify** his faces.
* Both candidates received an **equal** number of votes.
* My wife and I have **similar** tastes in music.
* Are there any **similarities** between China and Japan ?
* The situation **resembles** that of Europe in 1940.

* 그는 너무 떨어져 있어서 찌푸린 얼굴을 확인할 수는 없었다.
* 두 후보는 득표수가 같았다.
* 나와 내 처는 음악에 있어서 취향이 비슷하다.
* 중국과 일본 사이에는 유사점들이 있습니까?
* 상황이 1940년의 유럽과 비슷하다.

03 결점 – 장점(강점)

핵심정리

fault	faultless	faultfinding
failing		
shortcoming	**defect**	
weakness		
vice	vicious	
blemish = **flaw**		

demerit ⇔	**merit** ➡	merited	
virtueless ⬅	**virtue** ➡	virtuous ➡	virtuously
	advantage		

* fault [fɔːlt]　　　　　* shortcoming [ʃɔːrtkʌmiŋ]　　　* blemish [blémiʃ]
* demerit [dimérit] [de(부정)+merit]　단점, 과실　　　* defect [difékt]
* virtue [və́ːrtʃuː]　　　* advantage [ədvǽntidʒ]

fault : 결점의 가장 일반적인 말	과실(결점)이 없는　　흠잡기
failing : 사람에게 흔하고 fault보다 관대함	
shortcoming : 완전한 표준에서 부족한 점	(유형·무형의) 결함, 결점/부족
weakness : 충동을 자제 못하는 결점	
vice : 도덕적으로 나쁜 결점	나쁜, 악덕의
(표면의) 흠, 결점 = (구조·조직의) 흠, 결함	

잘못, 과실, 단점 ⇔	가치, 장점 ➡	가치 있는, 당연한
덕이(미점)이 없는 ⬅	덕 / 장점, 미점 ➡	덕 있는, 고결한 ➡ 고결하게, 절개 있게
	우위, 우세 / 강점, 이점	

 UpGrade 확인학습

* The plane couldn't take off because of a **defect** in a steering wheel.
* You've got to realize your own **shortcomings**.
* He really has a **weakness** for sweets.
* **Flaws** in his character caused him to divorce his wife.
* They discussed the **merits** and **demerits** of the play.

* 그 비행기는 조종대의 결함으로 이륙할 수 없었다.
* 당신은 자신의 단점을 깨달아야 합니다.
* 그는 정말 단 것이라면 사족을 못 쓴다.
* 성격상의결함으로 인하여 그는 부인과 이혼했다.
* 그들은 그 연극의 장단점을 논의했다.

04 결정하다

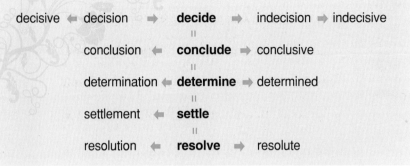

* decide [disáid]　　* decision [disíʒən]　　* conclude [kənklú:d]
* conclusion [kənklú:ʒən]　　* determine [ditə́:rmin]　　* settle [sétl]
* resolve [rizáv]　　* resolution [rèzəlú:ʃən]　　* resolute [rézəlù:t]

결정적인, 단호한 ←	결정, 결심 →	결심(결의)하다 →	우유부단 →	우유부단한
결말, 결론 ←	결정하다, 결말짓다 →	결정적인, 단호한		
결심, 결단, 결정 ←	결심(결의)하다 →	결연한, 굳게 결심한		
해결(결정, 정착) ←	결정(결심, 해결)하다			
결의, 결심, 해결 ←	결심(결정, 해결)하다 →	단호한, 굳게 결심한		

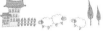

UpGrade 확인학습

* After five minutes of **indecision** I put the knife away.
* What has a **decisive** influence on the paper's editorial policy ?
* The report **concluded** that the school should be closed immediately.
* We made a fresh **determination** to fight it out.
* After the divorce she **resolved** never to marry again.

* 5분간을 머뭇거리고 나서 나는 칼을 치웠다.
* 무엇이 그 신문의 사설 정책에 결정적인 영향을 미치는가 ?
* 그 보고서는 그 학교가 즉각 폐쇄되어야 한다고 결론을 내렸다.
* 우리는 끝까지 싸우겠다는 결의를 새로이 했다.
* 이혼하고 나서 그녀는 결코 다시는 결혼하지 않겠노라고 결심을 했다.

05 귀하다 – 천하다

핵심정리

		ennoble	➡	ennoblement		
		⬆				
ignoble	⇔	**noble**	➡	nobility	➡	nobleman
		=				
honor	➡	**honorable**	=	**high**		
		humble	➡	humbly		
		=				
low	=	**vulgar**				
		=				
		mean	➡	meanly	➡	meanness

* ignoble [ignóubl]   * honor [ánər]   * honorable [ánərəbl]
* ennoble [innóubl] [en(make)+noble ⇨ 고귀하게 만들다]
* humble [hʌmbl]   * mean [miːn]   * vulgar [vʌ́lgər]

	품위를 높이다, 고귀하게 하다	➡	고상하게 하기	
품위 없는, 천한	⇔ 고귀한, 귀족의	➡	귀족/숭고, 고결	➡ 귀족
명예, 영예, 영광	➡ 고결한, 명예로운	=	높은/고결한, 고상한	
	겸손한/비천한, 낮은	➡	겸손하여/초라하게	
비천한, (신분) 낮은	= 상스러운, 천박한/대중의			
	(비)천한, 질이 낮은	➡	비열(초라)하게	➡ 천함, 야비, 인색

UpGrade 확인학습

* Among them there were some of the greatest and **noblest** men in our history.
* A good deed **ennobles** the person who does it.
* I can't stand your **mean** behavior any longer.
* A number of trades, previously thought of as **lowly** ones, began to receive more attention.

* 우리 역사상 가장 위대하고 고귀한 사람들 중 몇 명이 그들 중에 끼어 있었다.
* 선행은 이를 행하는 사람의 품위를 높여 준다.
* 나는 너의 비천한 행동을 더 이상 참을 수 없다.
* 전에는 천하게 여겨지던 많은 직업들이 더욱 관심을 끌기 시작했다.

06 낡다

olden ←	**old** ⇒	old-fashioned
antiquated ←	**antique** ⇒	antiquity
used =	**wornout** = **outmoded** ⇒	out-of-date
	curio = curiosity	

* antique [æntíːk]　　* antiquity [æntíkwəti]　　* antiquated [ǽntikwèitid]
* wornout [wɔ́ːrnáut]　* outmoded [àutmóudid]　　* curio [kjúəriòu]
* curiosity [kjùəriásəti]　* old-fashioned [óuldfǽʃənd]

고대의 / 늙다 ←	늙은 / 낡은, 구식의 ⇒	구식의, 예날 유행의
낡은, 고풍의 ←	과거의, 고대의 / 골동품(의) ⇒	낡음, 고색 / 태고, 고대
사용된, 써서 낡은 =	써서 낡은 = 구식의, 유행에 뒤진 ⇒	낡은, 시대에 뒤진
	골동품, 진품 = 호기심, 진기함 / 골동품	

UpGrade 확인학습

* Some of the houses around here are very **old**.
* The palace is full of priceless **antiques**.
* The information in the tourist guide is **out-of-date**.
* It's not worth much, but I kept it for its **curiosity** value.
* Most of the **curio** shops in Seoul are clustered in this area.

---

* 이 근처 집들 중 몇 채는 매우 낡았다.
* 이 궁전은 값을 매기기 어려운 골동품 천지이다.
* 여행 안내서에 있는 정보는 구식이다.
* 그것은 대단한 가치가 있는 것은 아니지만 진기한 가치 때문에 나는 가지고 있었다.
* 서울의 골동품점은 대부분 이 지역에 밀집해 있다.

* **cluster** [klʌ́stər] 밀집하다, 군생하다 / 송이, 무리

07 높다 - 낮다

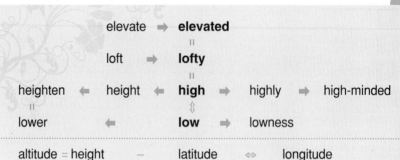

```
                        elevate  ⮕  elevated
                                      ‖
                        loft     ⮕  lofty
                                      ‖
heighten  ⬅  height  ⬅  high  ⮕  highly  ⮕  high-minded
             ‖                    ⇕
lower        ⬅          low  ⮕  lowness
```

altitude = height   −   latitude   ⇔   longitude

* elevate [élɘvèit]   * lofty [láfti, lɔ́ːfti]   * heighten [háitn]   * lower [lóuɘr]
* altitude [ǽltitjùːd]   * latitude [lǽtitjùːd]   * longitude [lándʒtjùːd]

```
               높이다, 올리다  ⮕  높여진, 높은 / 고상(결)한
               다락          ⮕      우뚝 솟은, 매우 높은
높이다, 증가시키다 ⬅ 높이, 고도  ⬅  높은 / 중요한  ⮕  고도로, 높이, 매우 ⮕ 고상(고결)한
낮게 하다       ⬅          낮은 / 비천한  ⮕  낮음, 비천
```

고도 = 고도   −   위도   ⇔   경도

 UpGrade 확인학습

* Their purpose is to **elevate** AIDS to the top of government priorities.
* He had set himself the **lofty** goal of reaching the world's top five.
* It's an extremely simple concept in principle, though **highly** complex in detail.
* We should try to calm people's fears rather than **heighten** them.
* On the other side of the road stood a **low** brick wall.
* She **lowered** her eyes and remained silent for a moment.

---

* 그들의 목적은 에이즈를 정부가 우선적으로 해야 할 일의 맨 위에 올려놓는 것이다.
* 그는 자신이 세계 최고 5명 중에 한 명이 된다는 매우 높은 목표를 설정했다.
* 그것은 세부적으로는 몹시 복잡하지만 원칙적으로는 극히 단순한 개념이다.
* 이것으로 인하여 그것들은 상당한 높이까지 성장한다.
* 우리는 사람들의 두려움을 고조시키기 보다는 진정시키려고 애써야 한다.
* 그 도로의 건너편에 낮은 벽돌담이 있다.
* 그녀는 눈을 내리깔고 잠시 말없이 있었다.

08 다르다

difference ←	**differ** →	different ⇔	indifferent
	=		↓
variety ←	**vary** →	various →	indifference
distinction ←	**distinct** →	distinctly	
	=		
divergence ←	**divergent** ←	diverge	

* differ [dífər]   * difference [dífərəns]   * vary [vɛ́əri]
* variety [vəráiəti]   * distinct [distíŋkt]   * distinction [distíŋkʃən]
* diverge [divə́:rdʒ]   * divergence [divə́:rdʒəns]

다름, 상이 ←	다르다, 틀리다 →	다른, 틀린 ⇔	공평한, 관심 없는
다양, 변화, 상이 ←	바뀌다, 변하다 →	각종의, 개개의 →	무관심, 냉담 / 공정
	구별, 차별 / 특질 ←	별개의, 뚜렷한, 다른 →	뚜렷(명백)하게/정말로
	분기, 일탈 / 차이 ←	분기하는 / (의견)다른 ←	갈라지다 / 빗나가다

UpGrade 확인학습

* The two brothers **differ** widely in their tastes.
* It won't make much **difference** whether you go today or tomorrow.
* Let's do something else for the sake of **variety**.
* There is a **distinct** difference between the two.
* There is a **divergence** of opinion on that point.

----

* 그 두 형제는 취향이 아주 다르다.
* 당신이 오늘 가든 내일 가든 별 상관이 없을 겁니다.
* 변화를 주기 위해 뭔가 다른 일을 하자.
* 둘 사이에는 뚜렷한 차이가 있다.
* 그 점에 대해서 의견이 분분하다.

Spider English

 핵
 심
정
 리

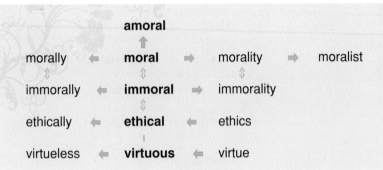

	amoral		
morally ←	moral →	morality →	moralist
immorally ←	immoral →	immorality	
ethically ←	ethical ←	ethics	
virtueless ←	virtuous ←	virtue	

* amoral [eimɔ́ːrəl] [a(not)+moral ⇨ 도덕적이지 않은]　　　* moral [mɔ́ːrəl]
* morality [mɔːrǽliti]　　* ethics [éθiks]　　* ethical [éθikəl]
* virtue [və́ːrtʃuː]　　* virtuous [və́ːrtʃuəs]

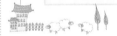

	도덕성이 없는		
도덕적으로, 도덕상 ←	도덕적인 / 우의, 교훈 →	도덕, 덕행 →	도덕가, 윤리주의자
부도덕하게 ←	부도덕한, 불륜의 →	부도덕, 불륜, 외설	
도덕적으로, 도의상 ←	도덕의, 윤리학의 ←	윤리(학)	
덕(미점)이 없는 ←	덕 있는, 고결한, 순결한 ←	덕(행), 장점/정조, 순결	

 UpGrade 확인학습

* The study of right and wrong in human behavior is **moral** philosophy.
* Is commercial **morality** high in your country?
* I repent having lived **immorally** in my youth.
* She despised his business **ethics**.
* Women have often been mentioned as symbols of **virtue**.

* 인간 행동의 옳고 그름을 연구하는 것이 윤리학이다.
* 당신의 나라에선 상도덕이 높습니까?
* 젊었을 때 부도덕한 생활을 했던 것이 후회스럽다.
* 그녀는 그의 사업 윤리를 경멸했다.
* 여성은 종종 순결의 상징으로 거론되어왔다.

10 복잡 – 단순

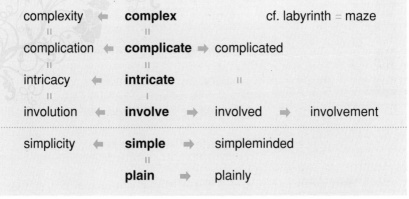

* complex [kəmpléks]
* complexity [kəmpléksiti]
* complicate [kámplikèit]
* involve [inválv]
* involution [ìnvəlúːʃən]
* intricate [íntrikət]
* labyrinth [læbərinθ]
* maze [meiz]
* simple [símpl]
* simplicity [simplísəti]
* plain [plein]
* intricacy [íntrikəsi]

복잡성 ←	복잡한, 복합의/합성물	cf. 미궁, 미로/복잡한 관계 = 미로, 미궁, 당황
복잡, 분규/합병증 ←	복잡하게하다/복잡한 →	복잡한,
복잡(함), 얽힌 일 ←	얽힌, 복잡한	
복잡, 혼란 ←	포함하다/참여시키다 →	복잡한, 뒤얽힌 → 말려듦, 연루, 연좌
간단, 평이/ 순진 ←	간단한, 단순한 →	순진한, 천진한
	순전한, 단순한/명백한 →	명백히, 솔직히, 간소하게

   UpGrade 확인학습

* Photosynthesis is a highly **complex** process.
* The situation is **complicated** by the fact that I've got to work late on Friday.
* I don't like such **involved** style.
* It is said that rapping is the most **intricate** part of Hip-Hop.
* I want to live a life of **simplicity** and frugality in the country.

---

* 광합성은 고도로 복잡한 과정이다.
* 내가 금요일에 늦게 일해야만 한다는 사실로 인해 상황이 꼬여버렸다.
* 나는 그런 복잡한(난해한) 문제가 싫다.
* 랩을 하는 것은 힙합에서 가장 복잡한 부분이라고 한다.
* 나는 시골에서 소박하고 검소한 삶을 살고 싶다.

* **Photosynthesis** [fòutousínθəsis] 광합성

11 명예(영예) - 명성(평판)

핵
심
정
리

famous	⬅	**fame**	⬌	infamy	➡ infamous
		‖			
		hono(u)r	➡	honorable	
		‖			
glorify	⬅	**glory**	➡	glorious	
prestige	=	**credit**	➡	creditable	⬌ uncredited
		‖			
reputation	=	**repute**	➡	reputed	

* fame [feim]　　　　 * infamy [ínfəmi]　　　　 * honor [ánər]
* glory [glɔ́:ri]　　　　 * glorify [glɔ́:rifài]　　　 * prestige [prestí:dʒ]
* credit [krédit]　　　 * repute [ripjú:t]　　　　 * reputation [rèpjutéiʃən]

유명한	⬅	명성, 명망	⬌ 오명, 악명	➡ 악명 높은, 수치스러운
		명예, 명성	➡ 존경할 만한, 훌륭한	
찬송(찬미)하다	⬅	영예, 영광, 명성	➡ 영광의, 장엄한	
위신, 명성, 신망	=	신용, 명성	➡ 명예가 되는, 신용할 만한	⬌ 신용을 받지 못하는
명성, 평판, 세평	⬅	평판, 세평, 명성	➡ 평판이 좋은, ~이란 평판의	

UpGrade 확인학습

* He has come to **fame** owing to his latest novel.
* The city is **famous** for its historic sites.
* He has always tried to do the **honourable** thing.
* The soldiers valued **glory** and **honour** above life itself.
* Judge Kelso has a **reputation** for being strict but fair.

* 그는 최근의 소설덕분에 유명해졌다.
* 그 도시는 사적(史蹟)들로 유명하다.
* 그는 항상 훌륭한 일을 하려고 노력해왔다.
* 병사들은 영예와 명예를 생명 그 자체보다도 높이 평가했다.
* 켈소 재판관은 엄격하지만 공정하여 명성이 높다.

200

12 목적 - 목표

aim	aiming	aimless	
end			
goal			
object		objectless	
purpose	purposeful	purposeless	purposely
objective	the objectives of education		

* goal [goul]   * object [ábdʒikt]   * objective [əbdʒéktiv]   * purpose [pɔ́ːrpəs]

aim : 구체적이고 명확한 목표	겨냥, 조준	목적(목표)가 없는	
end : 뚜렷한 계획적 수단으로 달성하는 목표			
goal : 노력의 종점으로서의 목적			
object : 노력·행위·감정을 기울이는 대상으로서의 목적		목적이 없는	
purpose : 달성하려고 굳게 결심하고 있는 목적	목적이 있는 고의적인	목적이 없는 무의미한	고의로 일부러
objective : 달성 가능한 구체적 목적	교육의 목적		

UpGrade 확인학습

* What is your **aim** in working so hard ?
* The **end** does not justify the means.
* They achieved their **goal** of increasing sales by 10%.
* The only **object** of my life is to marry her.
* Did you come to London for the **purpose** of seeing your family ?
* The military **objectives** are simple - to capture and hold the city.

....

* 그렇게 열심히 일하는 당신의 목적은 무엇입니까 ?
* 목적이 수단을 정당화하지는 못한다.
* 그들은 판매를 10% 늘리려는 목적을 달성했다.
* 내 인생의 유일한 목표는 그녀와 결혼하는 것이다.
* 당신은 가족을 만나러 런던에 오셨습니까?
* 군사적 목표는 단순하다 - 그 도시를 점령하여 점유하는 것.

핵
심
정
리

13 문제

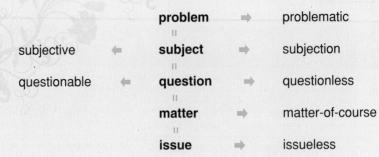

	problem ➡	problematic
subjective ⬅	**subject** ➡	subjection
questionable ⬅	**question** ➡	questionless
	matter ➡	matter-of-course
	issue ➡	issueless

* problem [prábləm]   * subject [sÁbdʒikt]   * question [kwéstʃən]
* matter [mǽtər]   * issue [íʃuː]   * problematic [pràblimǽtik]
* subjection [səbdʒékʃən]   * subjective [səbdʒéktiv]

	(깊은 검토를 요하는) 문제 ➡	문제의, 의문의
주관의, 주관적인 ⬅	주제, 제목, 문제 ➡	정복, 복종, 종속
문제의, 의심스러운 ⬅	(토의해야할) 문제 / 질문 ➡	의심의 여지가 없는
	문제, 사건 / 물질 ➡	당연한
	(다투는) 문제, 논쟁점 / 발행 ➡	쟁점(결과)이 없는

 UpGrade 확인학습

* To begin with, the **problem** of traffic must be settled.
* He knew his arguments were **subjective** and based on intuition.
* The **question** is that we have no time.
* Abortion is a highly controversial **issue**.
* It's another **matter**.

* 우선 교통문제가 해결되어야 한다.
* 그는 자신의 논거가 주관적이며 직관에 의거하고 있다는 것을 알았다.
* 문제는 우리가 시간이 없다는 것이다.
* 낙태는 대단히 논쟁의 여지가 있는 문제이다.
* 그것은 또 다른 문제다.

* **abortion** [əbɔ́ːrʃən] 유산, 낙태   * **controversial** [kàntrəvə́ːrʃəl] 논쟁의, 논쟁의 여지가 있는

14 부족

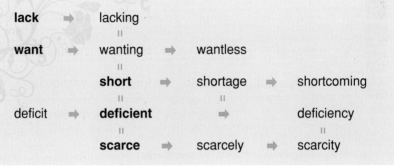

```
lack      →   lacking
              ‖
want      →   wanting    →   wantless
              short      →   shortage   →   shortcoming
              ‖                ‖
deficit   →   deficient  →                  deficiency
              ‖                              ‖
              scarce     →   scarcely   →   scarcity
```

* lacking [lǽkiŋ]   * wanting [wántiŋ]   * shortage [ʃɔ́ːrtidʒ]
* deficit [défisit]   * deficient [difíʃənt]   * scarce [skɛ́ərs]
* scarcity [skɛ́əsəti]

```
결핍, 부족(하다)        →    (서술적) 결여되어, 부족하여
결핍, 부족 / 부족하다   →    ~이 없는, 부족한    →   부족함이 없는
                            모자라는, 불충분한   →   부족(량, 액)   →   부족 / 결점
부족액, 적자            →    결핍된, 부족한                         부족, 결핍
                            부족한, 모자라는    →   거의 ~ 않다   →   부족, 결핍
```

 UpGrade 확인학습

* She is **lacking** in common sense. = She **lacks** common sense.
* You shall **want** for nothing as long as I live.
* When money is **short**, we need a very careful budget.
* Up to the late 21th century there will be no **shortage** of oil.
* Women who are dieting can become iron **deficient**.

* 그녀는 상식이 부족하다.
* 내가 살아있는 한 네가 어려움을 겪게 하지는 않겠다.
* 돈이 부족할 땐, 우리는 매우 신중한 예산이 필요하다.
* 21세기 말까지는 석유가 부족하지는 않을 것이다.
* 다이어트를 하는 여성들은 철분 부족이 될 수 있다.

15 새롭다

renew ⟵	anew ⟵	**new** ⟹	newly ⟹	news
↓		=		
renewal		**novel** ⟹	novelty	
		=		
refreshment ⟵	refresh ⟵	**fresh** ⟹	freshness ⟹	freshen
		ǀ		
	vivify ⟵	**vivid** ⟹	vividly	

* new [nju:]   * anew [ənjú:]
* renew [rinjú:] [re(again)+new ⇨ 다시 새롭게 하다] 갱신하다   * renewal [rinjú:əl]
* refresh [rifréʃ] [re(again)+fresh ⇨ 다시 신선하게 하다] 기운나게 하다
* novel [náv(ə)l]   * vivid [vívid]   * vivify [vívəfài]

갱신(쇄신)하다 ⟵	새로, 신규로 ⟵	새로운, 신선한 ⟹	최근, 근래 ⟹	뉴스
갱신, 쇄신		새로운, 신기한/소설 ⟹	새로움, 신기함	
원기회복(시켜주는 것) ⟵	기운나게 하다 ⟵	새로운, 신선한 ⟹	새로움, 상쾌 ⟹	상쾌하게하다
	생기(활기)를 주다 ⟵	생생한, 생기 있는 ⟹	생생(선명)하게	

 UpGrade 확인학습

* There is no **new** thing under the sun.
* In the morning the enemy **renewed** the attack.
* I'll show you many things which will be **novel** to you.
* **Fresh** goods appear in our shop every week.
* The shower **refreshed** the plants.
* I've got **vivid** memories of that summer.

....

* 태양 아래 새로운 것은 없다.
* 아침에 적이 공격을 재개했다.
* 제가 당신에게 새로운 것들을 많이 보여드리겠습니다.
* 신선한 상품들이 매주 우리 가게에 들어옵니다.
* 그 소나기로 인하여 식물들이 생기가 넘쳤다.
* 나는 그해 여름이 생생하게 기억난다.

16 서론 – 결론

핵심정리

introduce	➡	introduction	➡	introductory
⇕				
conclude	➡	conclusion	➡	conclusive

closure	⬅	**close**	➡	closing
		=		=
terminator	⬅	**terminate**	➡	termination

* introduce [ìntrədjúːs] [intro(inwards)+duce(lead) ⇨ 안으로 이끌다]
* introduction [ìntrədʌ́kʃən]
* conclude [kənklúːd] [con(together)+clude(shut) ⇨ 같이 닫아버리다]
* conclusion [kənklúːʒən]   * closure [klóuʒər]   * terminate [tə́ːrmənèit]

소개(도입)하다	➡	소개, 도입 / 서론	➡	소개하는, 서론의
결론을 내리다, 결정하다	➡	결말, 종결 / 결론	➡	결정적인, 확정적인

폐쇄, 마감, 종결	⬅	닫다 / 끝내다, 종결하다	➡	종결, 마감 / 폐쇄
끝내는 사람	⬅	끝내다, 종결하다	➡	종지, 종결 / 결과

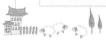

 **UpGrade 확인학습**

* He **introduced** his speech with a joke.
* After a short **introductory** speech, Hogan rose to begin his talk.
* Darwin **concluded** that men were descended from apes.
* Only a **conclusion** can be drawn from that.
* The mine workers' unions are fighting hard to stop the government from implementing its programme of pit **closures**.

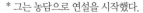

* 그는 농담으로 연설을 시작했다.
* 짧은 소개말이 끝난 뒤 호건은 연설을 하려고 일어섰다.
* 다윈은 인간이 원숭이로부터 진화했다고 결론을 내렸다.
* 그것으로부터는 단지 하나의 결론만이 도출될 수 있다.
* 광산 노동자 노조는 정부의 광구 폐쇄 프로그램 이행을 저지하기 위하여 격렬히 싸우고 있다.

Spider English

핵
심
정
리

17 속이다, 기만하다

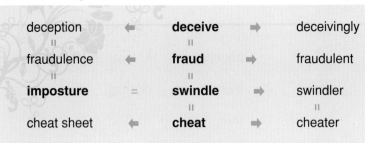

deception	←	**deceive**	→	deceivingly
fraudulence	←	**fraud**	→	fraudulent
imposture	=	**swindle**	→	swindler
cheat sheet	←	**cheat**	→	cheater

* deceive [disí:v]   * deception [disépʃən]   * fraud [frɔ́:d]
* fraudulence [frɔ́:dʒuləns]   * imposture [impástʃər]   * swindle [swíndl]
* cheat [tʃi:t]

사기, 속임/기만 수단	←	속이다, 기만하다	→	속여서, 거짓으로
기만, 사기, 부정	←	기만, 부정 수단	→	사기의, 부정의
사기 (행위), 협잡	=	사기(사취)(하다), 속이다	→	사기꾼
부정 행위 쪽지	←	속이다, 사취하다	→	사기꾼, 협잡꾼

 UpGrade 확인학습

* I were **deceived** by the blue sky and brought no umbrella.
* He was convicted of obtaining money by **deception**.
* He has been charged with tax **fraud**.
* The businessman **swindled** investors out of millions of dollars.
* He **cheated** in the test by using a calculator.

---

* 나는 푸른 하늘에 속아 우산을 가지고 오지 않았다. (그랬더니 비가 왔다)
* 그는 돈을 사취했다는 선고를 받았다.
* 그는 세금포탈 혐의를 받고 있다.
* 그 사업가는 투자자들로부터 수백만 달러를 사취했다.
* 그는 시험에 계산기를 사용하여 부정행위를 했다.

* **convict** [kənvíkt] 유죄를 입증(선고)하다 / [kánvikt] 죄수

18 순수(순진)하다

  핵심정리

innocently	←	**innocent**	→	innocence
		=		
		naive	⇔	sophisticated
		=		
purify	←	**pure**	→	purely → purity
=		⇕		⇕
purge		**impure**	→	impurity

* innocent [ínəsnt] * naive [naːíːv] * sophisticated [səfístikèitid]
* purify [púərifài] * purity [púəriti] * purge [pəːrdʒ]

천진난만하게	←	순결한, 천진난만한	→	순결, 청정 / 무죄
		순진한, 천진난만한	⇔	닳고 닳은 / 세련된
정화(순화)하다	←	순수한, 순결한 / 맑은	→	순수(깨끗)하게 → 청결, 순수
정화(숙청)하다		더러운, 불결한	→	불결, 불순 / 혼합물

 UpGrade 확인학습

* The girl looked at me with large **innocent** eyes.
* The prisoner proved his **innocence**.
* It's **naive** of you to believe he will do what he says.
* It was **purely** accidental that we met each other there.
* These days we can't wish for the **purity** of river water.

---

* 그 소녀는 크고 순진한 눈으로 나를 바라보았다.
* 그 죄수는 자신의 무죄를 입증했다.
* 그가 말한 대로 할 것이라고 믿다니 너는 순진하구나.
* 우리가 거기에서 만난 것은 순전히 우연이었다.
* 오늘날은 강물이 깨끗할 것을 기대할 수 없다.

19 쉽다

핵 심 정 리

uneasiness ⬅	uneasy ⇕	➡ uneasily
easily ⬅	**easy** =	➡ ease ⬄ disease
simply ⬅	**simple** =	➡ simplify ➡ simplicity
one-handed =	**plain**	➡ plainly

* disease [dizíːz] [dis(제거, 박탈)+ease ⇨ 편안함이 제거된 상태]
* uneasy [ʌníːzi]   * simplify [símpləfài]   * simplicity [simplísəti]
* plain [plein]   * one-handed [wʌ́nhǽndid]

불안, 근심 ⬅	불안한, 몸이 편치 않은 ➡	불안하게, 근심이 되어
용이하게, 쉽게 ⬅	쉬운, 용이한 / 편안한 ➡	안락, 편안 / 쉬움 ⬄ 병, 질병
간단히, 쉽게 ⬅	쉬운, 용이한 / 간소한 ➡	간단하게(단순화)하다 ➡ 단순, 간단
한손용의/간단히, 쉽게 =	평이한, 알기 쉬운 / 단순한 ➡	똑똑히, 분명하게 / 간단하게

UpGrade 확인학습

* Any high school student can solve the problem with **ease**.
* This is a problem that can be settled **simply**.
* My grandfather is suffering from a serious **disease**.
* This novel is written in **simple** English.
* I can't get what you mean. Please speak in **plain** English.

* 고등학생이라면 누구라도 그 문제는 쉽게 풀 수 있다.
* 이것은 쉽게 해결될 수 있는 문제다.
* 나의 할아버지는 중병을 앓고 있다.
* 이 소설은 쉬운 영어로 씌어져 있다.
* 나는 당신의 말을 알아들을 수가 없습니다. 쉬운 영어로 말씀해 주십시오.

20 신뢰 – 불신

	distrust	➡	distrustful	
	⇕		⇕	
trustful ⬅	**trust**	➡	trusty	➡ trustworthy
	=			
believe ➡	**belief**	⇔	disbelief	
	=			
faithful ⬅	**faith**	➡	faithless	
	=			
credible ⬅	**credit**	⇔	discredit	– creed
	=			
confide ➡	**confidence**	➡	confident	

* trust [trʌst]   * trustworthy [trʌ́stwàːrði]   * believe [bilíːv]
* faith [feiθ]   * credit [kredit]   * creed [kriːd]
* confide [kənfáid]   * confidence [kánfidəns]

	불신(의혹, 의심)(하다) ➡	의심스러운, 의심 많은	
믿는, 신뢰하는	신뢰(신용, 위탁)(하다) ➡	믿을(신뢰할) 만한	➡ 신용(신뢰)할 수 있는
믿다, 신뢰하다 ➡	믿음, 신뢰, 신용 ⇔	불신, 의혹 / 불신앙	
성실한 / 신뢰할 만한 ⬅	신용, 신뢰 / 신념 ➡	신의 없는, 불성실한	
신용(신뢰)할 수 있는 ⬅	신뢰, 신용, 명성 ⇔	불신(하다), 망신, 불명예 – 신조, 신념, 주의
신용하다 / 털어놓다 ➡	자신, 확신 / 신용, 신뢰 ➡	자신 있는 / 확신하는	

 UpGrade 확인학습

* He has always gained the **trust** of his associates.
* Everybody liked and **trusted** him.
* He has no **faith** in his own ability.
* She is **faithful** to her husband.
* I am **confident** that there will be no war.

---

* 그는 항상 동료들의 신뢰를 받아왔다.
* 모두가 그를 좋아하고 신뢰했다.
* 그는 자신의 능력을 신뢰하지 않는다.
* 그녀는 남편에게 성실하다.
* 나는 전쟁이 일어나지 않으리라고 확신하다.

핵
심
정
리

price			priceless
charge			
cost			costly
			costfree

inexpensive ⇔ **expensive** ⇐ expend ➡ expenditure = expense

॥

bargain ⇔ **dear** = precious

⇕

cheapen ⇐ **cheap** ➡ cheaply

⇕

high ⇔ low

* expend [ikspénd]　　* bargain [bá:rgin]　　* precious [préʃəs]　　* cheap [tʃi:p]

price	파는 값	값, 가격	값을 매길 수 없는, 아주 귀중한
charge	노동봉사에 대한 값(대가)	청구금액, 대금, 요금	
cost	물건, 노동 기타의 획득에 지불하는 값	원가, 비용, 경비	값비싼, 희생이 큰 무료의

값싼 ⇔ 값비싼	⇐ (시간, 노력, 돈 따위) 들이다	➡ 지출, 비용	= 지출, 비용, 경비
턱없이 싼/거래, 계약 ⇔ 값비싼/소중한	= 귀중한, 값비싼		
싸지다, 값을 내리다 ⇐ 싼, 염가의	➡ 싸게, 싼 값에		
	높은/비싼, 고가의 ⇔ 싼, (가격이) 낮은		

 UpGrade 확인학습

* Your order will be sent free of **charge**.
* He bought the house **cheap** and sold it **dear**.
* She always buys an **inexpensive** but good dress.
* Everything is getting **dear** nowadays.

* 당신이 주문하신 것은 무료로 보내드립니다.
* 그는 그 집을 싸게 사서 비싸게 팔았다.
* 그녀는 항상 값이 싸지만 좋은 옷을 산다.
* 요즈음은 모든 것이 비싸지고 있다.

22 아름답다 – 추하다

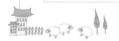

	fineness	⇒	**fine**	⇒	finely
	‖		‖		
beautify ⇐	beauty	⇒	**beautiful**		
⇕			‖		
uglify ⇐	ugly	⇔	**pretty**	⇒	prettily
	‖				
	plain (woman)	⇔	**handsome** (man)		
			‖		
good-looking	⇔	**bad-looking**			

* fine [fain]   * beautify [bjúːtifài]   * uglify [ʎglifài]
* pretty [príti]   * handsome [hǽnsəm]

	훌륭함, 아름다움	⇒	아름다운 / 훌륭한	⇒	훌륭하게, 아름답게
미화(장식)하다 ⇐	미, 아름다움 / 미인	⇒	아름다운, 고운 / 훌륭한		
추하게 만들다 ⇐	추한, 못생긴	⇔	예쁜, 귀여운	⇒	예쁘게, 귀엽게
	(여자) 아름답지 않은, 수수한	⇔	(남자) 용모가 아름다운		
잘생긴, 아름다운	⇔	못생긴, 추한			

UpGrade 확인학습

* **Beauty** is but skin-deep.
* Flowers **beautify** a garden.
* An **ugly** scar on his face scared my child.
* The girl has a **pretty** face.
* Though she is **plain**, she has a warm-hearted mind.

* 아름다움은 단지 피부 한 꺼풀.
* 꽃들이 정원을 아름답게 한다.
* 그의 얼굴의 보기 흉한 흉터가 내 아이를 놀라게 했다.
* 그 소녀는 얼굴이 예쁘다.
* 그녀는 비록 아름답지는 않지만 따뜻한 마음씨를 가지고 있다.

23 안전하다 – 위험하다

unsafe	⇔	**safe**	➡	safely	➡	safety
⇕		‖		‖		‖
insecure	⇔	**secure**	➡	securely	➡	security

endanger	⬅	**danger**	➡	dangerous
		‖		‖
		peril	➡	perilous
		‖		‖
riskless	⬅	**risk**	➡	risky
		‖		
jeopardy	=	**hazard**	➡	hazardous

* safety [séifti]　　　* secure [sikjúər]　　　* danger [déindʒər]
* endanger [indéindʒər] [en(in)+danger ⇨ 위험 속에 집어넣다] 위태롭게 하다
* peril [péril]　　　* jeopardy [dʒépərdi]　　　* hazard [hǽzərd]

안전치 않은, 불안한 ⇔ 안전한, 위험이 없는	➡	안전하게, 무사히 ➡	안전, 무사
위험한 / 불안한 ⇔ 안전한, 위험이 없는	➡	안전하게	안전, 무사 / 보장

위태롭게 하다 ⬅ 위험, 위난	➡	위험한, 위태로운
(임박한) 위험, 위해	➡	위험한, 모험적인
위험이 없는, 안전한 ⬅ (자발적으로 부딪히는) 위험, 모험 ➡	모험적인, 위험한
위험 = 위험, 모험 / (골프) 장애 구역 ➡	위험한, 운에 맡기는

UpGrade 확인학습

* There is **safety** in numbers.
* The building was **secure**, even in an earthquake.
* We are all concerned for the **security** of the passengers.
* The accident **endangered** his life.
* The arms race is the greatest **peril** now facing the world.
* I sank to my knees to reduce the **risk** of detection.

* 수가 많은 편이 안전하다.
* 그 건물은 지진에도 안전했다.
* 우리 모두는 승객들의 안전을 염려하고 있다.
* 그 사고로 그의 생명이 위태로웠다.
* 무기경쟁이야말로 지금 세계가 직면한 가장 큰 위험이다.
* 발각될 위험을 줄이려고 나는 무릎을 꿇고 앉았다.

24 양심과 수치

conscienceless ⬅ **conscience** ➡ conscientious

ashamed ⬅ **shame** ➡ shameful ⬄ shameless

grace ⬄ **disgrace** = **dishonor**

infamous ⬅ **infamy** ⬄ **fame** ➡ famous

* conscience [kánʃəns]
* conscientious [kànʃiénʃəs]
* ashame [əʃéim]
* disgrace [disgréis]
* dishonor [dishánər]
* infamy [ínfəmi]
* fame [feim]
* infamous [ínfəməs]

양심이 없는, 파렴치한 ⬅ 양심, 도의심 ➡ 양심적인, 성실한
부끄러워하는 ⬅ 부끄럼, 수치 ➡ 부끄러운, 수줍어하는 ⬄ 파렴치한
우아, 은총/친절, 인자 ⬄ 불명예(를 주다)/망신 = 불명예, 망신, 치욕
악명 높은, 수치스러운 ⬅ 불명예, 악명, 오명 ⬄ 명예, 명성 ➡ 유명한, 고명한

UpGrade 확인학습

* He suffered for **conscience'** sake.
* It is not easy to employ a **conscientious** worker.
* I died of **shame** because of your behavior.
* His son has brought **disgrace** on the whole family.
* There are men who prefer death to **dishonour**.

* 그는 양심의 가책으로 괴로워했다.
* 양심적인 일꾼을 고용하는 것은 쉽지 않다.
* 나는 네 행동 때문에 부끄러워 죽을 지경이었다.
* 그의 아들이 전 가족에게 불명예를 안겨 주었다.
* 치욕을 당하느니 차라리 죽음을 택하겠다는 사람들이 있다.

25 어렵다

핵심정리

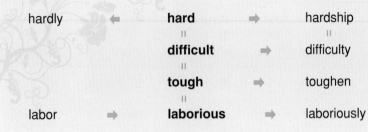

hardly	←	**hard**	→	hardship
		difficult	→	difficulty
		tough	→	toughen
labor	→	**laborious**	→	laboriously

* hardship [háːrdʃip] 　* difficulty [dífikəlti] 　* tough [tʌf]
* labor [léibər] 　* laborious [ləbɔ́ːriəs]

거의 ~않다	←	힘드는, 단단한 / 근면한	→	고난, 고초, 고생
		곤란한, 어려운	→	곤란, 어려움, 고생
		곤란한, 힘든 / 강인한	→	힘들게(강인하게) 만들다, 강해지다
노동, 노력 / 수고	→	힘드는, 고된 / 근면한	→	힘들게, 애써

UpGrade 확인학습

* It has been a long **hard** day today.
* They had a **hard** time of it because of the heavy rain.
* You should learn how to cope with a **hardship**.
* He has **toughened** a lot since his father died.
* It is **difficult** for a child to do so.
* Clearing the forest is a **laborious** business.

* 오늘은 길고도 고된 하루였다.
* 그들은 폭우로 인하여 고생을 많이 했다.
* 너는 고난에 대처하는 방법을 배워야 한다.
* 그는 아버지가 돌아가신 이래 많이 강해졌다.
* 어린애가 그렇게 하기는 어렵다.
* 숲을 청소하는 것은 힘든 일이다.

26 영리하다

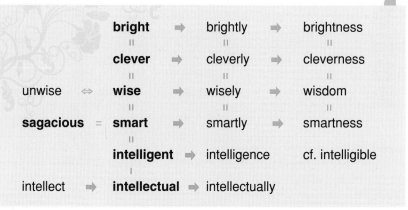

bright ➡	brightly ➡	brightness
‖	‖	‖
clever ➡	cleverly ➡	cleverness
‖	‖	‖
unwise ⇔ **wise** ➡	wisely ➡	wisdom
‖	‖	‖
sagacious = **smart** ➡	smartly ➡	smartness
‖		
intelligent ➡	intelligence	cf. intelligible
intellect ➡	**intellectual** ➡ intellectually	

* bright [brait]　　　　* clever [klévər]　　　　* sagacious [səgéiʃəs]
* intelligence [intélidʒəns]　　* intellect [ínt(i)lèkt]　　* intellectual [ínt(i)lèktʃuəl]

	영리한 / 밝은 ➡	밝게, 총명하게 ➡	총명, 영리 / 밝음	
	영리한, 총명한 ➡	영리하게, 솜씨 좋게 ➡	영리함, 재치 있음	
우둔한, 어리석은 ⇔	지혜로운, 영리한 ➡	지혜롭게, 영리하게 ➡	지혜, 현명함	
현명한, 영리한 =	영리한, 재치 있는 ➡	영리하게, 호되게 ➡	영리, 빈틈없음	
	지적인, 총명한, 영리한 ➡	지성, 이지, 총명	cf. 알기 쉬운, 명료한	
지성, 지력 ➡	지적인, 총명한 ➡	지적으로, 이지적으로		

UpGrade 확인학습

* How **clever** of you to do that !
* It would be very **unwise** of you to marry her.
* They overestimated their parent's **wisdom** and power.
* It wasn't very **smart** of you to tell him your name.
* He made an **intelligent** answer to the question.
* **Intellectual** crimes are on the increase.

* 그렇게 하다니 너는 참 영리하구나!
* 당신이 그녀와 결혼한다면 매우 어리석은 일이 될 것이다.
* 그들은 자기 부모의 지혜와 힘을 과대평가하였다.
* 그에게 당신의 이름을 알려준 것은 그다지 영리한 짓이 아니었다.
* 그는 질문에 총명한 대답을 했다.
* 지능적인 범죄가 증가일로에 있다.

27 어리석다 – 둔하다

  핵심정리

genius	⇔	fool	➡	**foolish**	➡	foolishness
⇕		‖		‖		
		ass	–	**simple**	=	**silly**
		‖		‖		
idiot	=	blockhead	–	**stupid**	➡	stupidity
				‖		
				dull	➡	dullish

* genius [dʒíːniəs]   * idiot [ídiət]   * blockhead [blákhèd]   * stupid [stjúpid]
* stupidity [stjuːpídəti]   * ass [æs]   * dull [dʌl]

천재(성)	⇔	바보, 멍청이	➡	어리석은	➡	어리석음, 바보같음
		바보/당나귀, 고집쟁이	–	무지한/간단한	=	바보 같은/바보
천치, 바보	=	멍청이	–	어리석은, 멍청한	➡	우둔, 어리석음
				둔한, 우둔한, 어리석은	➡	좀 둔한, 멍청한

 UpGrade 확인학습

* Shakespeare was a great **genius**.
* It would be **foolish** of us to quarrel.
* I'm not so **simple** as to suppose you like me
* **Dull** pupils can't solve the problem.
* Don't be **stupid** enough to believe that.
* If you don't understand, then you're **duller** than I thought.

* 셰익스피어는 위대한 천재였다.
* 우리가 싸운다면 어리석은 일이다.
* 네가 나를 좋아한다고 생각할 만큼 그렇게 모자라지는 않다.
* 머리가 둔한 학생들은 그 문제를 풀 수 없다.
* 쑥맥처럼 그 따위를 믿지 마라.
* 네가 이해하지 못한다면 너는 내가 생각하는 것보다 더 둔하다.

28 옳다 - 그르다

just ➡	justify ➡	justification
=		
righteous ⬅ **right** ➡	rightly ➡	rightful
⇕		
wrong ➡	wrongly ➡ wrongful ➡ wrongdoing
=		
incorrect ⇔ **corrcet**		

* just [dʒʌst]   * righ [rait]   * wrong [rɔːŋ]
* justify [dʒʌstifài]   * righteous [ráitʃəs]   * correct [kərékt]

	정당한, 올바른/바로 ➡	정당화하다 ➡	정당화, 변명	
옳은, 정의의 ⬅	옳은, 정당한 ➡	정확(정당)하게 ➡	올바른, 정당한	
	틀린, 잘못된 ➡	틀려서, 잘못해서 ➡ 부정한, 나쁜 ➡ 불법행위. 비행		
	부정확한, 틀린 ⇔	옳은, 틀림없는, 정확한		

UpGrade 확인학습

* He is always **just** in his judgement.
* They began to ask difficult questions about **right** and **wrong**.
* Every member has the **right** to his opinion.
* I have the feeling, **rightly** or **wrongly**, that I shall regret my decision.
* The front door is unlocked - something was **wrong**.
* He couldn't sue for **wrongful** arrest.
* The sentence is grammatically **correct**, but doesn't sound natural.

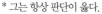

* 그는 항상 판단이 옳다.
* 그들은 옳고 그름에 대하여 난해한 질문을 하기 시작했다.
* 모든 회원은 그의 의견을 말할 권리가 있다.
* 나는 옳던 그르던 나의결정을 후회할 거라는 느낌이 든다.
* 현관문이 열려 있다 - 뭔가 잘못되었다.
* 그는 부당한 체포에 관해서 고소를 할 수 없었다.
* 그 문장은 문법적으로는 옳지만 자연스럽게 들리지 않는다.

29 완전하다

integrity	⇐	**integral**				
		=				
		entire	⇒	entirely		
		=		=		
wholeness	⇐	**whole**	⇒	wholly		
=		=		=		
perfection	⇐	**perfect**	⇒	perfectly	⇒	imperfect
=		=		=		=
completion	⇐	**complete**	⇒	completely	⇒	incomplete

* integral [intégrəl]   * integrity [intégrəti]   * entire [intáiər]
* perfect [pə́:rfikt]   * perfection [pərfékʃən]   * complete [kəmplí:t]
* completion [kəmplí:ʃən]

완전 / 고결	⇐	완전한, 절대 필요한				
		전체의, 완전한	⇒	완전히, 전적으로		
완전, 전체	⇐	완전한, 전체의	⇒	전적으로, 완전히		
완전, 완성	⇐	완전(완벽)한	⇒	완전히, 더할 나위 없이	⇒	불완전한
완성, 완료	⇐	완전한 / 끝내다	⇒	완전히, 전적으로	⇒	불완전한, 불충분한

  UpGrade 확인학습

* His **imperfect** sense of hearing caused him to be out of job.
* He spent the **entire** journey asleep.
* Climate change and rising sea levels threaten the **whole** world.
* There is no such thing as **perfection** in poetry.
* Her personality had suddenly changed **completely**.
* His work was still far from **completion**.

* 그는 불완전한 청력으로 인하여 해고되었다.
* 그는 그 여행 내내 잠자며 보냈다.
* 기후 변화와 해수면 상승이 전 세계를 위협하고 있다.
* 시에 있어서 완벽이란 없다.
* 그녀의 성격이 갑자기 돌변하였다.
* 그의 작품은 여전히 미완성이었다.

30 유한하다 – 무한하다

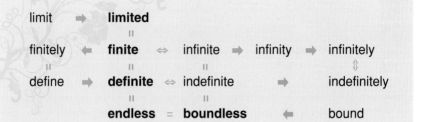

* limit [límit]   * finite [fáinait] [어원상 fin은 end나 finish] 유한한, 한정된, 제한된
* infinite [ínfinit] [in(부정)+fin(end) ⇨ 끝이 없으니] 헤아릴 수 없는, 무한한
* define [difáin] [de(from)+end ⇨ ~로 부터 끝을 정하다]
* definite [définit]   * boundless [báundlis]

제한하다 ➡	제한된, 한정된			
한정적으로, 유한하게 ←	유한의, 한정된 ⇔	헤아릴 수 없는, 무한한 ➡	무한, 무궁 ➡	무한히, 매우
정의(한정)하다 ➡	일정한, 한정된 ⇔	한계가 없는, 막연한 ➡	무기한으로, 막연히	
	끝없는, 무한의 =	무한한, 끝없는 ←	범위, 한계	

 **UpGrade 확인학습**

* There is a **limit** to everything.
* The monkey can't do the work due to its **finite** intelligence.
* Who can understand this **finite** but **unbounded** universe ?
* It was an **infinitely** difficult task to investigate the cause of the accident.
* You had better make a **definite** answer, if asked.
* The area with **indefinite** boundaries brought about a war between two nations.

----

* 모든 일에는 한계라는 것이 있다.
* 원숭이는 지능이 제한적이라 그 일을 할 수 없다.
* 누가 이 유한하지만 끝없는 우주를 이해할 수 있단 말인가?
* 그 사고의 원인을 조사하는 것은 대단히 어려운 일이었다.
* 당신은 질문을 받으면 명확한 대답을 하는 것이 좋다.
* 그 지역의 불명확한 국경선 때문에 두 나라 사이에 전쟁이 일어났다.

* **unbounded** [un(not)+bound(한계)+ed] 끝없는, 무한한

219

31 의지(결의)

   핵심정리

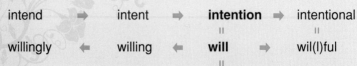

intend	→	intent	→	**intention**	→	intentional
willingly	←	willing	←	**will**	→	wil(l)ful
				volition	→	volitional

determination	←	**determine**	→	determined
resolution	←	**resolve**	→	resolute
decision	←	**decide**	→	decided	→	decidedly

* intention [inténʃən]   * volition [voulíʃən]   * determine [ditə́:rmin]
* resolution [rèzəlú:ʃən]   * resolve [rizálv]   * decide [disáid]
* decision [disíʒən]   * resolute [rézəlù:t]

의도하다, ~할 작정이다 ➡	의지, 의도, 결의 ➡	의지, 의도, 목적 ➡	고의(계획)적인
기꺼이, 쾌히 ←	기꺼이 ~하는 ←	의지, 의사 / 유서 ←	고의의, 계획적인
		결의, 의지(력) ➡	의지의, 의욕적인

결심, 결의 ←	결정(결심)하다 ➡	굳게 결심한, 단호한
결심, 결의 ←	결심(결의)하다 ➡	단호한, 확고한
결정, 결심, 판결 ←	결심(결의, 해결)하다 ➡	명확한, 단호한, 결연한 ➡ 분명(확고)하게

 UpGrade 확인학습

* Free **will** makes us able to choose our way of life.
* Character is **determined** by early education.
* His **determination** to carry out the plan was not weakened at all.
* A child enters life without his own **volition**.
* The **resolution** was passed by a two-thirds majority.

---

* 자유의지로 인해서 우리는 우리의 삶의 방식을 선택할 수 있다.
* 품성은 어릴 때의 교육에 의해서 결정되어진다.
* 그 계획을 실행하겠다는 그의 결심은 전혀 약화되지 않았다.
* 아이는 자기 뜻대로 태어나는 것이 아니다.
* 그 결의안은 2/3 다수결로 통과되었다.

32 이상 – 현실

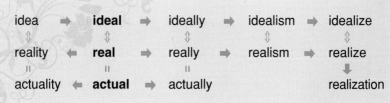

idea	➡	**ideal**	➡	ideally	➡	idealism	➡	idealize
reality	⬅	**real**	➡	really	➡	realism	➡	realize
actuality	⬅	**actual**	➡	actually				realization

* idea [aidíːə]   * idealize [aidíəlàiz]   * reality [riːǽliti]
* realization [rìːəlaizéiʃən]   * actual [ǽktʃuəl]   * actuality [æktʃuǽləti]

개념, 생각, 의견	➡	이상(적인)	➡	이상(관념)적으로	➡	이상주의	➡	이상화하다
사실(성), 현실(성)	⬅	현실의, 실제의	➡	실제로, 정말로	➡	사실주의	➡	실현하다, 현실화하다
현존, 실재, 현실(성)	⬅	현실의 실제의	➡	현재, 실제로				실현, 현실화

* She's looking for a husband but hasn't found her **ideal** yet.
* We continue to **idealize** the two-parent family.
* I came here out of conviction and **idealism**.
* It is said to be a story taken from **real** life.
* He **realized** the dreams of his youth at last.
* We have estimated about 300 visitors, but the **actual** number was much higher.

* 그녀는 남편감을 찾고 있지만 아직도 자신의 이상형을 찾지 못했다.
* 우리는 부모가 다 있는 가정을 이상적이라고 계속 생각하고 있다.
* 나는 확신과 이상을 품고 여기에 왔다.
* 그것은 실생활에서 발췌된 이야기라고 한다.
* 그는 마침내 젊은 시절의 꿈들을 실현시켰다.
* 우리는 약 300명의 방문객을 예상했으나 실제로는 훨씬 더 많았다.

33 잘못 – 실수

핵심정리

		mistake ➡	mistaken ➡	mistakenly	
		‖			
fault-finding ⬅		**fault** ➡	faultless ➡	faulty	
			‖		
err ➡		**error** ➡	errorless ⇔	erroneous	
		‖			
slip =		**blunder**			
		‖			
		fallacy ➡	fallible ⇔	infallible	

* mistake [mistéik]　　* fault-finding [fɔ́:ltfàind]　　* err [ə:r]　　* error [érər]
* erroneous [iróuniəs]　　* blunder [blʌ́ndər]　　* fallacy [fǽləsi]

	잘못, 과실, 오해 ➡	틀린, 잘못된, 오해한 ➡	잘못 생각하여
흠잡기, 책망 ⬅	잘못, 흠, 결점 ➡	완전무결한 ➡	결점이 있는, 불완전한
틀리다, 잘못하다 ➡	잘못, 착오 ➡	틀림(실수) 없는 ⇔	잘못된, 틀린
실수, 실패/미끄럼 =	큰 잘못		
	잘못, 그릇된 생각 ➡	속기(틀리기) 쉬운 ⇔	잘못이 전혀 없는, 절대 확실한

 UpGrade 확인학습

* The **fault** doesn't lie with you, but with me.
* Criticism is different from **fault-finding**.
* To **err** is human, to forgive is divine.
* There is many a **slip** between the cup and the lip.
* These surveys are often a rather **fallible** guide to public opinion.

* 잘못은 너에게 있는 것이 아니라 나에게 있다.
* 비평은 흠잡기와는 다르다.
* 잘못은 인지상정이요, 용서는 신의 본성이다.
* 다 끝나기까지 방심은 금물이다. ←컵을 입술에 가져가는 사이에도 실수는 얼마든지 있다.
* 이들 조사는 종종 오히려 여론을 잘못 호도한다.

34 재다(측정하다)

measurer ←	**measure** →	measurable →	measurement
	=		
	gauge →	gauge board	
	=		
	weigh →	weight	
	=		
	sound →	soundless	
	=		
surveyor ←	**survey**		cf. ruler - balance

* measure [méʒər]   * gauge [géidʒ]   * weigh [wei]
* sound [saund]   * survey [sə́ːrvei]

계량기, 재는 사람 ←	측정(측량)(하다) ⇒	잴 수 있는 ⇒	측정, 측량
	측정(평가)하다 ⇒	계기판	
	무게를 달다 ⇒	무게, 중량/중요성	
	수심을 재다 /소리	깊이를 질 수 없는/소리가 나지 않는	
측량기사, 조사관 ←	개관하다/측량(조사)하다	cf. 자 - 저울	

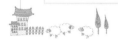

UpGrade 확인학습

* We **measure** distance by the mile and yard.
* What can we **gauge** the strength of the wind with?
* The boy **weighed** himself on the scale.
* Astronauts in space have no **weight**.
* A recent **survey** showed 85% of those questioned were in favor of the project.

---

* 우리는 마일과 야드로 거리를 측정한다.
* 우리는 바람의 세기를 무엇으로 측정할 수 있는가?
* 그 소년은 저울로 몸무게를 쟀다.
* 우주에 있는 우주비행사는 무게가 없다(=무중력 상태이다).
* 최근 조사에 의하면 질문받은 사람들의 85%가 그 계획에 찬성을 했다.

Spider English

35 정확하다

핵심정리

incorrect	⇔	**correct**	➡	correctly	➡	correction
						‖
inaccurate	⇔	**accurate**	➡			accuracy
		‖				
		exact	➡	exactly	➡	exactness
		‖		‖		‖
		precise	➡	precisely	➡	precision

* correct [kərékt]   * accurate [ǽkjurit]   * exact [igzǽkt]
* precise [prisáis]   * precision [prisíʒən]   * accuracy [ǽkjurəsi]

옳지 않은, 틀린	⇔	올바른 / 고치다	➡	올바르게, 정확하게	➡	정정, 수정
부정확한, 틀린	⇔	정확한, 틀림없는			➡	정확, 확실
		정확한, 틀림없는	➡	정확히 / 바로 그렇습니다	➡	정확, 엄격
		정확한, 명확한	➡	정확히, 정밀하게	➡	정확, 정밀(도)

 UpGrade 확인학습

* He seems to know the **correct** answer.
* The teacher **corrected** mistakes in my composition.
* He couldn't state the number with **accuracy**.
* He searched his vocabulary for the **exact** word to define his feelings.
* It's difficult to know **preciously** how much impact the changes will have.

* 그는 정답을 알고 있는 것 같다.
* 선생님이 나의 작문에서 틀린 부분들을 정정해 주셨다.
* 그는 숫자를 정확하게 말할 수 없었다.
* 그는 자신의 감정을 정의할 수 있는 정확한 단어를 찾기 위해 자기가 아는 어휘를 찾아보았다.
* 그 변화들이 얼마나 많은 충격을 줄 것인지 정확히 알기는 어렵다.

36 조화, 일치

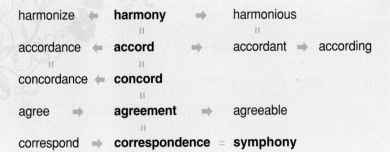

* harmony [háːrməni] * harmonious [haːrmóuniəs]
* accord [əkɔ́ːrd] [ac(to)+cord(mind) ⇨ 마음의 방향으로]
* concord [kánkɔːrd] [con(together)+cord(mind) ⇨ 마음을 함께하다]
* agree [əgríː] * correspond [kàrispánd] * symphony [símpəni]

조화(화합)시키다	⇐	조화, 일치	⇒	화합한, 잘 조화된	
일치, 조화	⇐	조화되다, 일치하다	⇒	일치한, 합치한	~에 따라서
일치, 조화	⇐	일치, 합치, 조화			
일치(화합, 동의)하다	⇐	일치, 화합 / 약속	⇒	기분 좋은 / 적합한	
부합(일치, 상응)하다	⇒	일치, 조화 /편지왕래	=	교향곡 / 조화, 화음	

 UpGrade 확인학습

* The new offices **harmonize** with the other buildings in the area.
* I do believe it is possible for different ethnic groups to live together in **harmony**.
* What you are doing is not in **accord** with what you have said.
* We are in complete **agreement** on this point.
* His words and actions don't **correspond**.

* 새로운 사무실들이 이 지역의 다른 빌딩들과 조화를 이루고 있다.
* 나는 다른 인종 그룹들이 조화롭게 함께 살아갈 수 있다고 진정으로 믿고 있다.
* 당신이 하고 있는 것은 당신이 말해 온 것과는 일치하지 않는다.
* 우리는 이 점에서 완전히 의견이 일치하고 있다.
* 그는 언행이 일치하지 않는다.

* **ethnic** [éθnik] 인종의, 민족의 / 민족특유의

225

핵심정리

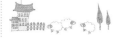

majority	◄	**major**	⇔	minor	➡	minority
		=				
		main	➡	mainly	➡	mainstream
		=		=		
leading	=	**chief**	➡	chiefly		
		=				
		principal	➡	principally		cf. principle

* major [méidʒər]   * majority [mədʒɔ́:riti]   * minor [máinər]
* minority [maináriti, mainɔ́:-]   * mainstream [méinstrì:m]   * chief [tʃi:f]
* principal [prínsipəl]   * principle [prínsəpl]

대다수, 대부분	◄	큰 쪽의 / 대부분의	⇔	작은 편의	➡	소수 / 미성년
		주된, 주요한	➡	주로, 대부분	➡	주류 主流
주요한, 주된/지도	=	주요한, 제1위의 / 장	➡	주로, 대체로		
		주요한, 으뜸가는/교장	➡	주로, 대체로		cf. 원리, 원칙

UpGrade 확인학습

* The **major** part of his income is spent on cars.
* He played only a **minor** part in the play.
* The **main** point is that it lasts for a long time.
* His country is one of the **chief** sources of cocaine.

* 그의 수입의 대부분은 자동차에 사용된다.
* 그는 그 연극에서 단지 중요치 않은 역할을 맡았다.
* 중요한 것은 그것이 오랫동안 계속된다는 것이다.
* 그의 나라는 중요한 코카인 공급처 중의 하나이다.

38 중요

importance	→	**important**				
‖		‖				
		momentous	←	moment	→	momentary
		ꓲ				
consequence	→	consequent	→	consequently		
		ꓲ				
essence	→	**essential**	→	essentially		
		⇕				
		trivial				
		‖				
worth	→	**worthless**	→	worthy		

* importance [impɔ́:rtəns]   * moment [móumənt]   * momentous [mouméntəs]
* consequence [kánsəkwéns]   * essence [ésens]   * essential [isénʃəl]
* trivial [tríviəl]   * worthless [wɔ́:rθlis]

중요(중대)	→	중요한, 중대한				
		중대한, 중요한	←	순간, 중요성	→	순식간의, 덧없는
결과, 결론, **중요(대)성**	→	결과의, 당연한	→	따라서, 그 결과로서		
본질, 정수, 엑기스	→	본질적인, 필수적인	→	본질상, 본질적으로		
		하찮은, 사소한, 진부한				
가치, 중요성	→	가치 없는, 무익한	⇔	가치 있는, 훌륭한		

 UpGrade 확인학습

* The accident taught him an **important** lesson.
* There are a lot of things to do, but this is a mater of the greatest **moment**.
* I don't suppose that it is of any **consequence** now.
* It is **essential** that our pilots are given the best possible training.
* We have to decide what is **important** or **trivial** in life.

....

* 그 사건은 그에게 중요한 교훈을 가르쳐주었다.
* 할 일은 많지만 이것이 가장 중요한 문제이다.
* 나는 그것이 지금 중요하다고는 생각지 않는다.
* 우리 조종사들에게 가능한 한 최고의 훈련을 제공하는 것이 긴요하다.
* 우리는 삶에서 무엇이 중요하고 무엇이 사소한 것인지 결정해야만 한다.

39 진실 - 거짓

truly ⇐	**true** ⇔	untrue ⇒	truth ⇔	untruth
	=			
really ⇐	**real** ⇒	reality ⇒	realize ⇒	realization
	=			
genuinely ⇐	**genuine** =	**authentic**		
	false ⇒	falsify ⇒	falsehood	
	lie ⇒	liar ⇒	lying	
cf. fabulous		**fabricate** ⇒	fabrication	

* truth [tru:θ]   * reality [ri:ǽliti]   * realize [rí:əlàiz]
* genunie [dʒénjuin]   * false [fɔ:ls]   * liar [láiər]
* fabricate [fǽbrikèit]   * fabulous [fǽbjuləs]

진실로, 성실하게 ⇐	참된, 진실의/성실한 ⇔	거짓의, 허위의 ⇒	진리, 참/성실 ⇔	허위, 거짓
정말로, 실제로	진짜의, 현실의 ⇒	진실, 현실, 사실 ⇒	실감(실현)하다 ⇒	실감, 실현
진정으로, 성실하게 ⇐	진짜의/진심의, 참된 =	진정한, 진짜의		
	틀린, 그릇된, 거짓의 ⇒	속이다, 왜곡하다 ⇒	거짓(말), 허위	
	거짓말(하다) ⇒	거짓말쟁이 ⇒	거짓말/거짓의	
cf. 거짓말 같은, 믿어지지 않는	만들다/꾸며내다 ⇒	제작, 제조/거짓말, 위조		

UpGrade 확인학습

* It's **true** that she knows a lot about cooking.
* It is important to state facts **truly**.
* The statement may be **true** or **false**.
* You would be punished to tell a **falsehood**.
* The painting was a **genuine** Constable.

* 그녀가 요리에 관하여 많이 알고 있다는 것은 사실이다.
* 사실을 성실하게 진술하는 것이 중요하다.
* 그 진술은 사실일 수도 있고 거짓일 수도 있다.
* 너는 거짓을 말하면 벌을 받을 것이다.
* 그 그림은 진짜 콘스타블 작품이었다.

40 충분

핵심정리

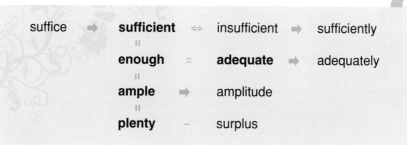

suffice ⇒	**sufficient** ⇔	insufficient ⇒	sufficiently
‖			
enough =	**adequate** ⇒	adequately	
‖			
ample ⇒	amplitude		
‖			
plenty －	surplus		

* suffice [səfáis]   * sufficient [səfíʃənt]   * adequate [ǽdikwit]
* ample [ǽmpl]   * plenty [plénti]   * surplus [sə́:rplʌs]
* amplitude [ǽmplətjù:d]

충분하다 ⇒	충분(충족)한 ⇔	불충분한, 부족한 ⇒	충분히, 충족하게
	충분(한, 히) =	충분한, 적당한 ⇒	적당히, 충분히
	충분한, 넉넉한 ⇒	충분함, 풍부	
	충분(한), 많은 －	나머지, 여분, 잉여	

 UpGrade 확인학습

* Thirty dollars will **suffice** for the purpose.
* That's not **sufficient** to feed a hundred men.
* The space available is not **adequate** for our needs.
* He was kind **enough** to help me.
* Another three men are **ample** for the work.

* 그 목적에는 30달러면 충분하다.
* 그것으론 100명을 먹이기에 충분하지 않다.
* 이용가능한 공간이 우리가 필요로 하는 만큼 충분하지 못하다.
* 그는 친절하게 나를 도와주었다.
* 또 다른 세 명이면 그 일에 충분하다.

영어 정복 Blue

핵심정리

41 충성 – 배반(반역)

fidelity	=	**loyalty**	←	loyal		
		‖		‖		
faithfulness	←	**faith**	⇒	faithful	⇒ faithless ⇒ faithfully
		‖		‖		
		allegiance	⇒	allegiant		

betrayal	←	**betray**	⇒	betrayer	
		treason	⇒	treasonable	
		revolt	⇒	revolter	
		rebel	⇒	rebellion	⇒ rebellious

* fidelity [fidéliti]   * loyalty [lɔ́iəlti]   * faith [feiθ]   * allegiance [əlí:dʒəns]
* betray [bitréi]   * treason [trí:zn]   * revolt [rivóult]   * rebel [rébəl]
* rebellion [rivéljən]

충성, 충실	=	충의, 충성	←	충성스러운, 충실한		
성실, 충실	←	신용, 충성	⇒	성실한, 충실한 ⇒ 신의 없는, 불성실한 ⇒ 충실하게, 성실히
		충성, 충의	⇒	충성을 다하는		

배반, 배신, 밀고	←	배반하다	⇒	매국노, 배신자	
		반역, 대역/배반	⇒	반역의, 대역의	
		반박, 반란, 폭동	⇒	반란자, 반항자	
		반역(반란)(하다)/반역자	⇒	모반, 반란, 폭동 ⇒ 반란(반항)하는

UpGrade 확인학습

* He was accused of **betraying** his country during the war.
* He wanted to be **loyal** to his firm, but he also wanted to be **loyal** to his family.
* The friend turned out to be **faithless** in the end.
* The **fidelity** of the servant to his master was praiseworthy.

* 그는 전쟁 중에 조국을 배신했다고 고소당했다.
* 그는 회사에 충성하고 싶었지만 가족에게도 충실하고 싶었다.
* 그 친구는 결국 신의가 없음이 판명되었다.
* 그 하인의 주인에 대한 충성심은 칭찬할만하다.

42 크다 – 작다

핵심정리

	크다(넓다, 많다)	작다(좁다, 적다)	파생관계
형상	big (일반적) large (감정 x) great (위대함 암시)	small	enlarge (확대하다)
거대	large gigantic immense	small tiny	
광대	spacious extensive broad vast	small (좁다) narrow (좁다)	space (우주, 공간) extend (늘리다) breadth (폭, 넓이) vastness (광대)
덩치	bulky massive	small	bulk (크기, 부피, 용적) mass (덩어리, 부피)
마음	broad-minded	narrow-minded small-minded	
소리	loud	low (낮다) small (작다)	
수량	large	few, little	
신장	tall	short	

* enlarge [en(make)+large ⇨ 크게 만들다]   * spacious [spéiʃəs]
* gigantic [dʒaigǽntik]   * tiny [táini]   * extend [iksténd]

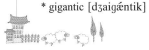 

UpGrade 확인학습

* She had **large** black eyes and blonde hair.
* We had some of our wedding photos **enlarged**.
* She was rather **small** in stature.
* She started to put on weight and grow **taller**.
* The more Tom drank, the **louder** he became.

-----

* 그녀는 크고 검은 눈과 금발의 소유자였다.
* 우리는 결혼사진 몇 장을 확대시켰다.
* 그녀는 신장이 좀 작았다.
* 그녀는 몸무게가 늘고 키가 자라기 시작했다.
* 탐은 많이 마시면 마실수록 목소리가 더 커졌다.

231

43 포함하다 – 배제하다

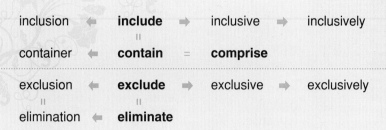

inclusion	←	**include**	→	inclusive	→	inclusively
		‖				
container	←	**contain**	=	**comprise**		
exclusion	←	**exclude**	→	exclusive	→	exclusively
		‖				
elimination	←	**eliminate**				
		‖				
removal	←	**remove**	→	removed		

* include [inklú:d] * container [kəntéinər] * comprise [kəmpráiz]
* exclude [iksklú:d] * eliminate [ilímənèit] * remove [rimú:v]

포함, 포괄	←	포함(함유)하다	→	포함하여, 함께	→	전부 통틀어
그릇, 용기	←	포함하다/억누르다	=	포함하다, 구성되다		
제외, 배제	←	차단하다, 배제하다	→	배타적인 독점적인	→	배타(독점)적으로
제거, 삭제, 배제	←	제거(삭제, 배출)하다				
제거, 철거/이동	←	제거하다, 벗기다	→	동떨어진, ~과 다른		

 **UpGrade 확인학습**

* There are six of us in the house, **including** a maid.
* The price is 10 dollars, **inclusive of** tax.
* This pitcher **contains** two liters of milk.
* The first part is **comprised of** 10 chapters.
* You had better **exclude** the matter from the consideration.
* Credit cards **eliminate** the need to carry a lot of cash.

* 우리집에는 하녀를 포함 6명이 있다.
* 가격은 세금 포함 10달러입니다.
* 이 주전자는 2리터의 우유를 담을 수 있습니다.
* 1부는 15장으로 구성되어 있다.
* 그 문제는 고려에서 제외하는 것이 좋겠습니다.
* 신용카드 때문에 많은 현금을 가지고 다닐 필요가 없어졌습니다.

44 필요하다

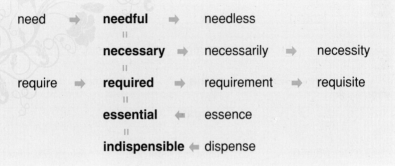

need	→	**needful**	→	needless		
		‖				
		necessary	→	necessarily	→	necessity
		‖				
require	→	**required**	→	requirement	→	requisite
		‖				
		essential	←	essence		
		‖				
		indispensible	←	dispense		

* needful [ní:dfəl]   * necessary [nésisèri]   * require [rikwáiər]
* essence [ésns]   * essential [isénʃəl]   * dispense [dispéns]
* requisite [rékwəzit]   * indispensible [ìndispénsəbl]

필요(로하다)	→	필요한, 소용되는	→	불필요한, 쓸 데 없는		
		필요한, 필연적인	→	반드시, 필연적으로	→	필요(성), 필연
필요로 하다/요구하다	→	필수의	→	필요조건, 자격	→	필수의 / 필수 조건
		본질(필수)적인	←	본질, 정수 / 에센스		
		필요 불가결한	←	면제하다 / 조제하다		

 UpGrade 확인학습

* My car **needs** repairing.
* It is **necessary** for you to do it.
* **Necessity** is the mother of invention.
* The contract **requires** that we should finish the work in a week.
* Love of knowledge is a **requisite** for a university student.

---

* 내 차는 수리할 필요가 있다.
* 당신이 그것을 할 필요가 있습니다.
* 필요는 발명의 어머니이다.
* 그 계약서에 따르면 우리는 그 일을 일주일 내에 끝내야 한다.
* 지식욕은 대학생이 갖추어야할 필수 요건이다.

핵심정리

45 한계

limited ←	**limit** →	limitless →	limitation
	‖		
	margin →	marginal	
	‖		
unbounded ←	**bound** =	**boundary**	
	‖		
	compass		

* limit [límit]   * limitation [lìmitéiʃən]   * margin [má:rdʒin]
* boundary [báundəri]   * compass [kʌ́mpəs]   * unbounded [ʌnbáundid]

제한(한정)된 ←	한계, 경계 / 제한하다 →	제한 없는, 무기한의 →	제한, 한정, 한계
	가장자리 / 한계 →	가장자리의, 한계의	
끝없는, 무한의 ←	경계(선) / 한도, 한계 =	경계(선) / 한계, 범위	
	나침반 / 범위, 한계		

UpGrade 확인학습

* She seemed to be trying her mother's patience to its **limit**.
* He seems to have only a **limited** intelligence.
* Every man has his **limitations**.
* He won the election <u>by a narrow **margin**</u>.
* He tries to enlarge the **boundaries** of his knowledge.

---

* 그녀는 어머니의 인내의 한계를 시험하고 있는 듯해 보였다.
* 그는 단지 한정된 지능을 가지고 있는 것 같다.
* 누구나 다 자신의 한계가 있다.
* 그는 <u>간신히</u> 선거에 이겼다.
* 그는 자신의 지식의 한계를 넓히려고 애쓴다.

46 확실하다

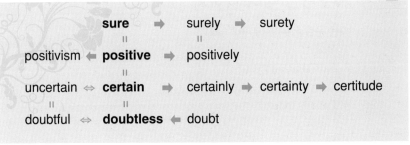

```
                    sure    ➡    surely  ➡  surety
                     ‖              ‖
   positivism  ⬅  positive  ➡  positively
                     ‖
   uncertain ⬌ certain  ➡  certainly ➡ certainty ➡ certitude
        ‖            ‖
   doubtful ⬌ doubtless  ⬅  doubt
```

* surety [ʃúərti]   * positive [pázətiv]   * certain [sə́:rtn]
* certitude [sə́:rtitjùːd]   * doubt [daut]

	확실한, 틀림없는 ➡ 확실히, 꼭/단단히 ➡	보증, 담보
실증주의 ⬅	명확한, 긍정적인 ➡ 명확하게, 긍정적으로	
불확실한, 의심스러운 ⬌	틀림없는, 확실한 ➡ 틀림없이, 확실히 ➡	확신, 확실 ➡ 확신, 확실(성)
의심스러운, 불확실한 ⬌	의심할 여지없는, 확실한 ⬅ 의심, 의혹 / 의심하다	

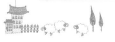

 UpGrade 확인학습

* I am **positive** that you will soon get well.
* Ellie was a student at the university, but I'm not **certain** about her brother.
* There was a lack of **certainty** about what to do next.
* She hesitated, **uncertain** whether to continue.
* The witness testified with **certainty** that he was the criminal.
* Frank has no **doubt** about the outcome of the trial.

* 나는 당신이 곧 회복될 것이라고 확신한다.
* 엘리는 대학생이었지만 그녀의 동생에 대해선 확신하지 못하겠다.
* 다음에 무엇을 할 것인가에 대해서 확실성이 결여되어 있었다.
* 그녀는 계속할 것인지 확신이 서지 않아서 주저했다.
* 증인은 확신을 가지고 그가 범인이었다고 증언했다.
* 프랭크는 재판의 결과에 대해서 조금도 의심을 품고 있지 않다.

✳ 사오정의 영어 답안지

다음 문장을 우리말로 옮기시오.

1. Yes, I can.
2. I am fine, and you?
3. See you later!
4. Love is long.
5. I am sorry.
6. May I help you?
7. What is your name?
8. Nice to meet you!
9. How do you do?
10. Are you cold?

〈답〉 1. 오냐, 난 깡통이다.   2. 나는 파인 쥬스, 너는?   3. 두고보자!
　　 4. 사랑이지롱!   5. 나는 소리다.   6. 5월에 내가 너를 도와줄까?
　　 7. 왓이 너의 이름이니?   8. 오냐, 너 잘 만났다.
　　 9. 네가 어떻게 그럴 수 있니?   10. 아유 추워?

✳ 닭의 세계

세상에서 가장 빠른 닭은 ?　　　　　**후다닭**
가장 야한 닭은 ?　　　　　　　　**홀닭**
가장 비싼 닭은 ?　　　　　　　　**코스닭**
가장 성질 급한 닭은 ?　　　　　　**꼴까닭**
정신을 놓아버린 닭은 ?　　　　　　**헤까닭**
세상에서 가장 야한 수탉은 ?　　　　**발닭**

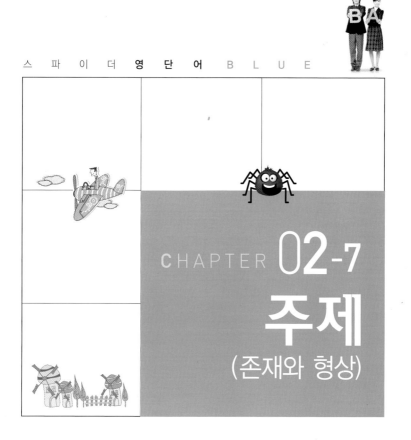

CHAPTER 02-7

주제

(존재와 형상)

01 감각

핵심정리

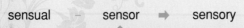

sensual	–	sensor	➡	sensory		
sensible ⬅	**sense**	➡	**sensitive**	➡	sensitivity	
insensible	⇕		insensitive	➡	insensitivity

nonsense
⬇
sensation ➡ sensational ➡ sensationalism

* sensual [sénʃuəl]   * sensory [sénsəri]   * sensible [sénsəbl]
* sensitive [sénsətiv]   * nonsense [nánsens]   * sensation [senséiʃən]

육욕의, 관능적인	–	감지장치, 센서	➡	감각(상)의, 지각의		
양식(분별) 있는	⬅	의미 / 감각, 관능		민감한, 섬세한	➡	민감, 감수성
무감각한, 무관심한				무감각한, 둔감한	➡	무감각, 둔감
		무의미, 어리석음				
		감각, 지각 / 대사건	➡	지각(감각)의	➡	선정주의, 관능주의

UpGrade 확인학습

* He had the **sense** that his child was in danger.
* How **sensible** she is to keep out of his way !
* The skin is **sensitive** to cold.
* She had the **sensation** that she had done all this before.
* He is talking utter **nonsense** as usual.

* 그는 자기 자식이 위험에 처했다는 느낌이 들었다.
* 그를 피하다니 그녀는 얼마나 현명한가!
* 피부는 추위에 민감하다.
* 그녀는 전에 이 모든 일을 했었다는 느낌이 들었다.
* 그는 여느 때처럼 쓸 데 없는 소리만 지껄이고 있다.

02 날카롭다 – 무디다

핵심정리

sharpener	←	sharpen	←	**sharp**	→	sharply
				‖		‖
				keen	→	keenly
				‖		‖
		cutting	=	**acute**	→	acutely
		⇕		⇕		⇕
		dull	=	**blunt**	→	bluntly

* sharpen [ʃáːrpən]   * keen [kiːn]   * acute [əkjúːt]   * blunt [blʌnt]

가는(깎는)사람(것)	←	갈다, 날카롭게 하다	←	날카로운, 예리한	→	날카롭게, 급하게
				날카로운, 예리한/갈다	→	날카롭게, 통렬하게
		자르기/예리한, 날카로운	=	날카로운/격렬한	→	날카롭게, 격렬하게
		무딘, 둔한/무디게 하다	=	무딘/통명스런	→	무디게/무뚝뚝하게

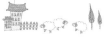

UpGrade 확인학습

* Children had better not play with a knife with a **sharp** edge.
* This knife needs **sharpening**.
* I got a cut on the thumb with a **keen** edge of razor.
* A pine tree has **acute** leaves.
* This knife is too **blunt** to be of any service.
* You can't peel an apple with such a **dull** knife.
* Sorrow is **dulled** by the passage of time.

---

* 아이들은 날카로운 날이 있는 칼을 가지고 놀지 않는 게 좋다.
* 이 칼은 갈아야겠다.
* 나는 날카로운 면도날에 엄지손가락을 베었다.
* 소나무는 끝이 뾰족한 잎을 가지고 있다.
* 아 칼은 너무 무뎌서 아무 쓸모가 없다.
* 그런 무딘 칼로는 사과의 껍질을 베낄 수 없다.
* 슬픔은 시간이 흐르면 무디어진다.

03 마시다

		imbibe	
		‖	
drunkard ←	drunken ←	**drink** ➡	drinking
		‖	
		swallow	
		‖	
	guzzle =	**gulp** =	**swig**
beverage : liquor =	intoxicant =	spirits =	drinks

* imbibe [imbáib]   * drunkard [drʌ́ŋkərd]   * swallow [swálou]
* guzzle [gʌ́zl]   * gulp [gʌ́lp]   * swig [swig]
* beverage [bévəridʒ]   * liquor [líkər]   * intoxicant [intáksikənt]

		마시다/흡수하다	
술고래 ←	술취한, 만취한 ←	마시다 ➡	음주, 마시기
		꿀꺽 들이키다/꿀떡 삼키다/제비	
	폭음하다/게걸스레 먹다 =	꿀꺽꿀꺽 마시다 =	마구 들이키다
주류(음료) : 술, 알코올 =	술, 마약 =	주정, 알코올 =	음료, 주류

* They were used to **imbibing** enormous quantities of alcohol every night.
* Let's **drink** to his success.
* I advise you to give up **drinking** for your health.
* He **swallowed** the last of his coffee and asked for the bill.
* He **gulped** down his drink and made a hasty exit.
* Milk, coffee, beer, and wine are **beverages**.

* 그들은 매일 밤 엄청나게 많은 술을 마시는데 익숙해 있었다.
* 그의 성공을 위하여 건배하자.
* 당신의 건강을 위하여 금주를 권합니다.
* 그는 남은 커피를 꿀꺽 삼키고는 계산서를 청했다.
* 그는 음료수를 꿀꺽 마시고는 서둘러 떠났다.
* 우유, 커피, 맥주와 포도주는 마실 것이다.

04 먹다 – 굶다

inedible ⇔ edible = eatable ← **eat** = **devour**

starve ➡ starvation
〓
hunger ➡ hungry ⇔ full
〓
famish ➡ famine
|
gourmet = gourmand = glutton ➡ gluttonous

meal : breakfast – lunch – luncheon – supper – dinner ← dine

* devour [diváuər]   * starve [staːrv]   * starvation [staːrvéiʃən]
* hunger [hʌ́ŋgər]   * famish [fǽmiʃ]   * famine [fǽmin]
* gourmet [guərméi]   * gourmand [guərmáːnd]   * glutton [glʌ́tn]
* gluttonous [glʌ́tənəs]   * luncheon [lʌ́ntʃən]   * edible [édəbl]

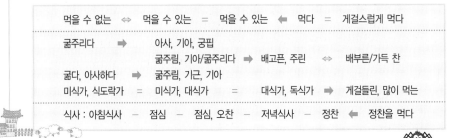

먹을 수 없는 ⇔ 먹을 수 있는 = 먹을 수 있는 ← 먹다 = 게걸스럽게 먹다

굶주리다 ➡ 아사, 기아, 궁핍
굶주림, 기아/굶주리다 ➡ 배고픈, 주린 ⇔ 배부른/가득 찬
굶다, 아사하다 ➡ 굶주림, 기근, 기아
미식가, 식도락가 = 미식가, 대식가 = 대식가, 독식가 ➡ 게걸들린, 많이 먹는
식사 : 아침식사 – 점심 – 점심, 오찬 – 저녁식사 – 정찬 ← 정찬을 먹다

 UpGrade 확인학습

* They'll die from the cold or **starve** to death.
* Thousands of people are dying from **hunger** every day.
* Widespread **famine** has triggered a number of violent protests.
* The shop is offering **gourmet** takeout for **time-starved** people.
* They would **dine out** together once a month.

* 그들은 추위로 죽거나 굶어 죽을 것이다.
* 매일 수천 명의 사람들이 굶주려 죽어가고 있다.
* 광범위한 기근이 폭력적인 항의를 수없이 촉발했다.
* 그 상점은 시간에 쫓기는 사람들을 위하여 미식가 포장요리를 제공하고 있다.
* 그들은 한 달에 한 번 같이 외식을 하곤 했다.

05 번영 – 쇠퇴

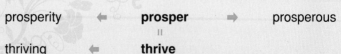

prosperity ←	**prosper** →	prosperous
thriving ←	**thrive**	
=	=	
flourishing ←	**flourish**	

	decline →		declining
	=		
decadence ←	**decay** =	**fall**	
	deteriorate →		deterioration

* prosper [práspər]   * prosperity [praspériti]   * thrive [θráiv]
* flourish [flɔ́:riʃ]   * decline [dikláin]   * decay [dikéi]
* decadence [dékədəns]   * deteriorate [ditíriərèit]   * deterioration [ditìəriəréiʃən]

번영, 번창, 성공 ←	번영(번창, 성공)하다 →	번영(번창)하고 있는, 성공한
번영하는, 변화한 ←	번영(성공)하다	
번영하는, 무성한 ←	번영(번성, 번창)하다	

	쇠퇴(타락, 거절)하다 →	기우는, 쇠퇴하는
타락, 쇠퇴, 방종 ←	쇠퇴(타락)하다, 부식하다 =	악화(쇠락, 몰락)(하다)
	악화(타락)하다 →	악화, 하락, 퇴보

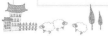 UpGrade 확인학습

* The wicked **fall** and the good **prosper**.
* Experts are predicting the **prosperity** of the industry.
* A business cannot **thrive** without good management.
* Parliamentary democracy cannot possibly **flourish** in such circumstances.
* Her health has been **declining** progressively for several months.

* 사악한 자들은 몰락하고 선한 사람들은 번영한다.
* 전문가들은 그 산업의 번영을 예언하고 있다.
* 경영이 좋지 않으면 사업은 성공할 수 없다.
* 의회 민주주의는 그런 상황에서는 도저히 번성할 수 없다.
* 그녀의 건강이 몇 달 동안 점점 악화되고 있다.

06 빛과 그림자

enlightenment	←	**enlighten**	→	enlightened		
lightning	←	**lighten**	→	lighting		
lighter	←	**light**	→	unlighted	→	lightness
shady	←	**shade**	→	shadeless		
shadowy	←	**shadow**	→	shadowless		
		overshadow				

* enlighten [inláitn] [en(into)+light(빛)+en ⇨ 빛 속으로 던져 넣다] 계몽하다, 설명하다
* shade [ʃeid]　　　* shadow [ʃǽdou]
* overshadow [òuvərʃǽdou] [over+shadow ⇨ 위쪽에 그림자를 던지다]

계발, 교화, 개화	←	계몽하다. 설명하다	→	계몽된, 문명의		
번개	←	밝게 하다, 비추다	→	조명(장치), 점화, 점등		
라이터, 점화(등)기	←	빛, 광선/기벼운	→	불을 켜지 않은	→	밝음, 밝기/연함
그늘진, 응달진	←	그늘, 응달, 어스름	→	그늘이 없는		
그림자 같은, 어두운	←	그림자, 응달, 그늘	→	그늘이 없는		
		빛을 잃게 하다, 그늘지게 하다				

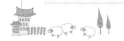

 UpGrade 확인학습

* All colors depend on **light**.
* The tree was struck by **lightning**.
* Please **enlighten** me on the point.
* The tree makes a pleasant **shade**.
* May your **shadow** never grow less.

* 모든 색은 빛에 의존하여 존재한다.
* 그 나무에 벼락이 떨어졌다.
* 그 점에 관해서 설명해 주십시오.
* 그 나무는 기분 좋은 그늘을 만들어 준다.
* 더욱 더 번영하시기를 빕니다! (⇐ 당신의 그늘이 작아지지 않기를 빕니다!)

243

핵심정리

07 성격(개성) – 특성

| **character** | ⇒ | characteristic | ⇒ | characterize |

| person | ⇒ | **personality** | ⇒ | personal | ⇔ | impersonal |

| individual | ⇒ | **individuality** | ⇒ | individualism |

* character [kǽriktər]　　* person [pə́:rsn]　　* personality [pə̀:rs(ə)nǽliti]
* individual [ìndivídʒuəl]　　* individuality [ìndivìdʒuǽliti]

성격, 개성 / 특징 ⇒ 특유의, 독특한 / 특성 ⇒ 특색을 이루다, 특성을 나타내다
사람 / 인물 / 신체 ⇒ 개성, 인격, 성품 ⇒ 개인의, 사사로운 ⇔ 인격이 없는, 비인간적인
개인(의) / 개성적인 ⇒ 개성 / 개인 ⇒ 개인주의

* **quality** : 사람이나 사물의 성질, 행동을 좌우하는 특성 (성질, 품질)
* **property** : 어떤 종류에 공통적이고 본질적인 특성 (고유성)
* **character** : 다른 것과 구별되는 독특한 특성 (성격)
* **nature** : 본래 갖추고 있는 갖가지 특성 (본성)
* **attribute** : 당연히 갖추고 있는 것으로 간주되는 특성 (속성)

* **quality** [kwáləti]　　* **property** [prápərti]　　* **attribute** [ǽtrəbjù:t]

 **UpGrade** 확인학습

* He is truly a man of lovable **character**.
* Ambition is a **characteristic** of all successful businessmen.
* I have the belief that the environment shapes **personality**.
* Sometimes she seems an **impersonal**, even unkind mother.
* The thing that makes us so interesting is our **individuality**.

* 그는 정말로 매력적인 성격의 사람이다.
* 야망은 모든 성공하는 사업가들의 특징이다.
* 나는 환경이 인격을 형성한다는 믿음을 가지고 있다.
* 때때로 그녀는 비인간적이고 심지어는 불친절한 엄마처럼 보인다.
* 우리를 그렇게 흥미롭게 하는 것은 우리의 개성이다.

08 순환계

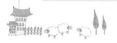

circulate ➡ circulation

bloodshed ⬅ bloody ⬅ **blood** ➡ bleed ➡ bleeding

heart ➡ heartache ➡ heartbeat ➡ heartbreak

vessel — **artery** ⬌ **vein**

* circulate [sɔ́:rkjulèit]   * bloodshed [blʌ́dʃèd]   * bleed [bli:d]   * heartache [há:rtèik]
* heartbeat [há:rtbì:t]   * vessel [vesl]   * artery [á:rtəri]   * vein [vein]

		돌다, 순환하다 ➡	운행, 순환, 유통	
유혈/살해 ⬅	피투성이의, 유혈의 ⬅	피, 혈액, 수액 ➡	출혈하다 ➡	출혈(하는)
심장, 마음 ➡	심장의 아픔, 비탄 ➡	심장의 고동 ➡	비탄, 단장의 슬픔	
	관쓸 / 배 / 용기 —	동맥 ⬌	정맥	

UpGrade 확인학습

* Hot water **circulates** through these pipes.
* His foot began to **bleed**.
* Has the **bleeding** stopped ?
* His right hand is covered with **blood**.
* Blood **vessels** are comprised of **arteries** and **veins**.

---

* 온수는 이 파이프들을 통해서 순환한다.
* 그의 발에서 피가 나기 시작했다.
* 출혈이 멈추었나요?
* 그의 오른손은 피투성이다.
* 혈관은 동맥과 정맥으로 이루어져 있다.

09 시간 – 공간

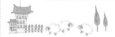

timetable ← **time** → timely → timesaving → time lag

spacious ← **space** → spatial → spaceship

room   cf. dimension

infinite → infinitely → infinity

* timetable [táimtèibl]   * space [speis]   * spatial [spéiʃəl]
* infinity [ínfinit]   * infinity [infíniti]   * dimension [diménʃən]

시간표/예정표 ← 시간, 때/시각 → 때맞춘, 적시의 → 시간절약의 → 시차
넓디넓은, 광대한 ← 공간, 우주/여지 → 공간의, 장소의 → 우주선
방/장소, 공간/여지   cf. 차원
무한한/무한의 공간 → 무한히, 매우 → 무한, 무궁/무한의 공간

UpGrade 확인학습

* The world exists in **time** and **space**.
* But for your **timely** help, I couldn't have succeed.
* Your **timesaving** idea saved us two days.
* There should be more **space** between the houses.
* There wasn't enough **room** for everyone.

* 세계는 시간과 공간 속에 존재한다.
* 당신의 시의 적절한 도움이 없었다면 나는 성공할 수 없었을 것이다.
* 너의 시간을 절약하는 아이디어로 이틀의 시간을 벌었다.
* 집들 사이에 더 많은 공간이 있어야 한다.
* 모두에게 충분한 공간은 없었다.

10 시간의 흐름

	past	=	**bygone**			
current	=	**present**	⇒	presently	⇒	present-day
	future	⇒	futureless	⇒	future shock	
anciently	⇐	**ancient**	=	**immemorial**		
recently	⇐	**recent**	=	**latest**	⇒	lately = of late
	modern	⇒	modernize	⇒	modernization	

* bygone [báigɔ̀:n]　　　* current [kə́:rənt]　　　* future [fjú:tʃər]
* ancient [éinʃənt]　　　* recent [rí:snt]　　　* modern [mádərn, mɔ́-]
* immemorial [ìmimɔ́:riəl] [im(not)+기억의 ⇨ 기억하지 못하는] 태고의

	과거(의)	=	과거의, 지난/과거			
지금(현재)의/흐름	=	현재(의)	⇒	지금, 현재	⇒	현대의, 오늘날의
	미래(장래)(의)	⇒	미래가(장래성이) 없는	⇒	미래 충격	
옛날에는, 고대에	⇐	태고의, 먼 옛날의	=	기억이 없는, 태고의		
최근, 근래	⇐	최근의, 새로운	=	최근(최신)의	⇒	요즈음, 최근 = 최근
	근대의, 현대의	⇒	근대(현대)화 하다	⇒	근대화, 현대화	

UpGrade 확인학습

* We learn from the **past**, experience the **present** and hope for success in he **future**.
* He refused to respond to questions about his **past** business dealings.
* They look to the **future** with a certain anxiety.
* The world has greatly changed in **recent** years.
* Man has existed from time **immemorial**.
* The social problems in **modern** society are increasing.

* 우리는 과거로부터 배우고 현재를 경험하며 미래의 성공을 꿈꾼다.
* 그는 과거의 사업상 거래에 대한 질문에 답하기를 거절했다.
* 그들은 다소의 불안감을 가진 채 미래에 기대를 걸고 있다.
* 최근 몇 년간 세계는 크게 변했다.
* 인간은 태고적부터 존재했다.
* 현대사회는 사회문제들이 증가하고 있다.

11 운, 기회

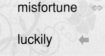

핵심정리

misfortune	⇔	**fortune**	➡	fortunate	➡	unfortunate
luckily	←	**luck**	➡	lucky	➡	unlucky
		chance	=	**break**		

opportune ← **opportunity**

occasion ➡ occasional ➡ occasionally

* fortune [fɔ́:rtʃən]　　　* fortunate [fɔ́:rtʃənət]　　　* luck [lʌk]
* chance [tʃa:ns]　　　* break [breik]　　　* opportune [ὰpərtjúːn]
* occasion [əkéiʒən]

불운, 불행	⇔	운, 행운	➡	행운의, 운이 좋은	➡	불행한
운 좋게, 다행히	←	운(수),행운	➡	운 좋은, 행운의	➡	불행한, 운 나쁜
		우연, 운/기회, 가능성	=	기회, 운/파괴, 단절		

시기가 좋은, 적절한 ← 기회, 호기
기회, 호기/때, 경우 ➡ 때때로의, 우발적인 ➡ 때때로, 가끔

UpGrade 확인학습

* She must have been in good **fortune** to win the first prize.
* It is **fortunate** that you have such good parents.
* He had the **misfortune** to break his leg during his first season.
* Would you mind giving me a **chance** to speak, please?
* I waited, hoping for an **opportune** moment to discuss the possibility of a raise.
* I'm saving this bottle of champagne for a special **occasion**.

* 그녀가 일등상을 타다니 운이 좋았음에 틀림없다.
* 그렇게도 훌륭하신 부모님이 계시니 너는 행운아다.
* 그는 불행히도 그의 첫 시즌 동안에 다리에 골절상을 입었다.
* 부디 저에게 말할 수 있는 기회를 주십시오.
* 나는 인상 가능성을 논의할 적절한 순간을 바라며 기다리고 있었다.
* 나는 특별한 기회를 위하여 이 샴페인 병을 아끼고 있습니다.

12 음식

핵심정리

```
digest     ➡  digestible  ➡  digestion ➡ digestive

inedible  ⇔  edible     ⬅  eat        ➡  eating
                                ‖
foodstuff ⬅  food       ⬅  feed       ➡  feeding  ➡  feedback

              fresh      ➡  refresh    ➡  refreshment

         nourishing  ⬅  nourish    ➡  nourishment

                          devour
```

* digest [daidʒést]   * digestion [daidʒéstʃən]   * feedback [fíːdbæk]
* foodstuff [fúːdstʌf]   * refresh [rifréʃ]   * nourish [nə́ːriʃ]
* devour [diváuər]

```
소화(요약)하다 ➡ 소화(요약)할 수 있는 ➡ 소화(작용), 이해 ➡ 소화를 돕는

먹을 수 없는 ⇔ 식용이 되는      ⬅  먹다, 식사하다  ➡  먹기, 음식(물)
식료품, 식량 ⬅ 먹을 것, 식품    ⬅  먹이다, 기르다  ➡  급식, 사육  ➡ 피드백, 귀환
            새로운, 신선한    ➡  원기를 회복시키다  ➡ 가벼운 음식물, 다과/원기회복
            자양(영양)이 되는 ⬅ 기르다, 자양분을 주다 ➡ 자양물, 음식
                            게걸스럽게 먹다
```

UpGrade 확인학습

* Soup is not drunk, but **eaten** with a spoon.
* There are lots of **edible** frogs in this district.
* **Feed** a cold and starve a fever.
* The more **feedback** we get from viewers, the better.
* Man cannot live without **food** and drink.

* 국은 마시는 것이 아니라 수저로 떠먹는 것이다.
* 이 지역에는 식용 개구리가 많이 있다.
* 감기는 먹이고 열나면 굶겨라.
* 우리는 시청자들로부터 더 많은 반응을 얻으면 얻을수록 더 좋다.
* 인간은 먹을 것과 마실 것이 없으면 살 수 없다.

13 익다

 핵
 심
정
 리

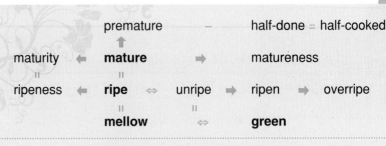

	premature	–	half-done = half-cooked
	↑		
maturity ←	**mature**	⇒	matureness
‖	‖		
ripeness ←	**ripe** ⇔ unripe ⇒	ripen ⇒	overripe
	‖ ‖		
	mellow ⇔	**green**	
	season – ferment		

* premature [prìːmətʃúər] [pre(before)+mature ⇨ (때에) 앞서 익은]
* mature [mətʃúər]   * maturity [mətʃúəriti]   * ripen [ráipən]   * mellow [mélou]
* ferment [fərmént]

	조숙한/시기상조의	–	설익은, 반숙의 = 설익은, 설구운
성숙, 원숙 ←	무르익은, 성숙한/성숙하다	⇒	성숙함, 원숙
익음, 성숙함 ←	여문, 익은 ⇔ 미숙한	⇒	익다, 성숙하다 ⇒ 너무 익은
	익은, 익어서 보드라운	⇔	녹색의/익지 않은/경험 없는
	(술을) 익히다/맛을 내다/계절	–	(술을) 발효시키다/효소

UpGrade 확인학습

* The country is still short of political **maturity**.
* Soon **ripe**, soon rotten.
* The plan is **ripe** for execution.
* Friendship often **ripens** into love.
* It is injurious to your health to eat **green** fruits.
* Processed food tend to be heavily **seasoned** with salt.

* 그 나라는 여전히 정치적 성숙도가 부족하다.
* 빨리 익으면 빨리 썩는다.
* 그 계획은 실행 시기가 무르익었다.
* 우정은 종종 애정으로 발전한다.
* 설익은 과일을 먹는 것은 건강에 해롭다.
* 가공식품은 지나치게 소금으로 간을 맞추는 경향이 있다.

14 자다 – 깨다

핵심정리

asleep ← **sleep** ➡ sleepy ➡ sleepless ➡ sleepwalker

　　　　slumber ➡ slumberland

drowse = **doze** – hibernate　　　　cf. daydream

catnap ← **nap** ⇔ **wake** = **waken**

　　　　　　　awake = **awaken** ➡ awakening

* asleep [əslíːp]　　* sleepwalker [slíːpwɔ̀ːkər]　　* slumber [slʌ́mbər]
* drowse [dráuz]　　* doze [douz]　　* hibernate [háibərnèit]　　* awake [əwéik]

잠든, (손발) 저린 ← 자다　➡　졸리는　➡　잠 못 이루는 ➡ 몽유병자
　　　　　(가벼운) 잠, 선잠 ➡ (아이들) 꿈나라
졸다, 선잠자다 = 졸다/선잠 – 동면하다　　　　　　　　cf. 백일몽
졸다, 선잠자다 ← 졸다, 선잠자다 ⇔ 깨다 = 눈을 뜨다, 자각하다
　　　　　　　　잠을 깨다(깨우다) = 깨우다 ➡ 깨우는, 각성하는

UpGrade 확인학습

* As soon as he returned home, he fell **asleep**.
* She fell into a heavy **slumber** and **slept** long and late.
* I fell into a short **doze** at about ten o'clock.
* He ate his meal and took a little **nap**.
* She **drowsed** the day off.
* Once she was **sleeping**, nothing **wakened** her.
* My first visit to a theater **awakened** an interest which never left me.

---

* 그는 집에 오자마자 잠이 들었다.
* 그는 깊은 잠에 빠져 오래 그리고 늦게까지 잤다.
* 나는 약 10시경에 잠깐 졸았다.
* 그는 식사를 하고 낮잠을 조금 잤다.
* 그녀는 온 종일 꾸벅꾸벅 졸았다.
* 일단 잠이 들면 그 어떤 것도 그녀를 깨우지 못했다.
* 극장에 처음 구경하러 갔을 때의 감흥이 언제나 나를 떠나지 않았다.

Spider English

15 자아

self-evident ← **self** → selfish ⇔ unselfish

egocentric ← **ego** → egoism → egoist → egoistic

altruism → altruist → altruistic

* self-evident [sélfévidənt]   * ego [égou]   * egocentric [ègouséntrik]
* altruist [ǽltru:ist]   * altruistic [ǽltru:ístik]

자명한	←	자기, 개성	→	이기적	⇔	이기적이 아닌, 무사한
이기적인, 자부심이 강한	←	자아, 자기	→	이기주의, 자부심	→	이기주의자 → 이기적인
				애타주의, 애타심	→	애타주의자 → 애타적인

UpGrade 확인학습

* **Self** do, **self** have.
* He acted so from **selfish** motives.
* Man can't satisfy all the desires of **ego**.
* It is the expression of **egoism** to ignore the traffic rules.
* There is a bit of difference between love and **altruism**.

* 자업자득
* 그는 이기적인 동기에서 그렇게 했다.
* 인간은 자아의 모든 욕구를 만족시킬 수 없다.
* 교통법규를 무시하는 것은 이기주의의 발로이다.
* 사랑과 애타주의에는 약간의 차이가 있다.

16 행복 – 불행

	bless	➡	**blessed**	➡	blessedness
			‖		
well-being =	**happiness**	⬅	happy	⇔	unhappy
	‖		‖		
felicity =	**bliss**	➡	blissful		
	⇕		⇕		
miser ➡	**misery**	➡	miserable	➡	miserably

* bless [bless]　　　　* blessed [blésid]　　　　* well-being [wélbíːŋ]
* happiness [hǽpinis]　　* felicity [filísəti]　　* bliss [blis]
* miser [máizər] [「가련한」 뜻에서] 수전노, 구두쇠　　* miserable [mízərəbl]

	신성케(찬양)하다 ➡	행복한/신성한 ➡	행복, 행운
행복, 안녕, 복지 =	행복, 행운 ⬅	행복한, 기쁜 ⇔	불행한, 불운한
지복, 경사 =	지복, 행복 ➡	더없이 행복한, 지복의	
구두쇠, 수전노 ➡	비참, 곤궁, 고통 ➡	불쌍한, 비참한 ➡	비참(불쌍)하게, 지독히

* They brought the children to Jesus and he **blessed** them.
* **Happily**, no one was hurt in the accident.
* Many people think that money can bring **happiness**.
* I didn't have to get up till 11 - it was sheer **bliss**.
* Competitive mothers can make their daughters' lives a **misery**.

---

* 그들이 아이들을 예수께 데려오자 예수가 그들의 축복을 빌어 주었다
* 다행히도 아무도 그 사고로 상처를 입지 않았다.
* 많은 사람들이 돈이 행복을 가져다 줄 수 있다고 생각한다.
* 나는 11시까지는 일어날 필요가 없었다 – 더없이 행복했다.
* 경쟁심이 강한 엄마들은 딸의 삶을 불행하게 만들 수 있다.

17 호흡하다

핵
심
정
리

breathing ⬅ **breathe** ➡ breath ➡ breathless ➡ breath-taking

ǁ   ǁ

respire ➡ respiration

|

gasp = **pant** = **puff** ➡ panting and puffing

|

choke

cough   –   cough syrup

---

* breath [breθ]   * breathe [briːð]   * respire [rispáiər]
* respiration [rèspəréiʃən]   * gasp [gæsp]   * pant [pænt]   * puff [pʌf]
* choke [tʃouk]

숨, 호흡(작용)/휴식 ⬅ 호흡하다/쉬다 ➡ 숨, 호흡/생기 ➡ 숨이 찬, 헐떡이는 ➡ 아슬아슬한
                        호흡하다, 숨쉬다 ➡ 호흡(작용), 한숨

헐떡거리다 = 숨차다, 헐떡거리다 = 숨을 헐떡이다/(연기)폭폭 나오다 ➡ 헐레벌떡
                          질식시키다

기침(하다), 헛기침(하다)   –   (진해) 기침약

UpGrade 확인학습

* I could smell the whisky on his **breath**.
* Let's get out and **breathe** a little country air.
* He opened the door of the apartment, a little **breathless** from climbing the stairs.
* We **respire** approximately 21,666 times a day.
* There was so much smoke that my sister started **coughing**.

---

* 나는 그의 숨결에서 위스키 냄새를 맡을 수 있었다.
* 밖으로 나가서 시골 공기를 조금 마십시다.
* 그는 계단을 오르느라 조금 헐떡이면서 아파트의 문을 열었다.
* 우리는 대략 하루에 21,666회의 호흡을 한다.
* 연기가 너무 많이 나서 누이가 기침을 하기 시작했다.

18 환상과 현실

fantastic ←	**fantasy** –	phantom
	‖	
	illusion ⇒	illusory
	‖	
visionary ←	**vision**	
	⇕	
	reality ←	real ⇒ realize
	‖	
	actuality ←	actual ⇒ actually

* fantasy [fæntəsi, -zi]　　* fantastic [fæntæstik]　　* phantom [fæntəm]
* reality [ri:ǽləti]　　　* illusion [ilú:ʒən]　　* illusory [ilú:səri]
* vision [víʒən]　　　　* actual [ǽtʃuəl]　　* actuality [ǽktʃuǽləti]

환상적인/별난, 기괴한 ←	상상, 공상, 환상 –	도깨비, 환영
	환각, 환영, 착각	착각(환상)을 일으키는/가공의
환영의, 비현실적인	시각, 시력/환영, 환상	
	진실(성), 현실(성) ←	진실의, 실제의 ⇒ 자각(실현)하다
	사실, 현실(성) ←	현실의, 실제의 ⇒ 실제로, 현재

UpGrade 확인학습

* Young children sometimes can't distinguish between **fantasy** and **reality**.
* It's a **fantastic** place, really beautiful!
* It is an **illusion** that the Arctic is dark in winter.
* She had a **vision** in which Jesus appeared before her.
* TV is used as an escape from **reality**.
* In **actuality**, our costs are higher than we thought.

----

* 어린 아이들은 때때로 가상과 현실을 구별하지 못한다.
* 환상적인 장소다, 정말 아름답다!
* 북극이 겨울에 어둡다는 것은 착각이다.
* 그녀는 환상 속에 예수가 자신의 앞에 나타나는 것을 보았다.
* TV는 현실에서의 도피처로 사용된다.
* 사실상, 비용이 우리가 생각했던 것 보다 더 많이 들어간다.

Spider English

핵

심
정

리

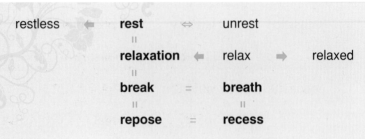

restless	←	**rest**	⇔	unrest
		‖		
		relaxation ← relax ⇒ relaxed		
		‖		
		break = **breath**		
		‖	‖	
		repose = **recess**		

* rest [rest]   * relax [riláeks]   * relaxation [rì:lækséiʃən]
* repose [ripóuz]   * recess [ríses]

불안한/휴식 없는	←	휴식, 수면, 잠	⇔	(특히 사회적) 불안, 걱정
		기분전환, 레크리에이션 ← 늦추다, 힘빼다 ⇒ 느슨한, 긴장을 푼		
		짧은 휴식, 휴게/부수다 = 한 번의 호흡/(짧은) 휴식		
		휴식, 휴양(하다) = 휴게, 휴식		

 UpGrade 확인학습

* Let's stop and take a **rest**.
* I spent a **restless** night.
* Don't **relax** in your efforts.
* Fishing and mountain-climbing are his favorite **relaxations**.
* He has been writing since 2 o'clock without a **break.**

* 중단하고 휴식을 취합시다.
* 나는 잠 못 이루는 밤을 보냈다.
* 당신의 노력을 늦추지 마시오.
* 낚시와 등산은 그가 가장 좋아하는 기분전환 거리이다.
* 그는 휴식도 없이 2시부터 글을 쓰고 있다.

20 시각 (spec- : look at) (어원편 vid, view 참고)

hindsight ⇔	foresight –	**insight** ➡	insightful
unseen ⬅	**see** ➡	**sight** ➡	sightseeing
outlook ⬅	**look** ➡	lookout ➡	looker-on = onlooker
spectacle ➡	spectacular ➡	spectator ➡	specter
circumspect ➡ circumspection			

eye –	pupil –	glasses –	spectacles –	goggles

* hindsight [háindsàit] [hind(뒤쪽의, 후방의)+sight(봄, 시각)] 뒷궁리, 뒤늦은 꾀, (총의) 가늠좌
* foresight [fɔ́ːrsàit] [fore(앞서서)+sight] 선견지명, 통찰력 / 전망
* insight [ínsàit] [in(into)+sight] 통찰력, 식견
* outlook [áutlùk] [out(밖으로)+look(보다)] 조망, 전망/감시
* circumspect [sə́ːrkəmspèkt] [circum(around)+look at] 조심성 있는, 신중한
* spectacle[spéktəkl]   * goggle [gɔ́gl, gágl]

뒷궁리 ⇔	선견지명, 통찰력 –	통찰력 ➡	통찰력(견식) 있는
눈에 보이지 않는, 즉석의 ⬅	보다 ➡	시각, 시력 ➡	관광
조망, 전망/감시 ⬅	보다 ➡	조심, 경계 ➡	방관자, 구경 = 구경꾼
광경, 장관 ➡	구경거리의, 볼만한 ➡	구경꾼, 관객 ➡	유령, 요괴, 도깨비
신중한, 조심성 있는 ➡	신중, 세심한 주의		

눈 –	눈동자/학생 –	안경 –	안경 –	보호 안경

UpGrade 확인학습

* The article gives us a real **insight** of the causes of the present economic crisis.
* Some animals have the ability to **see** in very dim light.
* It was as if some **unseen** hand held him back.
* When their eyes met, he blushed and **looked** away.
* You are inclined to look all things through rose-colored **spectacles**.

---

* 그 기사를 읽으면 현재의 경제 위기의 원인에 대한 진정한 통찰력을 얻을 수 있다.
* 대단히 침침한 불빛 속에서도 볼 수 있는 능력을 가진 동물이 몇 종류가 있다.
* 그것은 마치 어떤 보이지 않는 손이 그를 꽉 붙들고 있는 것 같았다.
* 그들의 시선이 부딪치자 그는 얼굴을 붉히고 시선을 돌렸다.
* 당신은 모든 것을 낙관적으로 보는 경향이 있습니다.

21 청각

핵심정리

unheard-of ⬅	**hear** ➡	hearer ➡	hearing	
	listen ➡	listener ➡	listening	
acoustic =	**auditory** ➡	audience ➡	auditorium	
inaudible ⬅➡	**audible** ⬅➡	deaf		
	audio			

voiceless ⬅	**voice** –	yell =	shout	
aloud ⬅	**loud** ⬅➡	**silent** ➡	silence	

click – slam – slap – snap – echo – whistle

* acoustic [əkúːstik]　　* auditory [ɔ́ːditɔ̀ːri]　　* auditorium [ɔ̀ːditɔ́ːriəm]
* audible [ɔ́ːdəbl]　　* audio [ɔ́ːdiòu]　　* yell [jel]　　* shout [ʃaut]
* silence [sáiləns]　　* echo [ékou]　　* whistle [hwísl]

들어 본 적이 없는 ⬅	듣다 ➡	청중, 청취자 ➡	듣기, 청취, 청각
	귀를 기울이다 ➡	청취자, 청강생 ➡	청취, 경청
청각의, 귀의 =	귀의, 청각의 ➡	청중, 관중 ➡	강당, 공연장
알아들을 수 없는 ⬅➡	들리는, 들을 수 있는 ⬅➡	귀머거리의	
	오디오/음성의		

무언의, 무성의 ⬅	목소리, 음성 –	고함치다 =	외치다
큰소리로 ⬅	소리가 큰, 시끄러운 ⬅➡	조용한, 침묵을 지키는 ➡	침묵, 무언

찰칵 소리를 내다 – 쾅 닫다 – 찰싹 때리다 – 짤깍 소리를 내다 – 반향하다 – 휘파람을 불다, 씽 불다

  UpGrade 확인학습

* Etta hated to **hear** Judy talk like that.

* He was shocked by the violent reactions of some of his **hearers**.

* Her breathing was **audible**.

* Angela has a really deep **voice** for a woman.

---

* 에타는 쥬디가 그처럼 말하는 것을 듣기 싫어했다.

* 그는 방청인들 중 몇 사람의 격렬한 반응에 충격을 받았다.

* 그녀의 숨소리를 들을 수 있었다.

* 안젤라는 여자치고는 정말 깊은 음색을 가지고 있다.

22 말하다

* talkative [tɔ́:kətiv]　　* utterance [ʌ́tərəns]　　* mention [ménʃən]
* statement [stéitmənt]　　* converse [kənvə́:rs]　　* conversation [kànvərséiʃən]
* comment [káment]　　* commentary [kámentèri]

말하기/속담, 격언	←	말하다, 주장하다	⇒	말하지 않은
담화, 토론/말하는, 말 많은	←	말하다, 이야기하다	⇒	수다스러운
말하기, 담화/말하는	←	말하다		연설(웅변)가, 스피커 ⇒ 솔직한, 거리낌 없는
발언, 발성/말	←	발언(발음, 말)하다 =		언급하다
진술, 성명/일람표	←	진술(성명)하다/상태 =		(감상을) 말하다/말, 비평
대화, 담화	←	대화(담화)하다	-	논평(설명)하다 ⇒ 주석, 설명, 논평

speak	넓은 뜻의 말하다	tell	어떤 내용을 전하다
talk	이치에 맞는 이야기를 하다	state	명확한 말로 진술하다
say	단순히 발음하다/어떤 내용을 전하다	converse	talk의 딱딱한 표현/사상·의견을 교환하다

 UpGrade 확인학습

* There is a **saying** that 'man shall not live by bread alone.'
* When a **speaker** emphasizes something, he often speaks more **loudly**.
* You should have **stated** how much it would cost.
* A contemptuous laugh was **uttered** in my hearing.
* I **conversed** with Mary on the subject.

* '인간은 빵만으로는 살 수 없다' 는 속담이 있다.
* 연사가 어떤 것을 강조할 때, 종종 더 큰 소리로 말한다.
* 당신은 그 비용이 얼마나 들 것인지 왜 진작 말씀하지 않으셨습니까?
* 내가 듣고 있는데 냉소가 들렸다.
* 나는 메리와 그 주제에 관해서 이야기를 나누었다.

23 후각

smell	sweet-smelling
odor	odorless
scent	sweet-scented
fragrance	fragrant
perfume	
aroma	aromatic
stink	stink bomb

* odor [óudər]　　* scent [sent]　　* fragrance [fréigrəns]　　* perfume [pə́:rfju:m]
* aroma [əróumə]　* aromatic [æ̀rəǽtik]

smell	냄새·향기의 가장 일반적인 말	sweet-smelling	달콤한 냄새가 나는
odor	화학적 특성 및 강하게 발산해서 금방 맡을 수 있는 냄새	odorless	무취의
scent	약한 smell. 후각이 좋아야만 느낌	sweet-scented	냄새가 좋은, 향기로운
fragrance	꽃이나 성장하는 것이 발산하는 신선한 향기 : 향기, 방향, 향수	fragrant	향기로운, 향긋한
perfume	강한 fragrance : 향기/향수, 향료		
aroma	후각뿐 아니라 미각을 돋우는 향기로운 smell : 방향, 향기	aromatic	향긋한, 향기로운
stink	악취(를 풍기다)	stink bomb	악취탄

 UpGrade 확인학습

* I cannot **smell** because I am stuffy.
* Bad eggs have an offensive **odor**.
* Who doesn't like the sweet **scent** of ripe fruit?
* I want to buy an exciting new **fragrance** from Dior.
* She was wearing the **perfume** that he'd bought her.
* The sweet **aroma** of flowers in the garden refreshed my mind.
* His breath **stinks** of offensive smoke.

* 나는 코가 막혀 냄새를 맡을 수 없다.
* 상한 달걀은 고약한 냄새가 난다
* 익은 과일의 달콤한 냄새를 싫어하는 사람은 없다.
* 나는 디오르에서 나온, 마음을 들뜨게 하는 새 향수를 사고 싶다.
* 그녀는 그가 사준 향수를 사용하고 있었다.
* 정원의 꽃의 달콤한 향기가 내 정신을 상쾌하게 만들었다.
* 그의 숨소리엔 역한 담배냄새가 진동한다.

24 미각

sweet	salty	sour	bitter
taste		tasteful = tasty	tasteless
flavor			flavoring
savor			savory
appetite	appetizer	dessert	tongue

* salty [sɔ́ːlti]   * sour [sáuər]   * flavor [fléivər]   * savor [séivər]
* appetite [ǽpitáit]   * dessert [dizə́ːrt]   * tongue [tʌ̀ŋ]

달다	짜다	시다	쓰다
맛, 시식/맛보다	「맛」의 가장 일반적인 말	풍류(멋)을 아는, 세련된	맛없는, 무미건조한
맛, 풍미 / 맛내다	어떤 것에 특유한 기분 좋은 맛	맛, 풍미 / 맛내다	맛내기 / 조미료
맛, 풍미 / 맛보다	식욕자극 + 향기를 강조하는 말		맛좋은, 향긋한
식욕	전채, 식욕을 돋구는 것	후식	혀/발언, 담화

 UpGrade 확인학습

* Danger gives **savor** to rock-climbing.
* Enjoy the beer's bitter **taste** as you slowly drink it.
* The spice imparts an Eastern **flavor** to the dish.
* A good **appetite** is a good sauce.
* Exercise is a good **appetizer**.

* 암벽등반에는 위험이 풍미를 더해준다.
* 천천히 마시면서 맥주의 쌉쌀한 맛을 즐기세요.
* 그 양념이 요리에 동양적인 풍미를 준다.
* (속담) 시장이 반찬.
* 운동은 식욕을 돋구어준다.

* **spice** [spais] 양념, 향신료 / 취미

Spider English

25 결혼 – 이혼

single   –   bachelor ⇔ spinster

‖

                    engage ➡ engagement = betrothal (문어)

                     |

unmarried ⇔ married ⬅ **marry** ➡ marriage – dowry (신부)결혼지참금

                    ‖   ‖

                    wed ➡ wedding ➡ the wedding march

                    ⇕

                    divorce

bridegroom ⇔ bride – groomsman = best man ⇔ bridesmaid

son-in-law – daughter-in-law – father-in-law – mother-in-law

* single [síŋgl]   * bachelor [bǽtʃələr]   * spinster [spínstər]   * engage [ingéidʒ]
* betrothal [bitróuðəl]   * marriage [mǽridʒ]   * dowry [dáuəri]
* wedding [wédiŋ]   * divorce [divɔ́ːrs]   * bridegroom [bráidgrùːm]
* -in-law : 법적으로 맺어지는 신분관계

혼자의, 미혼의	–	미혼 남자	⇔	미혼 여자	
			약혼시키다/약속하다	➡ 약혼, 약속 = 약혼 (문어)	
미혼의, 독신의	⇔ 결혼한, 기혼의	⬅ 결혼하다	➡	결혼, 혼례	– (신부)결혼 지참금
		결혼하다	➡	결혼식, 혼례	➡ 결혼행진곡
		이혼(하다)/분리			
신랑	⇔ 신부	– 신랑 들러리	=	신랑 들러리	⇔ 신부 들러리
양자, 사위	– 양녀, 며느리	– 양부, 장인, 시아버지	–	양부, 장모, 시어머니	

UpGrade 확인학습

* They are in love with each other and wish to **marry**.
* He **wedded** his daughter to Mr. Brown.
* Though he is forty years old, he still remains **single**.
* The **bridegroom** fell in love with the **bride** at the first sight.
* David's parents **divorced** when he was seven.

* 그들은 서로 사랑하여 결혼하기를 원한다.
* 그는 딸을 브라운씨에게 시집보냈다.
* 그는 마흔 살이지만 아직 미혼이다.
* 신랑은 첫눈에 신부에게 반했다.
* 데이빗의 부모는 그가 일곱 살 때 이혼하였다.

26 임신 – 낳다

	conceive	➡	conception	
	ǀ			
pregnancy ➡	**pregnant**			

rebirth ⬅	birth ⬅	**bear**	➡	forebear
		=		
		deliver	➡	delivery
		=		
spawn =	lay =	**breed**	➡	breeding

	innate =	inborn

* conceive [kənsíːv]   * conception [kənsépʃən]   * pregnancy [prégnənsi]
* forebear [fɔːrbɛ́ər] [fore(before)+bear(낳다)] 조상, 선조
* rebirth [ribə́ːrθ]   * deliver [dilívər]   * breed [briːd]   * spawn [spɔːn]
* innate [inéit]   * inborn [ínbɔ́ːrn]

	배다, 임신하다/상상하다 ➡	임신/개념, 생각		
임신(기간)/함축 ➡	임신한, 충만한			
재생, 부활 ⬅	출생, 탄생/태생 ⬅	낳다/(열매)맺다 ➡	조상, 선조	
		낳다/배달하다 ➡	분만, 출산/배달	
(알을) 낳다 =	(알을) 낳다 =	(새끼를) 낳다 =	번식, 부화	
	타고난, 천부의 =	타고난, 천성적인		

UpGrade 확인학습

* Two sons were **born** to Mr. and Mrs. Kim.
* The doctor agreed to **deliver** her baby at home.
* What is **bred** in the bone will not go out of the flesh.
* A female toad may **lay** 20,000 eggs each season.

---

* 김씨 부부에게 두 아들이 태어났다.
* 의사는 그녀가 집에서 아기를 낳는데 동의했다.
* 천성은 골수에 배어 있다─천성은 감출 수 없다.   breed - bred - bred
* 암두꺼비는 매 계절마다 20,000개의 알을 낳을 수 있다.

27 성장과정 1

growth ⬅	**grow** ➡	grown ➡	grown-up
	⬇		
	outgrow –	undergrowth	
embryo –	**infant** ➡	infancy	
babe =	**baby** ➡	baby-sit ➡	baby-sitter
	kid ➡	kidnap	
childhood ⬅	**child** ➡	childish ➡	childlike

* outgrow [àutgróu] [out(우월, 초과)+grow(자라다)] (옷을) 몸이 커져서 못 입게 되다
* undergrowth [ʌ́ndərgròuθ] [under(아래, 부족한)+grow] 발육부족
* embryo [émbriòu]   * infant [ínfənt]   * baby-sit [béibisìt]
* kidnap [kídnæp]   * childhood [tʃáildhud]

성장, 발육 ⬅	성장(생장)하다 ➡	성장(발육)한 ➡	성숙한/어른, 성인
	자라서 옷을 못 입게 되다 –	발육 부진	
(8주까지의) 태아 –	유아 ➡	유년(시대)/요람기, 초기	
아기, 순진한 사람 =	갓난아이, 아기/새끼 ⬅	애를 봐주다/감시하다 ➡	애를 봐주는 사람
	아이, 자식/젊은이 ➡	유괴(하다)	
어린(유년)시절 ⬅	아이, 어린이 ➡	어린애 같은, 유치한 ➡	어린이다운, 순진한

UpGrade 확인학습

* Before you know it, the children will be **grown-up** and leave home.
* Vitamins are essential for healthy **growth**.
* Children tend to **outgrow** their clothes too quickly.
* An **infant's** skin is very sensitive.
* The sight filled her with **childlike** excitement.

---

* 당신이 미처 깨닫기도 전에 아이들은 성장하여 집을 떠날 것입니다.
* 건강하게 성장하려면 비타민은 필수입니다.
* 아이들은 너무나도 빨리 자라 옷을 못 입게 되는 경향이 있습니다.
* 유아의 피부는 너무 민감합니다.
* 그 광경을 보고 그녀의 마음은 어린애 같은 흥분으로 가득 찼다.

28 성장과정 2

boyhood ←	**boy** ⇒	boyish
girlhood ←	**girl** ⇒	girlish
	adolescence ⇒	adolescent
	lad ⇔	**lass** = **maid** ⇒ maiden
youthful ←	**youth** ⇒	young ⇒ youngster
rejuvenate ←	**juvenile** ⇒	juvenile delinquency
masculine ⇔	feminine –	male ⇔ female

* adolescence [ǽdəlésns]   * maiden [méidn]   * youngster [jʌ́ŋstər]
* juvenile [dʒúːvinàil]   * rejuvenate [ridʒúːvinèit]   * masculine [mǽskjulin]
* female [fíːmeil]   * feminine [féminin]   * delinquency [dilíŋkwənsi]

소년기, 소년시절 ←	소년 ⇒	소년의, 소년 같은, 순진한
소녀(처녀)시대 ←	소녀, 처녀/애인 ⇒	소녀의, 소녀다운, 순진한
	청년기(12~18세)/청춘 ⇒	청춘의 / 젊은이
	젊은이, 소년, 청년 ⇔	처녀, 계집애 = 소녀/하녀 ⇒ 소녀(의). 처녀(의)
젊은, 팔팔한 ←	젊음, 청춘기 ⇒	젊은/미숙한 ⇒ 젊은이, 어린이
다시 젊어지게 하다 ←	소년(녀)의, 어린이다운 ⇒	청소년 범죄
남성(의) ⇔	여성(의) –	남성(의) ⇔ 여성(의)

UpGrade 확인학습

* This place is the Shangri-La of my **boyhood**.
* Many bodily changes occur during **adolescence**.
* Many of these people had used drugs in their **youth**.
* A certain kind of music is a contributing factor to **juvenile** delinquency.
* Hunting was a typically **masculine** occupation.

* 이곳은 내 소년시절의 지상 낙원이다.
* 청소년기(사춘기)에는 많은 육체적인 변화가 일어난다.
* 이 사람들 중 많은 사람이 젊어서 마약을 복용했다.
* 어떤 음악은 청소년 비행을 부추기는 요소이기도 하다.
* 사냥은 전형적으로 남성적인 소일거리였었다.

* **occupation** [àkjupéiʃən] 직업 / 점유 / 소일(거리)

핵심정리

29 성장과정 3

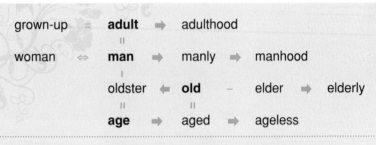

grown-up = **adult** ➡ adulthood

woman ⇔ **man** ➡ manly ➡ manhood

oldster ⬅ **old** – elder ➡ elderly

age ➡ aged ➡ ageless

seniority ⬅ **senior** ⇔ **junior** ➡ juniority

* adult [ədʌ́lt]   * grown-up [gróunʌ́p]   * oldster [óuldstər]
* senior [síːnjər]   * seniority [siːnjɔ́ːriti]   * juniority [dʒuːnjɔ́ːriti]

성숙한, 성인 = 어른, 성인/성숙한, 성인의 ➡ 성인임
여자, 여성 ⇔ 남자, 남성/인간 ➡ 남자다운, 사내다운 ➡ 성년, 장년
노인, 고참, 경험자 ⬅ 늙은, 낡은 – (혈연)나이가 위인 ➡ 중년의
나이/ 연령, 노령/시대 ➡ 늙은, 노령의 ➡ 불로의, 영원한

손위, 연상, 선배 ⬅ 손위의, 고참의 ⇔ 손아래의, 연소한 ➡ 연소, 손아래임/후배

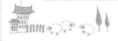

UpGrade 확인학습

* Teenage culture is different from **adult** culture.
* Sarah is the **elder** of the two.
* They worry about how they will support themselves in their old **age**.
* There are several people **junior** to me.
* He has that position just out of respect for his **seniority**.

* 십대문화는 성인문화와 다르다.
* 사라는 둘 중에 나이가 더 많다.
* 그들은 나이가 들어 어떻게 자신을 부양할까 (살아가야 할 지) 걱정하고 있다.
* 나보다 어린 사람이 몇 명 있습니다.
* 그는 다만 연장자라는 예우차원으로 그 자리를 차지하고 있습니다.

30 삶

existent ← **exist** → existence = being

subsist → subsistence

alive ← **live** → living → lively → livelihood

↓

outlive

↓

life → lifeless → life-and-death

* existence [igzístəns]　* subsist [səbsíst] [sub(under)+sist(stand) ⇨ (하늘)아래 서있다 ⇨ 살아가다]
* alive [əláiv]　　　* lively [láibli]　* outlive [àutlív] [out(초과)+live(살다)] ~보다 오래 살다

실재(존재, 생존)하는 ← 존재하다, 살아있다 → 생존, 존재, 생활　= 존재, 실존, 생존

살아가다, 생활하다 → 생존, 생활

살아 있는 ← 살다 → 살아 있는, 현존의 → 활발한, 활기찬 → 생계, 살림살이

~보다 더 살다, 살아남다

생명, 생존, 인생 → 생명(활기) 없는 → 생사에 관계되는, 지극히 중요한

UpGrade 확인학습

* Scientists have many theories about how the universe first came into **existence**.
* Old people often have to **subsist** on very low incomes.
* You wouldn't like to be buried **alive**.
* The quality of urban **living** has been damaged by excessive noise levels.
* The characters in the novel are **lifeless**.

----

* 과학자들은 최초에 우주가 어떻게 생겨났는지에 대하여 많은 이론을 제시하고 있다.
* 노인들은 종종 아주 낮은 소득으로 살아가야 한다.
* 너는 생매장되고 싶지는 않겠지?
* 도시 생활의 질이 지나친 소음 수준으로 손상되고 있다.
* 그 소설의 등장인물들은 활기가 없다.

31 죽음 1

핵심정리

	death ➡	deathly
deadline ⬅	**dead** ➡	deadly
undying ⬅	**die** ➡	dying
	decease ➡	the deceased
immortal ⬌	**mortal** ➡	mortality ➡ immortality
extinction ⬅	**extinct**	cf. phoenix

coffin – funeral – graveyard – cemetery – churchyard – tomb

burial ⬅ bury = entomb = inter ➡ interment

* deathly [déθli]　　* deadline [dédlàin]　　* decease [disíːs]　　* mortal [mɔ́ːtl]
* mortality [mɔːrtǽliti]　* extinct [ikstíŋkt]　* phoenix [fíːniks]　* coffin [kɔ́ːfin]
* funeral [fjúːnərəl]　* cemetery [sémitèri]　* tomb [tuːm]　* burial [bériəl]
* interment [intə́ːrmənt]　* entomb [intúːm] [en(into)+tomb ➪ 무덤에 넣다]

	죽음, 사망 ➡	치사의, 치명적인
최종기한, 마감시간 ⬅	죽은 ➡	치명적인, 활기 없는
불멸(불후)의 ⬅	죽다, 시들다 ➡	죽어가는, 빈사의
	사망, 죽다 ➡	고인
죽지 않는, 불사의 ⬌	죽을 운명의 ➡	(죽을 수밖에 없는) 인간 ➡ 불사, 불후
멸종/소화/폐지 ⬅	멸종된, 단절된	cf. 불사조

관 – 장례(식) – 묘지 – (일반) 공동묘지 – (교회의) 부속 묘지 – 무덤, 묘

매장(식) ⬅ 묻다, 매장하다 = 매장하다 = 매장하다 ➡ 매장

UpGrade 확인학습

* **Dead** man tells no tales.
* Different societies have different attitude to life and **death**.
* The child **died** of a disease(hunger, grief).
* Man is **mortal**.
* Dinosaurs are **extinct** species.

---

* 죽은 자는 말이 없다.
* 다른 사회는 삶과 죽음에 대하여 각기 다른 태도를 가지고 있다.
* 그 아이는 병(굶주림, 슬픔)으로 죽었다.
* 인간은 죽기 마련이다.
* 공룡은 멸종 동물이다.　　* **dinosaur** [dáinəsɔ̀ːr] 공룡

32 죽음 2

killer	←	**kill**	→	killing	→	kill-time
‖		‖				
murderer	←	**murder**	→	murderous		
		↓				
		suicide	→	suicidal		
		↓				
		slay	→	slayer		
		↓				
		slaughter	→	slaughterhouse		
		‖				
		massacre				cf. bereave

* murder [mə́:rdər]   * suicide [sjú:said]   * slay [slei]
* slaughter [slɔ́:tər]   * bereave [birí:v]   * massacre [mǽsəkər]

살인자, 도살자	←	죽이다	→	죽이기/죽이는	→	소일거리, 심심풀이
살인자, 살해자	←	살인, 살해(하다)	→	살인의, 살인용의		
		자살, 자결	→	자살의		
		죽이다	→	살해자		
		도살(학살)	→	도살장		
		(대량)학살(하다)				cf. (가족 등) 앗아가다

 UpGrade 확인학습

* **Kill** two birds with a stone.
* The lion is the most efficient **killer** in the animal world.
* The accused was declared (to be) guilty of **murder**.
* Deep depression is typical of so many young women who attempt **suicide**.
* Tens of thousands of dolphines and small whales are brutally **massacred** every year.

---

* (속담) 일석이조(一石 二鳥).
* 사자는 동물세계에서 가장 유능한 사냥꾼이다.
* 피고는 살인죄를 선고받았다.
* 심한 우울증은 자살을 기도하는 많은 젊은 여성들에게 전형적인 것이다.
* 수만 마리의 돌고래와 작은 고래들이 매년 도살되고 있다.

identity	←	identify	→	**identification**	→	identical
				‖		
				status	=	station
				∣		
		name	→	**nickname**	=	byname = alias
		pseudonym	=	**anonym**	→	anonymous

* identify [aidéntifài]   * status [stéitəs]   * alias [éiliəs]
* pseudonym [sjú:dənim] [pseudo(false)+nym(name) ⇨ 거짓의 이름]
* anonym [ənánim] [a(not)+(o)nym(name) ⇨ 이름이 없음]

동일함, 신분증명서	←	확인(중명)하다	→	신분증명/동일함	→	동일한, 똑같은
(정체)				지위, 신분	=	신분, 지위/역/위치
		이름	→	별명, 닉네임	=	성, 별명 = 일명, 별명은
		필명, 아호, 익명	=	익명, 가명	→	익명의

UpGrade 확인학습

* The police took fingerprints and **identified** the body.
* Do you have any **identification**?
* Doctors have traditionally enjoyed high social **status**.
* He wrote the novel under the **pseudonym**.
* According to one employee, who wishes to remain **anonymous**, the company engaged in illegal activities.

* 경찰은 지문을 채취하고 사체를 확인했다.
* 뭔가 신분증명서가 있습니까?
* 의사는 전통적으로 높은 사회적 지위를 누려왔다.
* 그는 익명으로 그 소설을 썼다.
* 익명을 원하는 한 종업원에 따르면, 그 회사는 불법행위를 하고 있다고 한다.

34 건강과 질병

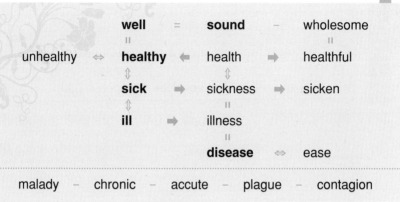

	well	=	sound	−	wholesome
unhealthy ⇔	**healthy**	⇐	health	⇒	healthful
	sick	⇒	sickness		sicken
	ill	⇒	illness		
			disease	⇔	ease

malady − chronic − accute − plague − contagion

* wholesome [hóulsəm]   * health [helθ]   * sicken [síkən]
* disease [dizíːz] [dis(제거, 박탈)+ease(편함) ⇨ 편함을 없애다] 병, 질병
* malady [mǽlədi]   * chronic [kránik]   * plague [pleig]
* contagion [kəntéiʒən] [con(together)+tag(touch)] 접촉, 전염, 전염병

	건강한	=	건전(건강)한	−	건강에 좋은
건강에 해로운/병약한 ⇔	건강한, 건전한	⇐	건강, 건전	⇒	건강에 좋은, 건강한
	병든, 앓는/싫증이 난 ⇒		병, 욕지기	⇒	병나다, 구역질나다
	병든, 앓는	⇒	병, 불쾌함		
			(질병)	⇔	편함, 안정

만성병 − 만성(고질)의 − 급성의 − 역병, 페스트 − (접촉) 전염병

 UpGrade 확인학습

* A **sound** mind in a **sound** body.
* I've always been perfectly **healthy** until now.
* It seems that tomatoes aren't just pretty, but pretty **healthful** as well.
* The thought of such cruelty **saddened** her.
* **Chronic** stress can lead to heart disease.

---

* 건전한 정신은 건전한 신체에 깃든다.
* 나는 이제까지 늘 완벽하게 건강했다.
* 토마토는 모양도 예쁠 뿐만 아니라 건강에도 아주 좋은 것 같습니다.
* 그런 잔인한 생각을 하자 그녀는 욕지기가 났다.
* 만성적인 스트레스는 심장질환을 유발할 수 있다.

35 병원활동

		examine	➡	examination		
		॥		॥		
		diagnose	➡	diagnosis		
hospital – clinic –		prescribe	➡	prescription		
		cure	➡	cure-all	➡	cureless
		॥		॥		
healing	⬅	heal	➡	heal-all	➡	healer
		inject	➡	injection	➡	injector

* examine [igzǽmin] * diagnose [dáiəgnous] * hospital [háspitl]
* clinic [klínik] * prescribe [priskráib] * prescription [priskrípʃən]
* cure-all [kjúərɔ̀ːl] * heal-all [híːlɔ̀ːl] * inject [indʒékt]

병원 – 진료소, 개인병원 –	진찰(검사, 조사)하다 ➡	진찰, 조사, 검사		
	진단(감별)하다 ➡	진단, 분류, 감별		
	처방하다/명령(규정)하다 ➡	처방(전)/규정, 명령		
	치료하다, 고치다 ➡	만병통치약 ➡	불치의	
치료(의), 회복중인 ⬅	고치다, 치료하다 ➡	만병통치약 ➡	치료자, 의사, 약	
	주사(주입, 도입)하다 ➡	주입, 주사(액) ➡	주사기, 분사장치	

 UpGrade 확인학습

* The doctor will analyze the symptoms and **prescribe** a course of treatment.
* These pills can be obtained by **prescription**.
* We must be **injected** with antibiotics.
* There are few remaining **diseases** that these modern drugs can't cure.

* 의사가 증상을 분석하고 치료과정을 처방할 것이다.
* 이 알약들은 처방전에 의해서 입수할 수 있다.
* 우리는 항생제 주사를 맞아야 한다.
* 이 현대의 약들이 치료할 수 없는 질병은 거의 남아 있지 않다.

* **antibiotics** [æ̀ntibaiátik] 항생(작용)의 / 항생제

36 약

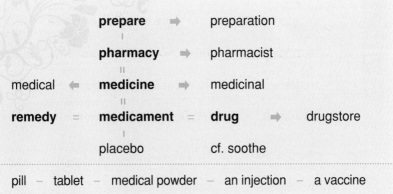

prepare	➡	preparation
pharmacy	➡	pharmacist
‖		
medical ⬅ medicine	➡	medicinal
‖		
remedy = medicament = drug	➡	drugstore
placebo	cf. soothe	

pill – tablet – medical powder – an injection – a vaccine

* prepare [pripέər]
* preparation [prὲpəréiʃən]
* pharmacy [fá:rməsi]
* medicine [médisin]
* remedy [rémidi]
* medicament [medíkəmənt]
* drugstore [drʌ́gstɔ̀:r]
* placebo [pləsí:bou]
* soothe [su:ð]
* tablet [tǽblit]
* vaccine [vǽksí:n]

	준비하다/조제하다	➡	준비/조제	
	약학, 제약업, 조제술	➡	약(제)사	
의학(료)의/건강진단 ⬅	약, 의학, 의술	➡	약의, 의약의/위생적인	
치료(약)/치료하다 =	약, 약제, 의약	=	약, 약제/마약	➡ 약국
	위약, 플라시보	cf. 진정시키다, 달래다		

환약, 알약 – 정제, 알약/메모장 – 가루약 – 주사약 – 백신, 바이러스 예방 프로그램

 UpGrade 확인학습

* Modern **pharmacy** has not solved the problem of sleeplessness.
* Some illnesses are caused through people not using **medicines** properly.
* Few people know how important preventative **medicine** is.
* This **drug** was prescribed to treat a bad cold.
* Morell gave him more and more powerful **medicaments**.

* 현대의 제약학은 불면증의 문제를 해결하지 못했다.
* 몇 가지 병들은 사람들이 약을 적절하게 사용하지 않아서 생긴다.
* 예방의학이 얼마나 중요한지 아는 사람이 별로 없다.
* 이 약은 독감을 치료하기 위해 처방되었다.
* 모렐은 그에게 점점 더 강력한 약을 주었다.

37 위생

| virus | – | microbe | = | **germ** | ➡ | germinate | ➡ | germicide |

infection	⬅	**infect**	⬄	**disinfect**	➡	disinfection
hygiene	➡	hygienic	➡	hygienics	disinfectant
sanitation	⬅	**sanitary**	➡	sanatorium	=	sanitorium

| immune | ➡ | immunity |

* microbe [máikroub]   * germinate [dʒə́ːrminèit]   * infect [infékt]
* disinfect [disinfékt]   * hygiene [háidʒiːn]   * hygienic [hàidʒiénik]
* sanitary [sǽnətèri]   * sanitorium [sæ̀nətɔ́ːriəm]   *immune [imjúːn]

바이러스, 병원체 – 세균, 미생물 = 세균, 병원균/배아 ➡ 싹이 트다, 발아하다 ➡ 살균제

감염, 전염, 오염	⬅	전염(감염)시키다	⬄	살균(소독)하다	➡	소독, 살균
위생(법)	➡	위생적인, 위생학의	➡	위생학, 건강학	소독제
공중위생	⬅	위생의, 청결한	➡	요양소	=	요양소

면역(성)의 /면역자 ➡ 면역, 면제

 UpGrade 확인학습

* I cleaned the toilet with **disinfectant** to kill any germs.
* People with the **virus** may be perfectly well, but they can still **infect** others.
* The consumers' Association blames poor **hygiene** standards.
* **Diseases** are spread through poor sanitary conditions.
* Once we've had the disease, we're **immune** for life.

* 나는 세균을 죽이기 위해 화장실을 소독제로 청소했다.
* 그 바이러스 보균자가 완전히 건강할 수는 있지만 여전히 남을 전염시킬 수 있다.
* 소비자 협회는 빈약한 위생 기준을 비난하고 있다.
* 질병은 조잡한 위생 상황을 통하여 확산된다.
* 일단 우리가 그 질병에 걸렸다면, 평생 면역이 된다.

38 의사 – 환자

patient	=	invalid	–	nurse	➡	nursery
intern	–	resident	–	**doctor**		practitioner
physician	⇔	**surgeon**	–	surgery	–	surgical
oculist	–	**dentist**	–	orthop(a)edist	–	dermatologist
		a plastic surgeon	–	neuro-psychiatrist		
band	➡	bandage	=	dressing	⬅	dress

* patient [péiʃənt] * invalid [ínvəlid] * nursery [nə́:rsəri]
* intern [intə́:rn] * resident [rézidənt] * physician [fizíʃən]
* surgeon [sə́:rdʒən] * oculist [ákjulist] * dentist [déntist]
* orthopaedist [ɔ̀:rθəpí:dist] * dermatologist [də́:rmətálədʒist]
* neuro-psychiatrist [njùərousaikáiətrist] * bandage [bǽndidʒ]

환자	=	환자/병약한	–	간호사, 양성소/간호하다 ➡	육아실/양성소/온상
인턴, 교생	–	전문의 수련자/거주하는	–	의사, 박사	–	개업 의사
내과의사	⇔	외과의사	–	외과(수술)	–	외과(술)의, 수술의
안과의사	–	치과의사	–	정형외과(학)의	–	피부과 전문의
		성형외과의	–	신경정신병 의사	
밴드/묶다 ➡	붕대(를 감다)	=	붕대, 깁스/드레싱	⬅	의복, 옷/옷을 입히다/(상처)처매다

UpGrade 확인학습

* I used to visit him in **hospital**.
* You must spend four years in medical school and two more as an **intern**.
* A **surgeon** is a doctor that is specially trained to perform surgery.
* He didn't want to become a medical **practitioner**.
* The nurse **bandaged** up his sprained ankle.

---

* 나는 입원중인 그를 늘 방문하곤 했다.
* 당신은 의대에서 4년을 보내고 인턴으로 2년을 더 보내야 합니다.
* 외과 의사는 특별히 외과수술을 하도록 훈련받은 의사이다.
* 그는 개업 의사가 되기를 원치 않았다.
* 간호사가 그의 삔 발목에 붕대를 감았다.

39 증상 (symptom)

핵
심
정
리

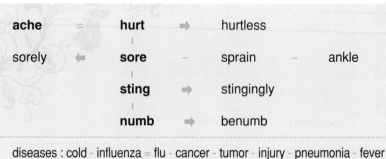

ache	=	hurt	➡	hurtless		
sorely	⬅	sore	–	sprain	–	ankle
		sting	➡	stingingly		
		numb	➡	benumb		

diseases : cold - influenza = flu - cancer - tumor - injury - pneumonia - fever

cut – bruise – hurt – wound – scratch – trauma

* hurt [hə:rt]　　* sore [sɔ́:ər]　　* acute [əkjú:t]　　* benumb [binʌ́m]
* influenza [ìnfluénzə]　　* cancer [kǽnsər]　　* tumor [tjúmər]　　* injury [índʒəri]
* pneumonia [nju:móunjə]　　* fever [fí:vər]　　* bruise [bru:z]
* wound [wu:nd]　　* scratch [skrætʃ]　　* trauma [trɔ́:mə]

아프다, 쑤시다	=	아프게(상하게)하다	➡	무해한/상처를 입지 않은		
쓰려, 아파서/심하게	⬅	아픈, 쓰린		삠/삐다	–	발목(관절)
		찌르다/고통을 주다	➡	찌르듯이, 얼얼하게		
		마비된	➡	마비시키다		

(질)병: 감기 – 유행성 감기 = 유행성 감기 – 암 – 종양 – 상해, 손상 – 폐렴 – 열병

벤 상처 – 타박상 – (마음의) 상처 – 부상 – 찰과상 – 외상성 장애/충격

UpGrade 확인학습

* Common **symptoms** of diabetes are weight loss and fatigue.
* Be careful you don't fall and **hurt** yourself.
* I have a **sore** throat and aching limbs.
* His conscience **stung** him.
* Her mind became **numb** with grief.

---

* 당뇨병의 흔한 증상은 체중 감소와 피로이다.
* 넘어져서 다치지 않도록 조심하세요.
* 나는 목이 아프고 사지가 쑤신다.
* 그는 양심이 찔렸다.
* 그의 지력은 슬픔으로 무디어졌다.
* **diabetes** [dàiəbí:tis] 당뇨병

CHAPTER 02-8

주제
(자연과 환경)

01 가장자리 – 경계

		margin	➡	marginal
		=		
verge	=	brink		
		=		
		fringe	=	edge
		=		
		rim	=	brim
border	–	boundary	–	frontier

* verge [vəːrdʒ]　　* margin [máːrdʒin]　　* brink [briŋk]　　* fringe [frindʒ]
* edge [edʒ]　　* border [bɔ́ːrdər]　　* boundary [báundəri]　　* frontier [frʌntíər]

가장자리, 변두리	=	가장자리, 난외, 여백 ➡	변두리(주변)의
		가장자리, 아슬아슬한 순간	
		가, 언저리/술(장식) =	가장자리, 변두리/(칼)날
		(둥근 것의) 가장자리 =	(잔 등의) 가장자리, 언저리/테두리

border	경계선 자체를 가리키거나, 경계선에 연한 어느 정도의 넓이를 가진 지역
boundary	지리적인 경계선
frontier	정치, 군사적인 타국과의 국경지역

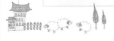

 UpGrade 확인학습

* Use double-spacing and wide **margins** to leave room for comments.
* They were on the **verge(brink, edge)** of starvation.
* Mother bought me **gold-rimmed** spectacles.
* The river lies on the **border** between the US and Mexico.
* National **boundaries** are becoming increasingly meaningless in the global economy.

* 주석을 달 수 있는 여백을 두도록 한 행씩 띄어 치고 가장자리를 넓게 설정하시오.
* 그들은 아사 직전이었다.
* 어머니가 내게 금테 안경을 사주셨다.
* 그 강은 미국과 멕시코 사이의 국경선에 면해 있다.
* 글로벌 경제에서는 국가 간의 경계가 점점 의미가 없어지고 있다.

* **double-spacing** [dʌ́blspéis] (타자할 때) 한 행씩 띄어 치다

02 깨끗하다 - 더럽다

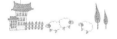

purity	← **pure** →	purely	→	purify
unclean	⇔ **clean** →	cleaner →	cleaning →	cleanse
	↕			
	dirty ← dirt	= dust	→	duster
	=			
shabby =	**foul** =	**filthy**		

* purity [pjúːriti]   * purify [pjú(ː)rifài]   * clean [kliːn]   * cleanse [klenz]
* dirt [dəːrt]   * shabby [ʃǽbi]   * foul [faul]   * filthy [fílθi]

깨끗함, 청결	← 순수한, 맑은 →	깨끗이, 순수하게	➡ 정화(순화)하다	
더러운, 불결한	⇔ 깨끗한, 청결한 →	청소부, 청소기 ➡	청소, 세탁 ➡	깨끗하게 하다
	더러운, 불결한 ←	먼지, 티끌, 오물 =	먼지 ➡	먼지떨이, 총채
초라한, 누더기의 =	매우 더러운, 불결한 =	불결한, 더러운		

UpGrade 확인학습

* With regard to personality he is always **clean**.
* Her mother is always busy **cleaning** and dusting.
* These carpets are cheap, tough and don't show **dirt**.
* He wiped his face with a **dirty** arm.
* The water in this pond became **foul** and stank.

---

* 인격에 관해서라면 그는 항상 깨끗하다.
* 그녀의 어머니는 세탁과 청소하느라 항상 바쁘다.
* 이 양탄자는 싸고 질기며 먼지를 타지 않는다.
* 그는 더러운 팔로 얼굴을 닦았다.
* 이 연못의 물은 오염되어 악취를 풍겼다.   stink - stank(or stunk) - stunk

03 눈

핵
심
정
리

| snowy | ← | **snow** | → | snowfall | → | snowflake | → | snowman |
| | | | | | | | | |

snow-slide | **sleet** | – | **hail**

avalanche | | **frost**

frozen ← freeze – **ice** → iceberg

arctic ⇔ antarctic

* snowflake [snóuflèik]　　* sleet [sliːt]　　* hail [heil]　　* frost [frɔːst]
* avalanche [ǽvəlǽn(t)ʃ]　* freeze [friːz]　* iceberg [áisbəːrg]
* arctic [áːrktik]　　　　* antarctic [æntáːrktik]

| 눈의, 눈이 많이 오는 ← 눈, 강설 ⇒ 강설(량) ⇒ 눈송이 ⇒ 눈사람 |
| 눈사태　　　　　　　　진눈깨비(가 내리다) – 싸락눈(우박)(이 내리다) |
| 눈사태, 쇄도　　　　　　　　　　　　　서리, 서릿발/서리로 덮다 |
| 　　　　　　　　　　언·냉동한 ← 얼다 – 얼음 ⇒ 빙산 |
| 　　　　　　　　　　　　　　　북극(의) ⇔ 남극(의) |

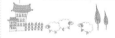

UpGrade 확인학습

* Deep **snow** in winter, tall gain in summer.
* This area has an average **snowfall** of 3 meter per year.
* It is **sleeting** incessantly.
* Even in May we can sometimes get a late **frost**.
* The lake had **frozen** overnight.　　　　　freeze - froze [frouz] - frozen [fróuzn]

---

* 가을에 눈이 많이 오면 이듬해 풍년이 온다.
* 이 지역의 년 평균 강설량은 3m이다.
* 쉬지 않고 진눈깨비가 내리고 있다.
* 심지어 5월에도 때때로 늦서리를 볼 수 있다.
* 호수가 밤사이에 얼어버렸다.

04 대기(공기)

	atmosphere ➡ atmospheric			
airmail ⬅	**air** ➡	airy ➡	airtight ➡	aircraft
breathtaking ⬅	breathless ⬅	breath ⬅	**breathe** ➡	breathing
	suffocate =	**choke** =	**stifle** =	smother
oxygen –	hydrogen –	nitrogen –	carbon monoxide(dioxide)	

* atmosphere [ǽtməsfìər]   * airtight [ɛ́ərtàit]   * aircraft [ɛ́ərkræft]
* breath [breθ]   * breathe [bri:ð]   * suffocate [sʌ́fəkèit]
* choke [tʃouk]   * stifle [stáifl]   * smother [smʌ́ðər]
* oxygen [áksidʒən]   * hydrogen [háidrədʒən]   * nitrogen [náitrədʒən]
* carbon [ká:rbən]   * monoxide [manáksaid]   * dioxide [dàiáksaid]

	대기, 공기/분위기 ➡ 대기(공기)의/분위기를 내는			
항공우편 ⬅	공기 ➡	공기 같은, 가벼운 ➡	밀폐된, 기밀의 ➡	항공기
이슬아슬한, 숨 막히는 ⬅	숨가쁜, 숨찬 ⬅	숨, 호흡 ⬅	숨쉬다 ➡	호흡, 숨쉬기
	질식시키다 =	질식시키다 =	질식시키다 =	질식시키다
산소 –	수소 –	질소 –	일산화탄소(이산화탄소)	

 UpGrade 확인학습

* The **atmospheres** of the Mars and the Earth are very different.
* She was an wearing an **airy** outfit made of a cream-colored silk.
* I had to stop running for a few minutes to get my **breath** back.
* The animal seizes its prey by the throat and **suffocates** it to death.
* Six people **choked** to death on the fumes.

* 화성과 지구의 대기는 매우 다르다.
* 그녀는 크림색의 비단으로 만든 가벼운 의상을 입고 있었다.
* 나는 숨을 정상 상태로 되돌리기 위해 몇 분간 달리기를 중단해야만 했다.
* 동물은 먹이의 목을 물어 질식시켜 죽인다.
* 여섯 사람이 연무로 인해 질식해 죽었다.

* **outfit** [àutfít] 의상 한 벌 / 용품, 도구

281

05 밀물과 썰물

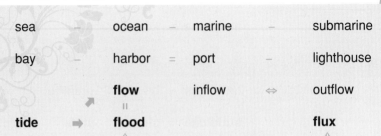

sea	–	ocean	–	marine	–	submarine
bay	–	harbor	=	port	–	lighthouse
		flow		inflow	⇔	outflow
tide	→	**flood**				**flux**
		ebb	=	ebb(low) tide	=	reflux

| wave | – | billow | = | surge | = | swell | – | breaker | – | ripple |

* ocean [óuʃən]   * marine [mərí:n]   * bay [bei]   * harbor [há:rbər]
* tide [taid]   * flow [flou]   * flux [flʌks]   * flood [flʌd]   * ebb [eb]
* wave [weib]   * billow [bílou]   * surge [sə:rdʒ]   * swell [swel]   * ripple [ripl]

바다	대양	바다의	해저의/잠수함
만	항구	(상업)항구	등대
	밀물, 흐름/흐르다	유입(물)	유출/범람
조수, 조류	밀물, 홍수/밀려오다		밀물, 유동/변화
	썰물/쇠퇴(기)	썰물/쇠퇴(기)	썰물/ 역류, 퇴조

파도, 물결/파동 – 큰 물결, 놀 – 큰 파도, 놀 – 큰 파도 – 부서지는 파도 – 잔물결, 파문

UpGrade 확인학습

* Is the **tide** going out or coming in?
* We watched the tide **ebb** and **flow**.
* Sunlight **flooded** into the room.
* Everything is in **flux** at the moment.
* Dee watched the **waves** on the shore.

* 썰물인가 밀물인가?
* 우리는 조류가 밀려왔다 밀려오는 것을 지켜보았다.
* 햇빛이 방 안으로 환히 들이 비쳤다.
* 현재는 모든 것이 유동적이다.
* 디는 파도가 해변에서 부서지고 있는 것을 지켜보았다.

06 바람

gale =	**gust** =	**blast** –	**whirlwind**
windy ←	**wind** –	**breeze** ⇒	breezy
	storm ⇒	stormy ⇒	stormbound
	draft = **draught**		
typhoon –	hurricane –	cyclone –	tornado

* gale [geil]
* whirlwind [hwə́ːrlwìnd]
* stormbound [st]
* hurricane [hə́ːrəkèin]
* tornado [tɔːrnéidou]

* gust [gʌst]
* windy [wíndi]
* draft=draught [dræft, draːft]
* typhoon [taifúːn]

* blast [blælst]
* breeze [briːz]
* typhoon [taifúːn]
* cyclone [sáikloun]

질풍, 큰 바람 =	일진광풍, 돌풍 =	돌풍, 질풍 –	회오리바람
바람 부는, 바람이 센 ←	바람 –	미풍, 산들바람 ⇒	미풍의
	폭풍/소동 ⇒	폭풍의, 모진 바람의 ⇒	폭풍우에 고립된
	통풍, 외풍/징병		
(태평양 서부) 폭풍, 태풍 –	(북대서양의) 폭풍 –	(인도양의) 폭풍/(미국) 큰 회오리바람 –	대선풍, 폭풍

 UpGrade 확인학습

* A **gust** of wind blowing in at the window put out all the candles.
* It is an ill **wind** that blows nobody good.
* A **breeze** came up and soon died away.
* The governor found himself at the center of a political **storm**.
* A cold **draught** of air blew in from the open window.

* 창으로 일진광풍이 불어 들어와 촛불이 모두 꺼졌다.
* (속담) 갑의 득은 을의 손해(⇦ 아무에게도 이익을 주지 않는 바람은 나쁜 바람이다).
* (산들)바람이 일었다가 곧 잠잠해졌다.
* 주지사는 자신이 정치적 폭풍의 중심에 있음을 깨달았다.
* 열린 창문으로 한 줄기 찬 공기가 불어 들어왔다.

07 비

thunder	–	lightning	=	thunderbolt		
rainy	←	**rain**	➡	rainfall	➡	raindrop
		shower	–	**drizzle**	=	mizzle (방언)
drought	⇔	flood	=	deluge	=	inundation

* thunderbolt [θʌ́ndərbòult]   * lightning [láitniŋ]   * shower [ʃáuər]
* drizzle [drizl]   * mizzle [mizl]   * drought [draut]
* flood [flʌd]   * deluge [déljuːdʒ]   * inundation [ìnəndéiʃən]

천동	–	번개	=	번개, 벼락		
비의, 비가 많은	←	비	➡	강우, 강우량	➡	빗방울
		소나기, 쇄도	–	이슬비가 내리다	=	이슬비(가랑비)가 내리다
가뭄, 한발	⇔	홍수/밀물	=	대홍수, 큰물	=	홍수, 범람

 UpGrade 확인학습

* Suddenly there was a great crash of **thunder**.
* A **rainy** day like this makes me feel dull and gloomy.
* We've had a long period of low **rainfall**.
* The **rain** isn't too bad - it's only **drizzling**.
* The **inundation** of rivers did great good to farming.

* 갑자기 우르르 쾅하는 커다란 천둥소리가 울렸다.
* 이와 같이 비가 오는 날이면 마음이 답답하고 우울해진다.
* 오랫동안 강수량이 적었다.
* 비가 심하게 오지는 않는다 – 이슬비가 내리고 있을 뿐이다.
* 강물의 범람은 농사에 크게 이로움을 주었다.

08 산

핵
심
정
리

heights – **hill** – **mountain** ➡ mountainous ➡ mountaineering

climber ⬅ **climb** ➡ climbing

mount

descent ⬅ descend ⇔ **ascend** ➡ ascent ➡ ascendant

peak = the top = the summit – ridge – slope – foot – valley

* mountainous [máuntənəs]   * climb [klaim]   * mount [maunt]
* ascend [əsénd] [as(to)+scend(climb) ⇨ ~로 오르다]
* descend [disénd] [de(down)+climb ⇨ 아래로 오르다 ⇨ 내려가다]
* summit [sʌ́mit]   * ridge [ridʒ]   * slope [sloup]
* valley [vǽli]

고원	–	언덕, 낮은 산	–	산, 산악	➡	산이 많은, 산지의	➡	등산
등산객	⬅			오르다	➡			등산
				오르다 / (자전거) 타다				
하강/혈통 ⬅	내려가다/자손이다 ⇔	오르다, 올라가다 ➡	오름, 상승/경사 ➡	조상/상승하는
정상 =	정상 =	정상 –	산등성이 –	비탈, 사면 –	산기슭 –	계곡

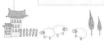

UpGrade 확인학습

* It is very dangerous for a little child to **climb** the ladder.
* Walter **mounted** the steps and pressed the bell.
* Walking and **mountaineering** are now very popular.
* Without a word, he began to **ascend** the stairs.
* It is one of the highest **peaks** in the Alps.

---

* 어린 아이가 사다리를 올라가는 것은 매우 위험하다.
* 월터는 계단을 올라가 초인종을 눌렀다.
* 걷기와 등산이 요즈음 대단히 유행이다.
* 한 마디 말도 없이 그는 계단을 오르기 시작했다.
* 그것은 알프스 산맥에서 가장 높은 봉우리 중의 하나이다.

09 오염시키다

핵심정리

pollution ← **pollute** ⇔ depollute → pollutant → polluted

contamination ← **contaminate** → decontaminate → contaminant

soil = **stain** → stainless

⇕

purify ← pure → purity

* pollute [pəlúːt]   * contaminate [kəntǽminèit]   * soil [sɔil]
* stain [stein]   * purify [pjúərifài]
* depollute [dìːpəlúːt]=decontaminate [dìːkəntǽminèit] [de(분리)]   오염을 제거하다

오염, 공해 ←	오염시키다 ⇒	오염을 제거하다 ⇒	오염물질 ⇒	오염된
오염, 더러움 ←	오염시키다 ⇒	오염을 제거하다 ⇒	오염물질	
흙, 오점/더럽히다 =	얼룩, 오점/더럽히다 ⇒	흠 없는, 깨끗한/스테인리스		
	정화(순화)시키다 ←	순수한, 깨끗한 ⇒	청순, 청결	

UpGrade 확인학습

* Our water supply is becoming **polluted** with nitrates.
* The climate is changing due to the **pollution** of the atmosphere by industrial waste.
* These chemicals **contaminate** water and poison animals.
* Her fingers were **stained** yellow from years of smoking.
* I drink only specially **purified** water.

---

* 우리의 수도 용수가 질산염으로 오염되어 가고 있다.
* 산업폐기물에 의한 대기의 오염 때문에 기후가 변하고 있다.
* 이 화학 물질들이 물을 오염시키고 동물들을 중독시켜 죽인다.
* 수년간 담배를 피워서 그녀의 손가락은 노랗게 착색되었다.
* 나는 특별히 정화된 물만 마신다.

* **nitrate** [náitreit] 질산염, 질산비료

10 우주

universe	universal	universally
cosmos	cosmic	cf. cosmetic
chaos	chaotic	
space	spacious	spatial

gravity ⇔ weightlessness
the Milky Way = the Galaxy – nebula – planet – comet – meteor
sun ➡ solar – **moon** ➡ lunar ➡ lunatic
star ➡ starry

Mercury Venus Earth Mars / Jupiter Saturn Uranus Neptune Pluto

* universe [júːnivəːrs]   * cosmos [kázməs]   * spatial [spéiʃɛl]
* gravity [ɡrǽviti]   * nebula [nébjulə]   * planet [plǽnit]
* comet [kámit]   * solar [sóulər]   * meteor [míːtiər]
* lunatic [lúːnətik] [옛날에는 달의 영기를 쐬면 미친다고 여겼음] 미치광이 / 미친
* Mercury [mə́ːrkjuri]   * Venus [víːnəs]   * jupiter [dʒúːpitər]
* Saturn [sǽtəːrn]   * Uranus [júərinəs]   * Neptune [néptjuːn]
* Pluto [plúːtou]

universe	존재하는 모든 것(우주)	우주의, 보편적인	보편적으로
cosmos	정연한 질서의 우주	우주의, 보편적인	화장품
chaos	혼돈(상태)	혼돈의, 무질서의	
space 우주, 공간	사물이 존재하고 운동하는 공간	널찍한	공간의

중력, 무게 ⇔ 무중력
은하수 = 은하수 – 성운 – 행성 – 혜성 – 운석, 유성
항성(태양) ➡ 태양의 – 달, 위성 ➡ 달의 ➡ 미친
별 ➡ 별의

수성 금성 지구 화성 / 목성 토성 천왕성 해왕성 명왕성

* The **cosmos** means the **universe**, considered as a well-ordered system.
* The country was plunged into economic **chaos**.
* When will our country launch a spaceship into **space**?
* Astronomers track large **meteors** using radar.
* Is there life on other **planets**?

---

* 코스모스란 질서 정연한 체계로서의 우주를 의미한다.
* 그 나라는 경제적 혼돈 속으로 빠져들었다.
* 우리나라는 언제 우주로 우주선을 발사할 수 있을까?
* 천문학자들은 레이더를 이용하여 커다란 유성을 추적한다.
* 다른 행성엔 생명체가 있을까?

11 자연적인 – 인공적인

nature	⇒	**natural**	⇒	naturalist	⇒	naturally
artifice	⇒	**artificial**	⇒	artificially		
		=				
		man-made				
synthesis	⇒	**synthetic**				

* nature [néitʃər]   * natural [nǽtʃərəl]   * artifice [á:rtifis]
* artificial [à:rtifíʃəl]
* synthesis [sínθisis] [syn(together)+the(put) ⇨ 함께 놓다] 종합, 합성/인조
* synthetic [sinθétik]

자연	⇒	자연의, 자연그대로의	⇒	자연주의자	⇒	자연적으로/당연히
기술/책략, 술책	⇒	인공적인, 인위적인	⇒	인위(인공)적으로		
		인조의, 인공의				
종합 / 합성, 인조	⇒	종합의/합성(인조)의				

 UpGrade 확인학습

* **Nature** is the best physician.
* Habit is a second **nature**.
* It is **natural** that he should be indignant.
* **Artificial** rain costs a great deal of money.
* Lots of **artificial** satellite move round the earth.
* We live in an entirely **man-made** environment.

* 자연은 가장 훌륭한 의사이다.
* 습관은 제2의 천성이다.
* 그가 화를 내는 것은 당연하다.
* 인공강우는 막대한 돈이 든다.
* 많은 인공위성들이 지구 둘레를 돌고 있다.
* 우리는 완전히 인공적인 환경 속에서 살고 있다.

12 장엄하다

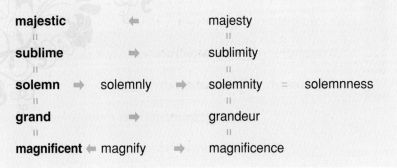

majestic	←			majesty		
sublime	→			sublimity		
solemn	→	solemnly	→	solemnity	=	solemnness
grand	→			grandeur		
magnificent	←	magnify	→	magnificence		

* majesty [mǽdʒəsti]   * majestic [mədʒéstik]   * sublime [səbláim]
* sublimity [səblimiti]   * solemn [sáləm]   * solemnity [səléməti]
* grand [grænd]   * grandeur [grǽndʒər]   * magnify [mǽgnifài]
* magnificent [mægnífisənt]

위엄 있는, 장엄한	←			위엄, 장대, 장관/왕		
숭고(장엄)한/고상한	→			장엄, 웅장/고상		
엄숙(장엄)한/진지한	→	진지(엄숙, 장엄)하게	→	엄숙, 장엄, 장중	=	엄숙함, 장엄함
웅대(장엄)한, 당당한	→			장대, 장엄, 숭고		
장대(장엄, 숭고)한	←	확대하다	→	장대, 웅대, 장엄		

* The **sublime** scenery rendered them speechless.
* The service of burial is done with **solemn** and mournful music.
* He vowed **solemnly** that he would carry out his promise.
* I have never seen such a **grand** palace.
* The **grandeur** of nature makes us think that we are trivial beings.
* The twelve-mile coastline has **magnificent** scenery.

----

* 그 장엄한 광경으로 인해 그들은 할 말을 잃었다.
* 장례식은 장엄하고 애조 띤 음악이 흐르는 가운데 치러진다.
* 그는 약속을 이행하겠노라고 엄숙하게 맹세를 했다.
* 나는 그렇게 웅장한 궁전을 본 적이 없다.
* 자연의 웅장함은 우리가 보잘 것 없는 존재임을 상기시킨다.
* 그 12마일에 이르는 해안선은 풍경이 굉장히 좋다.

13 환경

environs ↑		
environ ⇒	**environment** ⇒	environmental
=	=	
surround ⇒	**surrounding** =	**setting**
	=	
	circumstance ⇒	circumstantial
vicinity =	neighborhood =	circumference

* environ [inváirən]　　* surround [səráund]
* circumstance [sə́:rkəmstəns]　　* circumstantial [sə̀:rkəmstǽnʃəl]　　* vicinity [visínəti]
* neighborhood [néibərhud]　　* circumference [sərkʌ́mfərəns]

근교. 주위 / 환경		
둘러(에워)싸다 ⇒	환경, 상황 ⇒	주위의, 환경의
에워싸다, 둘러싸다 ⇒	환경/주의의, 둘레의 =	환경, 주위/무대장치, 배경
	상황, 환경 ⇒	상황에 의한 / 부수적인
주위, 주변 =	근처, 인근, 이웃 =	주변, 주위, 원주(圓柱)

UpGrade 확인학습

* **Environed** by the mountains, the village was very cozy and peaceful.
* A child can easily adjust to change in its **environment**.
* Muscles **surround** blood vessels in the body.
* The Soviet Union had been forced by **circumstances** to sign a pact with Nazi Germany.
* Even under the most favorable **circumstances**, this is not easy.

---

* 산들에 둘러싸여 있어서 그 마을은 아늑하고 평화로웠다.
* 아이는 쉽사리 환경의 변화에 적응할 수 있다.
* 근육들이 몸 안의 혈관을 에워싸고 있다.
* 소련은 상황에 몰려 나치독일과 협정을 체결하지 않을 수 없었다.
* 가장 유리한 상황 하에서도 이것은 쉽지 않다.

14 꽃

florist ← floral – bouquet – wreath – petal – pollen

flower ➡ flowering ➡ flowery

bloom ➡ blooming ➡ bloomy

blossom ➡ blossomy
⇕
fade = **fall**

cherry blossom – morning glory – magnolia – dandelion – chrysanthemum

marigold – lily – azalea

* bouquet [b(o)ukéi]　　* wreath [ri:θ]　　* petal [pétl]　　　* pollen [pɔ́lən]
* flower [fláuər]　　　* bloom [blu:m]　　* blossom [blásəm]　　* fade [feid]
* magnolia [mægnóuliə]
* dandelion [dǽdəlàiən] [불어의 dent de lion(tooth of lion) : 사자의 이빨 닮은] 민들레
* chrysanthemum [krisǽnθəməm]　　* marigold [mǽrigould]　　　* azalea [əzéiliə]

화초재배가, 꽃장수 ⬅	꽃의, 꽃 같은	–	부케, 꽃다발	–	화환, 고리	–	꽃잎, 화판	–	꽃가루
	꽃, 화초/만발	➡	개화/꽃이 피는	➡	꽃이 만발한/꽃 같은				
	꽃, 개화/청춘/꽃피다	➡	꽃이 핀, 만발한	➡	만발한				
	꽃, 만발/꽃피다			➡	꽃이 만발한				
시들다/사라지다 =	(꽃잎이) 지다								

벚꽃	–	나팔꽃	–	목련	–	민들레	–	국화
금잔화	–	백합	–	진달래				

UpGrade 확인학습

* He called at her house with a bunch of **flowers**.
* The variety of roses **bloom** late into the autumn.
* He was possessed of a rare talent that had never **bloomed**.
* The trees along the road were completely covered with yellow **blossoms**.
* The bright yellow **flower** of a dandelion later becomes a white ball of seeds.

---

* 그는 꽃을 한 다발 들고 그녀의 집을 방문했다.
* 다양한 장미들이 늦가을까지 꽃피운다.
* 그는 전혀 꽃피우지 못했지만 드문 재능을 가지고 있었다.
* 길을 따라 늘어선 나무들은 완전히 노란 꽃들로 뒤덮여 있었다.
* 민들레의 밝은 노란색 꽃은 나중에 종자를 품은 하얀 공이 된다.

15 나무

핵심정리

잔가지	**twig**		**sprig**	**spray**		**shoot**
큰가지		**branch**		**bough**		**limb**
줄 기			**trunk**	=	**stem**	
뿌 리				**root**		cf. uproot

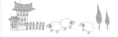
pine – maple – bamboo – poplar – oak – a ginkgo tree – vine

* twig [twig]   * sprig [sprig] 꽃이나 잎이 달린 작은 가지   * spray [sprei] 잔가지/분무기
* shoot [ʃuːt] 햇가지/새싹   * branch [bræntʃ]   * bough [bau]   * trunk [trʌŋk
* stem [stem]   * uproot [ʌprúːt] 뿌리째 뽑다, 근절하다   * pine [pain]
* maple [méipl]   * bamboo [bæbúː]   * poplar [páplər, pɔ́-]   * oak [ouk]
* ginko [dʒíŋkou]

소나무 – 단풍나무 – 대나무 – 미루나무 – 떡갈나무 – 은행나무 – 포도넝쿨

 UpGrade 확인학습

* He was busy making a fire from **twigs**.
* The trees were leafless except for the top-most **branches**.
* I sat down on a fallen tree **trunk** and thought deeply.
* He left his bicycle leaning against a tree **stem**.
* Slice the onions in half from **stem** to **root** end and add to bowl.

* 그는 잔가지들로 불을 피우느라 바빴다.
* 그 나무들은 가장 꼭대기의 가지들을 제외하고는 잎이 없었다.
* 나는 쓰러진 나무줄기 위에 앉아 깊은 생각에 잠겼다.
* 그는 자전거를 나무줄기에 기대어 놓았다.
* 양파를 줄기부터 뿌리 끝부분 까지 반으로 자른 뒤 그릇에 담아라

16 동물

inanimate ←	**animal** →	animate →	animation
	brute →	brutal →	brutally
	beast →	beastly	
fauna –	**zoo** →	zoology →	zoologist

mammal – reptile – birds = fowl – fishes – insect – worm

carnivore – herbivore – omnivore

* animate [ǽnimèit]   * brute [bru:t]   * beast [bi:st]   * zoo [zu:]
* zoology [zouálədʒ]   * mammal [mǽməl]   * reptile [reptáil]   * insect [ínsekt]
* carnivore [kά:rnivɔ̀:r] [carni(flesh)+vore(devour) ⇨ 고기를 게걸스럽게 먹다]
* herbivore [hɔ́:rbivɔ̀:r] [herb(풀)+devour] 초식동물   * fauna [fɔ́:na] (한 지역의) 동물(군)
* omnivore [ámnivɔ̀:r] [omni(all)+devour ⇨ 모든 것을 먹다] * fowl [faul]

생명이 없는, 무생물의 ←	동물 →	생명을 불어넣다 →	생기, 활기/만화영화
	짐승 →	냉혹한, 잔인한 →	야만스럽게, 난폭하게
	짐승 →	짐승 같은, 추잡한	
동물(군) –	동물원 →	동물학 →	동물학자

포유류 –	파충류 –	조류 =	조류 –	어류 –	곤충 –	벌레
육식동물 –	초식동물 –	잡식동물				

 UpGrade 확인학습

* Man is a gregarious **animal**.
* His appearance **animated** the party.
* She married a **brute** of a man.
* We were surrounded by **birds**, **beasts** and plants.
* To become a **zoologist**, you must attend college.

* 인간은 떼를 지어 사는 동물이다.
* 그가 나타나자 파티는 활기를 띠었다.
* 그녀는 짐승 같은 남자와 결혼했다.
* 우리는 새와 짐승들과 식물에 둘러싸여 있었다.
* 동물학자가 되려면 대학교에 다녀야 한다.

17 떼, 무리

flock	pack
drove	school
flight	shoal
herd	swarm
crowd, throng	

* flock [flak]   * pack [pæk]   * drove [drouv]   * school [sku:l]
* shoal [ʃoul]   * throng [θrɔːŋ, θrɔŋ]   * swarm [swɔːrm]   * crowd [kraud]

flock	새 · 양 · 염소 · 사람 떼 (떼 지어 모이다)	pack	사냥개 · 늑대의 떼
drove	이동 중인 소 · 양 · 돼지 떼	school	물고기 · 고래 등의 큰 떼
flight	날고 있는 것의 떼	shoal	물고기의 대군
herd	소 · 말과 비슷한 크기의 떼	swarm	곤충 떼
crowd, throng	사람의 무리		

* The old adage "birds of a feather **flock** together" is true in this case.
* This park is haunted by **packs** of savage dogs these days.
* A **shoal** of dolphins appeared near the coast.
* A large **flight** of swallows are moving quickly towards the south.
* There are **swarms** of bees flying here and there.
* A vast **crowd** gathered in the square.

* 오래된 속담 "유유상종"은 이 경우엔 사실이다.
* 이 공원은 요즈음 들개떼들이 출몰하곤 한다.
* 해안 가까운 곳에 돌고래 떼가 출현했다.
* 거대한 제비 떼가 남쪽으로 빠른 속도로 움직이고 있다.
* 벌떼들이 이곳저곳에서 날고 있다.
* 엄청난 군중이 광장에 운집했다.

* **adage** [ǽdidʒ] 금언, 격언, 속담

18 식물

```
plantation ⬅ plant ➡ plantlike ➡ planting ➡ planter
              |
            flora
              |
            botany ➡ botanist
              |
           vegetation
```

reed – lawn – weed – moss

tree – vegetable – herb – grass – crop – mushroom = fungus

* plantation [pæntéiʃən]   * flora [flɔ́ːrə]   * botany [bátəni]
* vegetation [vèdʒitéiʃən]   * vegetable [védʒitəbl]   * herb [həːrb]
* mushroom [mʌ́ʃruːm]   * fungus [fʌ́ŋgəs]

재배지, 농장 ⬅	식물, 초목/심다 ➡	(동물이) 식물 같은 ➡	파종, 재배 ➡	농장주인, 파종기
	(한지역, 한지방)	식물(군), 식물상		
	식물학 ➡	식물학자		
	(집합적) 초목			

갈대 – 잔디 – 잡초 – 이끼

나무 – 식물, 채소 – 풀, 약용식물 – 풀, 초목 – 농작물 – 버섯 = 효모균, 버섯

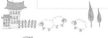 

UpGrade 확인학습

* Father **planted** a garden with fruit trees three years ago.
* What is the difference between animal and **plant**?
* This country has an abundance of lush green **vegetation**.
* Potatoes, cabbages, beans, onions, etc. are **vegetables**.
* In addition to raising cattle, he raised a **crop**.

---

* 아버지는 3년 전에 정원에다 과일나무를 심으셨다.
* 동물과 식물의 차이점은 무엇인가?
* 이 나라는 싱싱한 초록색 초목이 풍부하다.   * **lush** [lʌʃ] 청정한, 싱싱한
* 가자, 양배추, 콩, 양파 등은 야채들이다.
* 가축을 기르는 외에도 그는 농작물을 재배한다.

✳ 거지의 불만

거지 하나가 지나가던 신사에게 물었다.

"선생님 재작년까지는 제게 늘 만원을 주셨습니다.

그런데 작년에는 5,000원으로 줄더니 금년에는 천원으로 줄었습니다.

그 이유가 뭐지요?"

그러자 신사가 자초지종을 설명하였다.

"전에는 내가 총각이었으니 여유가 있었지 ….

하지만 작년에 결혼을 했고 금년에는 애까지 있으니 …"

그러자 거지가 어이없다는 표정으로 말했다.

"아니! 그럼 내 돈으로 당신 가족을 부양한단 말입니까?"

✳ 중학교 3학년 학생들에게 선생님이 질문을 했다.

"누가 '스트레이트'의 철자를 말해봐라."

그러자 앞줄에 앉아있던 학생이 대답했다.

"S-T-R-A-I-G-H-T입니다."

"그래 맞았어. 그런데 물론 뜻을 알고 있겠지?"

"예, 얼음을 넣지 않고 먹는 위스키입니다."

CHAPTER 02-9

주제
(사회와 문화)

01 가족 - 친척

 핵
 심
정
 리

familiarity	←	familiar	←	**family**	→	unfamiliar
		relation	←	**relative**	←	relate
		kin	→	**kindred**	→	kinsman
forefather	=	**ancestor**	→	ancestry	→	ancestral
posterity	=	**offspring**				

* family [fǽməli]　　* familiar [fəmíljər]　　* familiarity [fəmìliǽrəti]
* relate [riléit]　* relative [rélətiv]　* kindred [kídrid]　* forefather [fɔ́:rfàðər]
* ancestor [ǽnsistər]　　* posterity [pastériti]　　* offspring [ɔ́:fspriŋ]

친밀, 친근	←	친한, 잘 알려진	←	가족	→	친하지 않은, 생소한
		친척, 친족/관계	←	(비교적 먼)친척, 인척	←	관계되다, 관련이 있다
		친족, 친척/혈통	→	친족(의), 혈연(의)/유사한	→	일가의 남자
조상, 선조	=	조상, 선조	→	선조, 조상/가계, 가문	→	조상의, 선조의
자손, 후대	=	자식, 자손, 새끼				

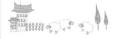

UpGrade 확인학습

* My **family** consists of five persons.
* It's too **familiar** for explanation.
* He is a **relative** by (=on) my father's side.
* Perhaps he needs to identify with **kin** or **family**.
* Pity and love are **kindred** feelings.

* 나의 가족은 5명이다.
* 그것은 너무도 익숙하여 설명할 필요도 없다.
* 그는 아버지 쪽 친척이다.
* 그는 아마도 친족이나 가족과 동화할 필요가 있다.
* 동정과 애정은 유사한 감정이다.

02 고객 – 손님

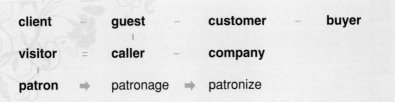

client	–	guest	–	customer	–	buyer
visitor	=	caller	–	company		
patron	⇒	patronage	⇒	patronize		

* client [klaiənt] (변호사, 의사 등 지적 직업인의) 고객
* guest [gest] (가정, 식사, 파티에 초대된) 손님, 내빈
* customer [kʌ́stəmər] (가게나 상점 따위의) 고객, 단골
* buyer [báiər] (상품의) 구매자, 바이어
* visitor [vízitər] (사람이나 집, 또는 지역이나 나라를 방문하는) 방문객
* caller [kɔ́:lər] (짧은 시간 동안 정식으로 방문하는) 내방자, 방문객
* company [kʌ́mpəni] (집합적 의미의) 손님, 방문객
* patron [péitrən] (호텔, 식당, 여관 등의) 단골손님, 고객 / (예술, 사업의) 후원자
* patronage [péitrənidʒ] (집합적) 단골손님, 고객 / 단골
* patronize [péitrənàiz] 후원하다, 단골이 되다

UpGrade 확인학습

* He has been a valued **client** of our bank for many years.
* **Patrons** are requested to wear neat attire.
* Marsha was a frequent **visitor** to our house.
* I had a lot of **callers** when I came home from the hospital.
* Thank you for your **patronage**.

---

* 그는 오랜 세월 우리 은행의 귀중한 고객이다.
* 손님들은 단정한 복장을 입을 것을 요망함.
* 마샤는 우리 집에 뻔질나게 드나들었다.
* 내가 병원에서 집으로 퇴원해 집에 왔을 때 방문객이 많았다.
* 자꾸 찾아주셔서 감사합니다.

* **attire** [ətáiər] 성장, 복장

핵
심
정
리

03 공공 – 개인

publicity	←	**public**	→	publicly	→	public relations
		‖				
		common				
		⇕				
privacy	←	**private**	→	privately		
		‖			‖	
individuality	←	**individual**	→	individually	→	individualism
person	→	personal	⇔	official	←	office

* public [pʌ́blik]　　* publicity [pʌblísiti]　　* common [kámən]　　* private [práivi
* privacy [práivəsi]　　* individual [ìndivídʒuəl]　　* person [pə́:rsn]　　* offcial [əfíʃəl]

주지, 공개, 선전	←	대중, 민중/공공의, 대중의 일반의, 공공의/공통의	→	공공연히	→	홍보활동, 섭외
사생활, 은거	←	개인적인/사립의	→	은밀하게, 개인적으로		
개성 / 개체, 개인	←	개인/개인적인	→	개인적으로	→	개인주의
사람, 인간 / 개성	→	개인의, 사적인	⇔	공무원/공무상의	←	사무소, 공직, 관직

UpGrade 확인학습

* The minister made a **public** protest against the policy.
* He is a **public** relations officer.
* It is to the **common** advantage that street traffic should be well controlled.
* I couldn't attend the meeting for **private** reasons.
* I don't want my **privacy** disturbed.

---

* 장관은 그 정책에 대하여 공개적으로 항의를 했다.
* 그는 대민 홍보관이다.
* 거리의 교통이 잘 통제되는 것이 공공의 이익에 부합된다.
* 개인적 이유 때문에 그 모임에 참석할 수가 없습니다.
* 나는 사생활을 침해받고 싶지 않다.

04 관계

relationship ⇐ **relation** ⇐ relate ⇒ relative ⇒ relatively
=
irrespective ⇐ **respect** ⇒ respective ⇒ respectively

bear ⇒ **bearing**
=
refer ⇒ **reference**
=
regard ⇒ regarding ⇒ regardless (of)

* relation [riléiən]　　　 * relative [rélətiv]　　　 * respect [rispékt] 관계, 관련/존경
* bearing [béəriŋ]　　　 * refer [rifə́:r]　　　　　 * reference [réfərəns]
* regard [rigá:rd]

관계, 관련 ⇐ 관계, 관련 ⇐ 관련짓다 ⇒ 관계있는/(먼)친척 ⇒ 비교적, 상대적으로
~을 무시하고 ⇐ 관계, 관련 ⇐ 개개(각각)의 ⇒ 각각, 각자

관계가 있다/낳다/지탱하다 ⇒ 관계, 관련/태도
조회(문의)하다/관계가 있다 ⇒ 관계, 관련/참조
　　　　　　　　　　　　　　관계, 관련/존경 ⇒ ~에 관해서 ⇒ ~에도 불구하고

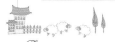

UpGrade 확인학습

* It is difficult to **relate** these results with any known cause.
* The effort and expense needed for this project bore no **relation** to the results.
* He didn't say a word with **respect** to the matter.
* He rushed forward to help, **irrespective of** the consequences.
* What he said has no **bearing** on the project.
* His remarks have no special **regard** to the matter.
* I know nothing **regarding** the matter.

---

* 이 결과들은 어떠한 알려진 원인과 결부시키는 것이 어렵다.
* 이 계획에 필요한 노력과 비용은 결과와는 전혀 관계가 없었다.
* 그는 그 문제에 관하여 한 마디도 하지 않았다.
* 그는 결과에는 아랑곳없이 돕기 위하여 앞으로 내달았다.
* 그가 말한 것은 그 계획과 관계가 없다.
* 그의 말은 그 문제와는 특별한 관계가 없다.
* 나는 그 문제에 관해서 아무것도 알지 못한다.

05 구속, 억제

핵심정리

curb
‖
restrained ⇐ **restrain** ⇒ restraint
‖
restricted ⇐ **restrict** ⇒ restriction
‖
confined ⇐ **confine** ⇒ confinement
‖
detain ⇒ detention ⇒ detention home

* curb [kəːrb]   * restrain [ristréin]   * restrict [ristríkt]
* confine [kənfáin]   * detain [ditéin]   * detention [diténʃən]

재갈, 고삐/억제하다
삼가는, 억제된 ⇐ 억제(제지)하다 ⇒ 억제, 제지, 자제/ 구속
제한된, 한정된 ⇐ 제한(한정)하다 ⇒ 제한, 한정/구속, 속박
갇힌 ⇐ 한정(제한)하다/감금하다 ⇒ 제한/감금
구류(감금)하다 ⇒ 구류, 유치, 구금 ⇒ 소년원

UpGrade 확인학습

* It is essential at this stage to take measures to **curb** the spread of the virus.
* I had to **restrain** her from running out into the street.
* The police were praised for their **restraint** in handling the demonstrators.
* The agreements **restrict** competition.
* He was allegedly **confined** in a narrow and dark room for two months.

* 이 단계에서는 그 바이러스의 확산을 억제할 조처를 취하는 것이 긴요하다.
* 나는 그녀가 거리로 뛰쳐나가는 것을 제지해야만 했다.
* 경찰은 시위대를 다루는데 자제심을 발휘했다고 칭찬을 받았다.
* 그 협정들은 경쟁을 제한하고 있다.
* 들리는 바에 따르면 그는 두 달 동안 비좁고 어두운 방에 유폐되어 있었다고 한다.

* **allegedly** [əlédʒidli] 주장한(전해진) 바에 의하면

06 권리 - 의무

right	rightful	righteous
claim	claimant	
title	entitle	
privilege	privileged	
authority	authoritative	authorize
duty	dutiful	
obigation	obligatory	

* righteous [ráitʃəs]   * claimant [kléimənt]   * entitle [entáitl]
* privilege [prívilidʒ]   * authority [əθɔ́:rəti]   * authoritative [əθɔ́:rətèitiv]
* duty [djú:ti]   * obligation [àbligéiʃən, ɔ́-]   * obligatory [əblígətò:ri]

일반적 권리	합법적인 정의의, 정당한
청구권(권리로서의 요구, 청구)	청구자
소유권(정당한 권리) / 표제, 제목	권리(자격)을 부여하다 / 칭호를 주다
특권	특권이 있는
권한, 권위	권위 있는, 믿을만한 권한(권능)을 주다
(양심·도덕·법률에 의한) 일반적 의무	책임 있는, 의무에 충실한
(특정한 약속·계약·관습에 의한) 의무	의무적인, 필수의

* A citizen has the **right** to life, liberty and happiness.
* The majority of those who **claim** asylum are genuine refugees.
* You have no **title** to ask for our support.
* He had no special **privilege** and was treated just like every other prisoner.
* Could I speak to someone in **authority** please?
* We feel it is our **duty** to help them.
* Every citizen has **obligation** to his community.

----

* 시민은 생명, 자유, 행복을 누릴 권리가 있다.
* 망명을 요청하는 사람들의 대다수는 진정한 망명자들이다.
* 너는 우리에게 지지를 요청할 자격이 없다.
* 그에게 특권은 없었으며 바로 다른 죄수들과 똑같은 대우를 받았다.
* 권한 있는 사람과 이야기 좀 나누고 싶습니다.
* 그들을 돕는 것이 우리의 의무라고 느낍니다.
* 모든 시민은 자기가 속한 공동체에 대한 의무를 지니고 있다.

07 대접(환대)하다

   핵심정리

welcomer ← **welcome** → welcoming

entertainer ← **entertain** → entertaining → entertainment

treat → treatment

receive → reception → receipt

hospitable ← hospitality

* welcome [wélkʌm]　　　* entertain [èntərtéin]　　　* treat [triːt]
* receive [risíːv]　　　* reception [risépʃən]　　　* hospitality [hàspitǽliti]

환영하는 사람	←	환영하다/환영받는	→	환대를 잘하는	
환대하는 사람, 연예인	←	대접(환대)하다/재미나게 하다	→	흥겨운, 재미있는	→ 대접, 환대/오락/연회
		대접(환대/처리)하다	→	대우, 처우/치료(법)	
		환영하다/받다	→	받기, 수령/환영	→ 수취, 영수(증)
		후히 대접하는, 붙임성 있는	←	환대, 후히 대접	

UpGrade 확인학습

* You are **welcome** to use my bicycle at any time.
* He **entertained** his friends at a garden party.
* Public relations executives usually are **entertaining**.
* They fell into water, much to the **entertainment** of the onlookers.
* A **reception** was held for the new ambassador.
* We got **receipts** for each thing we bought.
* Mr. Steinberg was a good-natured and **hospitable** man.

---

* 당신은 언제라도 제 자전거를 사용해도 좋습니다.
* 그는 가든파티에서 친구들을 대접했다.
* 홍보관계 이사들은 대개 재미있다.
* 그들은 물에 빠져 구경꾼들의 흥을 자아냈다.
* 신임대사를 위하여 환영회가 개최되었다.
* 우리는 우리가 산 모든 물건에 대하여 영수증을 받았다.
* 스타인버그씨는 친절하고 붙임성 있는 사람이었다.

08 도시 - 시골

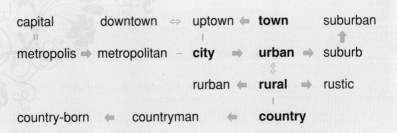

capital		downtown ⇔	uptown ⇐	town	suburban
metropolis ⇒	metropolitan -	city ⇒	urban ⇒	suburb
		rurban ⇐	rural ⇒	rustic
country-born ⇐	countryman ⇐	country

* downtown [dáuntáun] [전통적으로 주택지구는 좀 높은(up) 곳에 위치하고 상업지구는 중심지의 낮은(down) 지구에 위치]
* capital [kǽpətl]   * metropolis [mitrápəlis]
* urban [ɔ́ːrbʌn]   * suburb(an) [sʌ́bəːrb] [sub(under, near)+urb(city) ⇨ 도시 가까운 곳]
* rural [rúːrəl]   * rurban [rɔ́ːrbən] [r(ural)+urban ⇨ 시골 도시의] 전원 도시의
* country-born [kʌ́ntribɔ́ːrn]

수도/자본	도심지, 상업지구 ⇔ 주택 지구 ⇐	읍, 시	교외의, 시외의
수도, 대도시, 중심지 ⇒ 수도의, 대도시의 -	시, 도시 ⇒	도시(특유)의 ⇒	교외, 시외
	전원도시의 ⇐ 시골의, 전원의 ⇒	시골(풍)의/촌놈
시골태생의 ⇐	동포/시골사람, 촌사람 ⇐	나라/지방 /시골

 UpGrade 확인학습

* He works for a law firm in **downtown** Miami.
* He lives in an apartment a little farther **uptown**.
* The city has become a huge and bustling **metropolis**.
* Don't you be bored of living out here in the **suburbs**?
* It's very **rural** round here, isn't it?

* 그는 마이애미 상업 지구에 있는 한 로펌에서 일한다.
* 그는 좀 더 외곽 주택지구의 아파트에 살고 있다.
* 그 도시는 거대하고 북적거리는 대도시로 변모했다.
* 여기 교외로 나와 사는데 진력이 나지 않나요?
* 이 근처는 꽤 시골스럽지요?

09 문화 - 문명 - 야만

savage ➡ savagery
‖
barbarism ⇕ barbarian ➡ barbarous
⇕
culture ➡ cultural ➡ cultured ➡ culture shock
|
civil ➡ civilization ⬅ civilize ➡ civilized ⬌ uncivilized
|
enlightenment ⬅ enlighten ➡ enlightening

* savage [sǽvidʒ]　　* barbarian [ba:rbέəriən]　　* barborous [bá:rbərəs]
* culture [kʌ́ltʃər]　　* civilization [sìvilaizéiʃən]
* enlighten [inláitn] [en(in)+light(빛) (문명의)빛 속으로 보내다] 개화시키다

			야만인(의) ➡ 야만, 미개/흉포
야만, 미개, 무식	⬅	야만인(의) ➡ 야만스런, 미개한
문화, 교육(교양) ➡ 교양의, 문화의		고상한, 세련된 ➡ 문화충격
시민의/예의 바른 ➡ 문명, 문화/개화 ➡ 개화시키다 ➡		문명의, 개화된 ⬌ 미개한, 야만의
계발, 교화, 개화 ⬅ 계몽(교화, 설명)하다 ➡ 계몽적인, 밝혀주는		

UpGrade 확인학습

* Twelve thousand years ago, your ancestors were primitive **savages** living in caves.
* He was a fervent admirer of Roman and Greek **culture**.
* Their aim is to create an orderly, just and **civilized** society.
* The Romans brought **civilization** to many of the lands they conquered.
* Baldwin **enlightened** her as to the nature of the experiment.

* 만 이천년 전 당신들의 조상은 동굴에서 생활하는 원시 야만인이었다.
* 그는 로마와 그리스 문화의 열렬한 숭배자였다.
* 그들의 목표는 질서정연하고 정의로운 문명사회를 창설하는 것이다.
* 로마인들은 그들이 정복한 많은 나라에 문명을 전했다.
* 볼드원은 그녀에게 그 실험의 성격에 대하여 설명해 주었다.

10 부유하다 – 가난하다

<table>
<tr><td></td><td></td><td>enrich</td><td>=</td><td>richen</td><td></td><td></td></tr>
<tr><td></td><td></td><td>↑</td><td></td><td></td><td></td><td></td></tr>
<tr><td>riches</td><td>←</td><td>rich</td><td>➡</td><td>richly</td><td>➡</td><td>richness</td></tr>
<tr><td>=</td><td></td><td>=</td><td></td><td></td><td></td><td>=</td></tr>
<tr><td>wealth</td><td>➡</td><td>wealthy</td><td>➡</td><td>opulent</td><td>➡</td><td>opulence</td></tr>
<tr><td>⇕</td><td></td><td>⇕</td><td></td><td>⇕</td><td></td><td></td></tr>
<tr><td>impoverish</td><td>←</td><td>poverty</td><td>←</td><td>poor</td><td>➡</td><td>poorly</td></tr>
<tr><td>=</td><td></td><td>=</td><td></td><td>=</td><td></td><td></td></tr>
<tr><td>indigence</td><td>←</td><td>indigent</td><td>=</td><td>destitute</td><td>=</td><td>needy</td></tr>
</table>

estate	=	assets	=	property	=	means

* enrich [inrítʃ] [en(make)] 풍요(풍부)하게 하다
* wealth [welθ]
* opulent [ápjuənt]
* poverty [pávərti]
* impoverish [impávəriʃ]
* indigence [índidʒəns]
* destitute [destitjuːd]
* assets [ǽsets]
* property [prápərti]
* estate [istéit]
* fortune [fɔ́ːrtʃən]

		부유(풍요)롭게 하다	=	풍부하게 만들다		
	부, 재물 ←	부자의, 부유한	➡	풍부하게/짙게	➡	부유, 풍요
	부, 재산, 풍요 ➡	풍부한, 유복한	=	부유한, 풍부한	➡	부유, 풍부
가난하게 만들다 ←	가난/결핍 ➡	가난한, 빈곤한	➡	가난하게, 서투르게		
극심한 곤궁, 극빈 ←	가난(궁핍)한	=	결핍한, 가난한	=	매우 가난한	

소유지, 별장/재산	=	자산, 재산	=	재산, 자산	=	자력, 재산

 UpGrade 확인학습

* I will reward you **richly**.
* Libraries were enlarged and **enriched** by new books.
* His air of confidence and his **wealth** of knowledge made him seem ageless.
* There are thousands living in **poverty**.

* 당신에게 후하게 보상하겠습니다.
* 도서관들은 새로운 책들로 인하여 확대되고 풍성해졌습니다.
* 자신만만한 태도와 풍부한 지식으로 인하여 그는 늙지 않은 것 같아 보였다.
* 수천 명이 가난하게 살고 있다.

11 서명

핵심정리

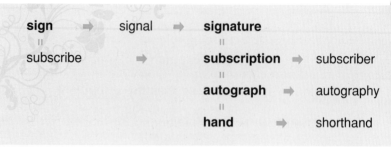

sign	➡	signal	➡	signature
subscribe		➡		subscription	➡	subscriber
				autograph	➡	autography
				hand	➡	shorthand

* sign [sain]   * signal [sígnəl]   * signature [sígnətʃər]
* subscribe [səbskráib]   * subscription [səbskrípʃən]   * autograph [ɔ́:təgræf]
* autography [ɔːtágrəfi]   * shorthand [ʃɔ́:rthænd]

표/손짓/서명(사인)하다 ➡ 신호를 보내다/암호, 신호기 ➡ 서명, 사인
서명(기명)하다   ➡   기부, 서명/예약 구독 ➡ 기부자, 서명자
                                                          자필, 친필, 서명, 사인 ➡ 자필, 친필
                                                          서명/손/필적   ➡   속기(하다)

* I was in the act of **signing** a traveller's cheque.
* He sat in the studio and waited for the **signal** to speak.
* He underlined his **signature** with a little flourish.
* Would you send me your **autograph** ?
* I won't set my **hand** to the document.

---

* 나는 여행자 수표에 사인을 하는 중이었다.
* 그는 방송실에 앉아서 말하라는 신호를 기다렸다.
* 그는 자기의 서명을 조금 멋 부려서 강조했다.
* 당신의 서명(사인)을 보내주시겠습니까?
* 나는 그 서류에 서명을 하지 않겠다.

* **flourish** [flə́:riʃ] 화려한 몸짓, 장식체 / 번창(융성)하다

12 시대

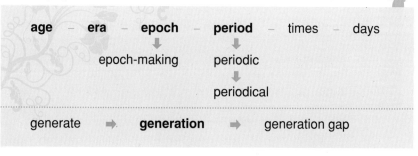

핵심정리

age – era – epoch – period – times – days

epoch-making   periodic

periodical

generate ➡ generation ➡ generation gap

* age [eidʒ]
* era [í(:)rə]
* epoch [épək]
* period [píəriəd]
* periodic [pìəriádik]
* generate [dʒénərèit]
* generation [dʒènəréiʃən]

| 시대/나이/노년 – 시대 – (획기적인) 시대 획기적인 | 시기, 시대, 주기 – 시대 – 시대 주기적인, 정기적인 정기간행물, 잡지 |

낳다, 발생시키다/태어나다 ➡ 세대 ➡ 세대차

age	중심적 인물, 명확한 특색이 지배적인 시대	era	특히 새로운 상태에 들어간 시대
epoch	현저한 변화로 상징되는 era의 개막, 또는 그 era	period	단지 어느 특징에 의해 구별되는 시기

 UpGrade 확인학습

* The present is the **Age** of Uncertainty.
* We live in the **era** of environment conservation.
* Einstein's theory marked a new **epoch** in the mathematics.
* The actors will wear costumes of the **period** of the Renaissance.
* You had better take in a **periodical** like the New York Review of Books.

* 현재는 불확실성의 시대이다.
* 우리는 환경보전의 시대에 살고 있다.
* 아인슈타인의 이론은 수학의 신기원을 이루었다.
* 배우들은 문예부흥 시대의 의상을 입을 것이다.
* 당신은 뉴욕 서평과 같은 정기 간행물을 받아보시는 것이 좋습니다.

13 연극

comic(al) ⇐ **comedy** ⇒ comedian

tragic(al) ⇐ **tragedy** ⇒ tragedian ⇒ tragicomedy

action ⇐ **act** ⇒ acting ⇒ actor ⇒ actress

play ⇒ player

performance ⇐ **perform** – **rehearse** ⇒ rehearsal

stage – spectator = audience – spotlight – footlight

* comedy [kámədi]　　* comedian [kəmíːdiən]　　* tragedy [trǽdʒədi]
* tragedian [trədʒíːdiən]　　* action [ǽkʃən]　　* performance [pərfɔ́ːrməns]
* rehearse [rihə́ːrs]　　* stage [steidʒ]　　* audience [ɔ́ːdiəns]
* spectator [spékteitər]　　* spotlight [spɔ́tlàit]

희극의, 우스꽝스런 ⇐ 희극(적 요소) ⇒ 희극배우, 코미디어

비극의, 비참한 ⇐ 비극/참사, 참극 ⇒ 비극작가(배우) ⇒ 희비극(적 사건)

연극/행동, 작용 ⇐ (연극의) 막, 연기(하다) ⇒ 연기/실행/대리의 ⇒ 배우 ⇒ 여배우

연극, 희곡, 오락 ⇒ 배우, 연주가/운동선수

상연, 연기/이행 ⇐ 연기(상연)하다/이행하다 = 연습(시연)하다 ⇒ 리허설, 총연습

무대/단계 – 구경꾼, 관객 = 청중, 관중 – 집중 광선 – 각광

 UpGrade 확인학습

* Those who didn't go through the Korean war can't understand its **tragedy**.
* Such a **tragic** event will never come about again.
* We couldn't help laughing at his **comical** behavior.
* He makes a living as a **playwright**.
* He **performed** for them a dance of his native Samoa.

---

* 한국 전쟁을 겪어보지 않은 사람은 그 비극을 이해할 수 없다.
* 그런 비극적 사건은 결코 다시는 발생하지 않을 것이다.
* 우리는 그의 우스꽝스러운 행동을 보고 웃지 않을 수 없었다.
* 그는 극작가로 생계를 유지한다.
* 그는 그들을 위해 그의 출생지인 사모아의 춤을 추었다.

---

*paly-book = scenario 대본　　*playwriter = playwright 극작가　　*protagonist 주인공
*farce 광대극　　　　　　　　*clown = minstrel 광대

14 영화

direction ←	**direct** ➡	director ➡	an assistant director
production ←	**produce** ➡	producer	
	cast ➡	casting	
film =	**cinematograph** =	photograph ➡	photography
scene ➡	scenario –	screen	
theater =	cinema =	the movie =	the pictures

* direct [dirékt] * produce [prədjúːs] * production [prədʎkʃən]
* cinematograph [sìnəmǽtəgrὰf] * photograph [fóutəgrὰf] * photography [fətágrəfi]
* scenario [siέəriòu] * screen [skriːn]

감독, 연출/방향/지도 ←	감독(지휘)하다 ➡	감독 ➡	조감독
제작, 연출, 상연/생산 ←	제작(연출, 상연)하다/생산하다 ➡	제작(연출)자/생산자	
	던지다/역을 배정하다 ➡	배역(을 정함)	
촬영하다/필름 =	촬영하다/영사기 =	촬영하다/사진 ➡	사진술, 사진촬영
무대, 장면/경치 ➡	대본 –	영사막/스크린/가리다	
	극장, 영화관		

 UpGrade 확인학습

* The play is **directed** by Frank Hauser.
* His **direction** of the movies has been strongly criticized.
* Disney's latest **production** looks likely to be their most successful ever.
* She is in Zimbabwe **filming** a documentary for the BBC.

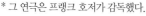

* 그 연극은 프랭크 호저가 감독했다.
* 그의 그 영화의 연출법이 강력한 비난을 받고 있다.
* 디즈니의 최신 작품은 이제까지 가장 성공적인 작품이 될 듯하다.
* 그녀는 지금 짐바브웨에서 BBC를 위해 다큐멘터리를 촬영 중이다.

Spider English

15 자유

핵
심
정
리

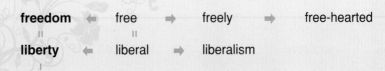

freedom	←	free	→	freely	→	free-hearted
liberty	←	liberal	→	liberalism		
liberation	←	liberate	=	emancipate	→	emancipation

* freedom [fríːdəm]   * liberty [líbərti]   * liberate [líbərèit]   * liberal [líbərəl]
* emancipate [imǽnsipèit] [e(away from)+man(hand)⇨손에서 벗어나게 하다] 해방하다, 석방ㅎ

(절대적인) 자유	←	자유로운/활수한	→	자유롭게, 거리낌 없는	→	거리낌 없는, 쾌활한
(법적인) 자유	←	자유주의의/너그러운	→	자유주의		
해방, 석방	←	해방(석방)하다	=	해방(석방)하다	→	해방, 석방

UpGrade 확인학습

* He is **free** with his advice.
* We are all comrades here and I will talk **freely**.
* The indian people won **freedom** after Independence.
* He is **liberal** of promises but not **liberal** of money.
* They fought to defend their **liberty**.
* The professor advised me to **liberate** my mind from prejudice.

---

* 그는 충고를 아끼지 않는다.
* 여기 있는 우리 모두는 동료입니다. 그러므로 거리낌 없이 말씀드리겠습니다.
* 인디언들은 미국의 독립 후에 자유를 쟁취했다.
* 그는 주겠다는 약속은 선선히 하나 돈 내는 데는 인색하다.
* 그들은 자신들의 자유를 수호하기 위하여 싸웠다.
* 교수님은 내 마음을 편견으로부터 해방시키라고 충고하셨다.

16 주인 - 노예 (고용주 - 고용인)

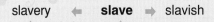

slavery ⬅ **slave** ➡ slavish
⇕   ⇕
mastery ⬅ **master** ⬌ **servant**
|
unemployment ⬌ employment ⬅ **employ** ➡ employer ⬌ employee

* slave [sleiv]   * slavery [sléivəri]   * master [mǽstər]
* servant [sə́:rvənt]   * employ [implɔ́i]   * employee [implɔ́ii:]

노예 제도, 노예 신분 ⬅ 노예, 포로 ➡ 노예의, 노예 같은
지배(권), 통솔력 ⬅ 고용주, 주인 / 대가 ⬌ 하인, 종
실업(상태) ⬌ 사용, 이용, 고용 ⬅ 고용(사용)하다 ➡ 고용주, 주인 ⬌ 고용인, 종업원

UpGrade 확인학습

* They really worked for the abolition of **slavery**.
* Like **master**, like man.
* Man gradually achieved a greater **mastery over** his environment.
* He **employed** a lawyer to draw up his will.
* The government is concerned about the level of **unemployment**.

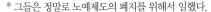

* 그들은 정말로 노예제도의 폐지를 위해서 일했다.
* 그 주인에 그 하인 - 약장(弱將) 밑에 강졸(强卒) 없다.
* 인간은 점차적으로 환경에 대하여 보다 큰 지배력을 획득했다.
* 그는 유서작성을 위하여 변호사를 고용했다.
* 정부는 실업 수준에 대하여 우려하고 있다.

17 참가하다

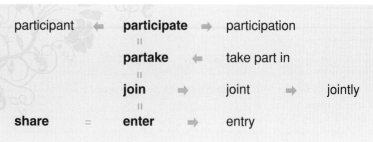

participant ← **participate** → participation

　　　　　　　　=

　　　　　　　partake ← take part in

　　　　　　　　=

　　　　　　　join → joint → jointly

　　　　　　　　=

share = **enter** → entry

* participate [pɑːrtísipèit] [part+cipate(take) ⇨ 몫을 취하는 것은] 참여하다
* partake [pɑːrtéik] [part+take] 　　* join [dʒɔin] 　　* share [ʃɛər]
* enter [éntər] 　　　　　　　* entry [éntri]

　참가자, 가입자 ← 가담(참여)하다 ⇒ 참가, 가입
　　　　　　　　가담하다, 한 몫 끼다 ← 참여하다
　　　　　　　　참가(가입)하다 ⇒ 이음매, 관절/공통의 ⇒ 함께, 공통으로
　몫, 할당/참가하다 = 참가(입회, 입학)하다 ⇒ 참가, 등록/입장, 가입

 UpGrade 확인학습

* We asked students to **participate in** an antidrug campaign.
* She was a willing **participant** in this campaign.
* Prisoners are deprived of the right to **partake in** social decision-making.
* After a few moments she **joined** the discussion.
* It was built **jointly** by France and Germany.

* 우리는 고등학교 학생들에게 마약퇴치 운동에 참여할 것을 촉구했다.
* 그녀는 이 운동의 자발적인 참여자였다.
* 죄수들은 사회적 결정과정에 참여할 권리가 박탈되어 있다.
* 잠시 후 그녀는 토론에 가담했다.
* 그것은 프랑스와 독일에 의하여 함께 건설되었다.

18 친구 – 동료

friend	친구의 일반적인 말	벗, 동무, 친구	(구어) chum, pal
acquaintance	만나면 말을 나눌 정도 사이	아는 사람, 지인	
associate	공통의 이익, 목적을 나누는 사이	동료, 패, 조합원	
companion	어떤 행동·상태를 같이 하는 사람	친구, 동료, 반려	=fellow
comrade	공동의 목적으로 굳게 맺어진 동지	동료, 동지, 전우	=fellow
colleague	직업상의 동료	동료	(구어) buddy
crony	오랜 세월(학창시절)의 친구	(구어) 친구, 벗	

* chum [tʃʌm]
* companion [kəmpǽnjən]
* crony [króuni]

* acquaintance [əkwéintəns]
* comrade [kámræd]
* buddy [bʌ́di]

* associate [əsóuʃiːt]
* colleague [kalíːg]

 UpGrade 확인학습

* A **friend** in need is a **friend** indeed.
* He gave me a **friendly** pat on the shoulder.
* I've got a new job and a new set of work **associates**.
* **Comrades**, let's stand up against them with confidence.
* Listen **pal**, you had better be careful about what you say.
* His **colleagues** will meet together here tomorrow.
* He has been my **crony** for thirty years.

---

* 어려울 때의 친구야말로 진짜 친구이다.
* 그는 다정하게 내 어깨를 두드렸다.
* 나에게 새로운 직업과 새로운 직장 동료들이 생겼다.
* 동지들, 자신감을 가지고 그들에 대항하여 일어섭시다.
* 여보게 친구, 자네 말조심하는 게 좋겠네.
* 그의 동료들은 내일 여기에서 모일 것이다.
* 그는 30년 동안 나의 친한 친구였다.

19 외교 (diplomacy)

ambassador – embassy		
consul ➡ consular ➡ consulate		
mission ➡ missionary		
delegate ➡ **delegation**		
diplomacy ➡ diplomatic		

* ambassador [æmbǽsədər]   * embassy [émbəsi]   * consul [kánsəl]
* consulate [kánsələt]   * mission [míʃən]   * missionary [míʃənèri]
* delegate [déligèit]   * diplomacy [diplóuməsi]   * diplomatic [dìpləmǽt

	대사, 특사 –	대사관 (직원)	
	영사, 집정관 ➡	영사(관)의 ➡	영사관
	사절(단)/사명, 임무 ➡	선교사, 전도사/사절	
대리자, 대표, 사절 ➡	대표단, 대표 임명		
	외교(술), 외교적 수완 ➡	외교의, 외교상의	

 UpGrade 확인학습

* A crowd began to collect in front of the **embassy**.
* The **ambassador** was called back to London by the prime minister.
* The government dispatched an economic **mission** to India.
* Around 400 **delegates** attended the conference.
* **Diplomatic** efforts to end the fighting began on August 17.

* 대사관 앞으로 군중들이 모여 들기 시작했다.
* 대사는 수상에 의해 런던으로 소환되었다.
* 정부는 인도에 경제 사절단을 파견했다.
* 대략 400여명의 대표가 회의에 참석했다.
* 그 전투를 종식시키려는 외교적 노력이 8월 17일 시작되었다.

* **dispatch** [dispǽtʃ] 급파하다 / 신속히 처리하다

316

20 입법 (legislation)

lawmaking ➡ lawmaker
||
legislation ⬅ **legislate** ➡ legislator ➡ legislative ➡ legislature
|
constitution ⬅ **constitute** ➡ constituent ➡ constitutional
||
enact ➡ enactment

the National Assembly = Parliament = Congress

senate ➡ senator – representative – chairman

* lawmaker [lɔ́:mèikər] * legislate [lédʒislèit] * constitute [kánstətjùːt]
* enact [inǽkt] * assembly [əsémbli] * parliament [páːrləmənt]
* congress [káŋgres] * senate [sénət]
* representative [rèprizéntətiv] * chairman [tʃɛ́əmən]

입법(의) ➡ 입법자, 국회위원
법률제정, 입법 ➡ 법률을 제정하다 ➡ 입법자, 법률제정자 ➡ 입법부의 ➡ 입법부
구성, 조직/헌법 ⬅ 구성(제정)하다 ➡ 구성하는, 헌법 제정의 권능이 있는 ➡ 구성(조직)의/헌법의
제정(규정)하다 ➡ (법)제정, 법령, 법규

(한국, 프랑스) 국회 = (영) 국회 = (미) 국회
의회 / 상원 ➡ 상원(원로원) 의원 – (하원) 국회의원/대표자 – 의장

UpGrade 확인학습

* A senior **lawmaker** is expected to be named to be prime minister.
* The government promised to **legislate** against discrimination.
* This is a very important piece of **legislation**.
* The rise in crime **constitutes** a great threat to society.
* Canada's government announced last month that it would **enact** similar legislation soon.

* 한 원로 국회의원이 수상에 임명될 것으로 기대되고 있다.
* 정부는 인종차별 금지를 법제화 할 것을 약속했다.
* 이것은 아주 중요한 법안이다.
* 범죄의 증가는 사회에 커다란 위협이 된다.
* 캐나다 의회는 지난 달 곧 유사법안을 제정할 것이라고 발표했다.

21 법과 규칙

핵
심
정
리

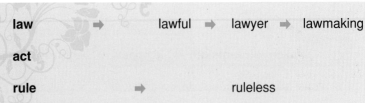

law	➡		lawful	➡	lawyer	➡	lawmaking
act							
rule	➡				ruleless		
regulation	⬅				regulate		
statute							

* lawyer [lɔ́:jər]   * regulate [regjúleit]   * statute [stǽtʃu:t]

law	「법」의 가장 일반적인 말	합법의	변호사	입법
act	입법부가 제정하는 성문법, 법령, 조례		
rule	질서·규율을 위해 일반적으로 지켜지는 규칙	규칙이 없는	
regulation	어떤 조직의 통제·운영을 위한 법규(규칙)	규제(통제)하다	
statute	(성문법) 법령, 법규		

UpGrade 확인학습

* By **law**, seatbelts must be worn by all passengers.
* The **lawyer** filed a lawsuit against the city.
* **Act** on Entry and Exit and Legal Status of Overseas Koreans will take effect next year.
* You have to follow the **rules** precisely in order to lose weight fast.
* Under the new **regulations**, all staff must have safety training.
* Protection for consumer is laid down by **statute**.

....

* 법에 의거하여 모든 승객은 안전벨트를 착용해야 한다.
* 그 변호사가 시를 상대로 소송을 제기했다.
* 재외 동포의 출입국과 법적지위에 대한 법률은 내년에 시행될 것이다.
* 당신이 빨리 체중을 줄이려면 정확하게 규칙을 따라야만 합니다.
* 새로운 규정 하에서는 모든 직원이 안전 훈련을 받아야 한다.
* 소비자 보호가 법규에 규정되어 있다.

22 선거

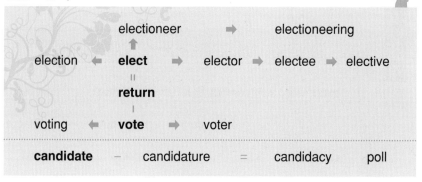

* elect [ilékt]   * electioneer [ilékʃənìər]   * candidate [kǽndidèit]
* candidature [kǽndidətʃər]   * vote [vout]   * poll [poul]

선거운동을 하다   ➡   선거운동
선거, 당선 ⬅ 선거(선출)하다 ➡ 선거권, 유권자 ➡ 선출된 사람 ➡ 선거의, 선거권을 가진
선출(선거)하다
투표, 선거 ⬅ 투표하다/투표용지 ➡ 투표자, 유권자

후보자, 지원자   -   입후보 자격   =   입후보자격   여론조사

 UpGrade 확인학습

* a direct vote / a secret vote / an open vote / a voice vote / a popular vote
* The decision to postpone **elections** is a serious matter.
* Over 36% of **electors** did not vote at all.
* At the election she was **returned** as the Mayor of the city.
* There were only three **candidates** for the job.

....

* 직접투표 / 무기명(비밀)투표 / 기명투표 / 구두투표 / 일반투표
* 선거를 연기하겠다는 결정은 심각한 문제이다.
* 유권자의 36% 이상이 전혀 투표를 하지 않았다.
* 선거에서 그녀는 시장으로 선출되었다.
* 그 일엔 단지 지원자가 세 명 뿐이었다.

23 법정(court) 1

			try	⇒	trial
judicial	⇒	judiciary	=	judge	⇒	judgement
exconvict	⇐	convict	−	sentence		lawyer
			prosecution	⇐	prosecute	⇒	prosecutor
cf. witness				defend	=	plead

* judge [dʒədʒ]　　* judicial [dʒúːdiʃəl]　　* judiciary [dʒuːdíʃièri]
* convict [kánvikt]　　* exconvict [ikskánvikt]　　* sentence [séntəns]
* lawyer [lɔ́ːjər]　　* prosecute [prásikjùːt]　　* defend [difénd]
* witness [wítnis]　　* plead [pliːd]

			시험(재판)하다	⇒	심리, 재판/시험
사법(재판)의	⇒	법관, 판사 =	판사/재판(심리, 판단)하다	⇒	재판, 심판/판단
전과자	⇐	죄수, 기결수 −	선고(하다), 판결(을 내리다)/문장		변호사
		기소, 고발 ⇐	기소(공소)하다	⇒	기소자, 검사
cf. 목격자, 증인			변호(방어)하다	=	변호(변명, 탄원)하다

UpGrade 확인학습

* Terry was offering to settle out of **court** for 10,000 dollars.
* A youth was tried in the **criminal courts** for stealing.
* My personal **judgement** is that he is absolutely right.
* She received an eight-year prison **sentence**.
* The evidence is not sufficient to bring a **prosecution** against him.

* 테리는 10,000달러에 법정 밖에서 해결하자고 제안 중이었다.
* 한 젊은이가 절도 혐의로 형사법정에서 재판을 받았다.
* 내 개인적인 판단으로는 그가 절대적으로 옳다.
* 그녀는 8년의 금고형을 선고 받았다.
* 그를 기소하기에는 증거가 불충분하다.

24 법정 2

(law)suit ⬅	**sue**	–	appeal		
	bail	–	**accuse**		
imprison ⬅	**prison**	➡	prisoner	=	inmate
‖	‖				
incarcerate	–	**jail**			

a civil trial ⇔ a criminal triall

an accuser ⇔ the accused ⇔ a plaintiff ⇔ a defendant

* lawsuit [lɔ́ːs(j)ùːt]　　 * appeal [əpíːl]　　　　　 * bail [beil]
* imprison [impríznn] [[in(안에)+prison(감옥) ⇨ 감옥 안에 넣다] 투옥하다
* inmate [ínmèit] [in(안에)+mate(친구, 동료) 안에 같이 있는 동료] 입소자, 입원환자
* jail [dʒeil]　　　　　 * incarcerate [inkáːrsəréit]　　 * criminal [kríminəl]
* convict [kənvíkt]　　　 * accuser [əkjúːzər]　　　 * plaintiff [pléintif]

소송, 고소 ⬅	고소하다/간청(구혼)하다	–	항소(상고)(하다)		
	보석, 보석금	–	고발(고소)하다		
투옥하다 ⬅	교도서, 감옥	➡	죄수/포로	=	입소자 , 입원환자
투옥(감금)하다	–	교도소, 감옥			

민사재판 ⇔ 형사재판
원고, 고소인 ⇔ 피고 ⇔ 원고, 고소인 ⇔ 피고

UpGrade 확인학습

* We want to **sue** the construction company for damages.
* Judge Arnason set Miss Kim free on **bail**.
* They will face a sentence of ten years in **prison**.
* The government **imprisoned** all opposition leaders.
* The professor stands **accused** of stealing his student's ideas and publishing them.

* 우리는 그 건설회사를 상대로 손해배상을 청구하고 싶다.
* 아너슨 재판관은 김양을 보석으로 석방했다.
* 그들은 10년의 금고형을 받을 것이다.
* 정부는 야당 지도자들을 모조리 투옥했다.
* 그 교수는 제자의 아이디어를 도용하여 출판한 혐의로 기소된 상태이다.

25 범죄와 형벌

핵심정리

violation ⬅	**violate**	=	**infringe** ➡	infringement
	‖			
	offend ➡		offender ➡	offense
	ǀ		‖	
	crime ➡		criminal	= culprit
	ǀ			
	guilt ➡		guilty	

punish ➡	punishment	=	penalty	⬌	impunity

* violate [váiəèit] 　 * guilt [gilt] 　 * offend [əfénd] 　 * crime [kraim]
* criminal [kríminəl] 　 * culprit [kʌ́lprit] 　 * punish [pʌ́niʃ] 　 * penalty [pénəlti]
* impunity [impjú:nəti]

위반, 위해, 침해 ⬅	위배(위반)하다/침해하다 =	어기다, 위반(침해)하다 ➡	위반, 침해
	위반(범)하다/감정을 행치다 ➡	범죄자, 위반자	위반, 범죄
	(법률상의) 죄, 범죄 ➡	범인, 범죄자/범죄의 =	범인, 범죄자
	유죄, 범죄 ➡	유죄의, 가책을 느끼는	

벌하다, 응징하다 ➡ 형벌, 처벌, 징계	= 형벌, 벌금, 위약금	⬌ 벌 받지 않음, 무사

UpGrade 확인학습

* Troops crossed the border in **violation** of the agreement.
* Don't you have any feelings of **guilt** about leaving David?
* Obviously if a police officer **offends**, it is a fairly serious matter.
* The latest **crime** figures show a sharp drop in robberies.
* No littering. **Penalty** 500$.

---

* 군대는 협정을 위반하고 국경을 넘었다.
* 당신은 데이빗을 떠난 것에 대해 죄책감을 느끼지 않나요?
* 분명히 경찰간부가 위반행위를 하면, 그것은 상당히 심각한 문제이다.
* 최근 범죄 수치는 강도 부분에서 급격한 감소를 보이고 있다.
* 무단 쓰레기 금지. 벌금 500$.

* **litter** [lítər] 쓰레기, 잡동사니 / 어지르다, 흩뜨리다

26 지배(통치)하다

government	←	**govern**	→	governor	⇔	governess
		=				
		rule	→	ruler	→	ruling
		=				
control	=	**reign**	=	**sway**		
		=				
domination	←	**dominate**	→	dominator	→	dominant
		=				
administration	←	**administer**	→	administrator		

* govern [gʌ́vərn] * rule [ru:l] * control [kəntróul]
* reign [rein] * sway [swei] * administer [ədmínistər]
* dominate [dámənèit] * administration [ədmìnistréiʃən]

통치, 지배/정부	←	다스리다, 통치하다	→	지사, 총독	⇔	여자 가정교사/지사 부인
		통치(지배)(하다)/규칙	→	지배자, 군주/자	→	지배(하는), 통치(하는)
지배(통제)하다	=	통치(지배)하다	=	통치(지배)하다/흔들리다		
통치, 지배/우세	←	지배하다/우뚝 솟다	→	지배자, 통솔자	→	지배적인, 우세한
통치, 행정/경영, 관리	←	통치(관리, 운영)하다	→	행정관, 통치자/관리자, 행정가		

govern	사회의 질서와 복지를 증진시키기 위하여 권력을 사용하다	reign	국민위에 군림하다 (실제 권력이 아닐 수도 있음)
rule	군주나 독재자가 국민을 지배하다	control	권력이나 영향력으로 통제하고 완전한 관리를 하다

 UpGrade 확인학습

* The military **government** went on ruling the country.
* Caesar was then the **ruler** of Rome.
* The **ruling** class will not surrender its wealth and power.
* The king **reigns**, but he does not **rule**.
* Do genes **govern** all characteristics of an individual?

* 군사정권이 계속해서 그 나라를 지배하고 있었다.
* 그 당시는 시저가 로마의 지배자였다.
* 지배계급은 자신들의 부와 권력을 포기하려 하지 않는다.
* 왕은 군림하나, 통치하지는 않는다.
* 유전자가 개인의 모든 특성을 지배하는가?

27 나라 – 지역

| countryside | ← | **country** | → | countryman | | |
| nationality | ← | **nation** | → | national | → | nationalism |

		district				
local	→	localism	→	localize		
		urban	→	urbanite	→	urbanize
		⇕				
rustic	=	**rural**	→	rurban		

state 〉 province 〉 capital 〉 city 〉 county 〉 town

metropolis ⇒ metropolitan

* country [kʌ́ntri]　　* nation [néiʃən]　　* nationality [næ̀ʃənǽləti]　* district [dístrikt]
* local [lóukəl]　　* urbanite [ə́:rbənàit]　* rural [rú:rəl]　　　* rustic [rʌ́stik]
* province [právins]　* capital [kǽpitl]　　　* county [káunti]　　　* metropolis [mitrɑ]
* metropolitan [mètrəpálitən]

| 시골(의 한 지방) | ← | 나라, 국가/시골 | ⇒ | 촌사람/동포, 동향인 | | |
| 국적, 선적/국민, 국가 | ← | 국민, 국가, 민족 | ⇒ | 국가(국민)의/국민, 동포 | ⇒ | 애국심, 민족(국수)주의 |

		(행정, 사법, 선거의) 지역, 구역				
지방의/공간의, 장소의	⇒	방언, 지방색, 지방주의	⇒	지방화하다		
		도시의	⇒	도시주민	⇒	도시화하다
시골(풍)의/소박한	=	시골의, 전원의	⇒	전원도시의, 교외에 있는		

나라, 주 〉 주·성·현·도 〉 수도 / 자본 〉 도시 〉 군 〉 읍

수도, 대도시 ⇒ 수도의, 대도시의 / 대도시 주민

 UpGrade 확인학습 　　　　　　　　　　　　　　　　　　　　

* They are the future generation of this **country**.
* Between 1929 and 1933 America's **national** income fell by more than half.
* I have a house in a pleasant **suburban** district.
* The problem is putting a strain on the **local** community.
* Hunts do sometimes infringe the liberties of **rural** people.

* 그들은 이 나라의 미래 세대이다
* 1929년과 1933년 사이에 미국의 세수는 절반이상 떨어졌다.
* 나는 쾌적한 교외 지역에 집이 한 채 있다.
* 이 문제는 지역 사회에 부담을 주고 있다
* 사냥은 때때로 시골 사람들의 자유를 정말로 침해한다.

28 전쟁과 평화

핵
심
정
리

* warfare [wɔ́:fɛ̀ər]   * fight [fait]   * battle [bǽtl]
* morale [mərǽl]   * combat [kəmbǽt]   * engage [ingéidʒ]

전사, 무사/전투기 ←	전쟁, 전투/싸움 =	전쟁, 전투/싸움	
싸움터, 전장 ←	싸움, 전투/싸우다 ⇒	전투, 교전/싸우는, 호전적인	
전투, 교전/행동 =	전투, 교전/투쟁 ⇒	cf. 사기, 의욕	
	전투, 투쟁/싸우다 ⇒	전투원, 전투부대	
	교전/고용/약속 ←	교전하다/약속하다	
	평화, 화평, 평안 ⇒	평화스러운, 태평한 ⇒ 조정자, 중재인	

war	전쟁 전체(몇 개의 battle이 포함됨)	combat	무장을 하고 싸우는 fight
fight	개인 간의 힘으로 하는 싸움 (battle, combat로도 사용)	action	격렬한 공방전, 전투
battle	대규모의 군대가 특정장소에서 장기간 계속되는 전투	engage- ment	규모는 상관없이 군대가 서로 만나 교전

 UpGrade

* There broke out heavy **fighting** between government and revel forces.
* There is a need to raise **morale** in the teaching profession.
* This was another cause for the **battle**.
* The soldiers were trained in unarmed **combat**.

* 정부군과 반군 사이에 격렬한 전투가 벌어졌다.
* 교직의 사기를 올려 줄 필요가 있다.
* 이것은 그 전쟁의 또 다른 원인이었다
* 그 병사들은 비무장 전투 훈련이 되어 있었다.

29 공격과 방어 – 승리와 패배

핵
심
정
리

		raid	➡	air-raid	
		‖			
		attack	= assail =		assault
		⇕			
defender	⬅	defend	➡	defense	➡ defensive
yield	=	surrender			
		‖			
		triumph	➡	triumphal	➡ triumphant
		⇕			
		defeat	➡	defeatism	➡ defeatist

* raid [reid]   * attack [ətǽk]
* assail [əséil]   거듭 타격을 가하면서 공격하다
* assault [əsɔ́:lt]   직접 (또는 필설로) 상대방에게 폭력을 가하다
* defend [difénd]   * surrender [səréndər]   * triumph [tráiʌmf]   * defeat [difí:t]

기습, 습격, 급습(하다) ➡ 공습			
공격, 습격(하다) =	습격(공격)하다 =		맹공, 강습/폭행
수비선수, 옹호자 ⬅ 막다, 방어하다 ➡	방어, 수비	➡	방어(용)의, 방위(용)의
굴복(항복)하다/산출하다 = 항복(굴복)하다/양도하다			
승리, 대성공 ➡	승리를 축하하는, 개선의 ➡	크게 성공한, 의기양양한	
패배(시키다) ➡	패배주의 ➡	패배주의자	

UpGrade 확인학습

* The colonel led a successful **raid** against rebel base.
* He **assailed** me with questions.
* As is usual in this kind of movie, good **triumphs** over evil in the end.
* The world champion has only had two **defeats** in 20 fights.
* The rockets are a purely **defensive** measure against nuclear attack.

----

* 대령은 반군 기지에 대하여 기습을 성공시켰다.
* 그는 내게 질문공세를 펼다.
* 이런 종류의 영화에서 보통 그렇듯, 결국에는 선이 악을 이긴다.
* 그 세계 챔피언은 20번 싸워 패한 것은 두 번뿐이다
* 로켓들은 순전히 핵공격에 대한 방어조치일 뿐이다.

30 무기

weapon	=	arms	←	arm	➡	armor	➡	armament
bow	–	arrow	–	sword	–	spear	–	shield

bomb-proof ← **bomb** ➡ bombing

⬇

bombard ➡ bombardment

missile – tank – gun – bullet – cannon – shell – pistol

* weapon [wépən]　　* armament [ɑ́:rməmənt]　　* bow [bou] 활　　* bow [bau] 절하다
* arrow [ǽrou]　　* sword [sɔ:rd]　　* spear [spiər]　　* shield [ʃi:ld]
* bombard [bámba:rd]　　* missile [mísail]　　* bullet [búlit]　　* cannon [kǽnən]
* pistol [pístl]　　　* **disarmament** [disá:rməmənt] 군비 축소, 무장 해제

무기	=	무기	←	무기, 팔/무장하다	➡	갑옷, 장갑, 철갑	➡	군비, 무기
활/절하다	–	화살	–	칼, 검	–	창/찌르다	–	방패, 보호막(자)

폭탄을 견디는 ← 폭탄, 수류탄 ➡ 폭격

폭격하다/퍼붓다 ➡ 포격, 폭격

미사일 – 탱크 – 총 – 총알, 탄환 – 대포알 – 포탄, 껍데기 – 권총

UpGrade 확인학습

* Education ist the only **weapon** to fight the spread of the disease.
* Russia insists the **bombing** must stop before peace talks can start.
* We have been **bombarded** with letters of complaint.
* The sound of the **cannon** echoed around.

----

* 교육이 그 질병의 확산을 막는 유일한 무기이다.
* 러시아는 평화회담 이전에 폭격이 중단되어야 한다고 주장한다.
* 우리는 항의 편지 세례를 받아왔다.
* 대포 소리가 사방에 울려 퍼졌다.

31 군대 체제

	troops	–	headquarters	

the army	–	**the navy**	–	**the air force**	–	**the marine corps**

corps › division › brigade › regiment › battalion › company › platoon › squad

commander › general › field-officier › officer › sergeant › soldier

* troop [tru:p] * headquarters [hédkwɔ̀:rtərz] * army [á:rmi] * navy [néivi]
* marine [mərí:n] * corps [kɔ:r] * division [divíʒən] * brigade [brigé]
* regiment [rézimənt] * battalion [bətǽljən] * company [kʌ́mpəni]
* paltoon [plətú:n] * squad [skwad, skwɔd] * commander [kəmǽndər]
* officier [áfisər] * sergeant [sá:rdʒənt] * soldier [sóuldʒər]

	군대	–	사령부, 본부	
육군/군대	– 해군	– 공군	–	해병대

군단 > 사단 > 여단 > 연대 > 대대 > 중대 > 소대 > 분대

사령관 > 장군 > 영관 > 위관 > 하사관 > 병사

 UpGrade 확인학습

* The **army** are helping to clear up after the floods.
* The **headquarters** had been infiltrated by enemy spies.
* He began his service in the **Marine Corps** in 1972.
* The Queen is **Commander** in Chief of the British armed forces.
* He had to accustom himself to long marches as a **soldier**.

* 홍수가 난 뒤 군대가 청소를 돕고 있다.
* 사령부에 적의 스파이들이 침투했었다.
* 그는 1972년 해병대에서 복무하기 시작했다.
* 여왕은 영국군의 총사령관이다.
* 군인으로서 그는 긴 행군에 익숙해져야만 했다.

* **infiltrate** [infíltrèit] 침투(잡입)하다

32 고용과 해고

employee ⇔ employer ← **employ** → employment ⇔ unemployment

hire ➡ hired

engage ➡ engagement

dismissal ← **dismiss**
=
discharge – **lay-off**
=
drop = **fire** = **sack**

retirement ← **retire** ➡ retired

company = firm = corporation ← incorporate

* employ [implɔ́i]   * hire [háiər]   * engage [ingéidʒ]   * dismiss [dismís]
* discharge [distʃá:rdʒ]   * sack [sæk]   * retire [ritáiər]   * company [kʌ́mpəni]
* corporation [kɔ̀:rpəréiʃən]   * incorporate [inkɔ́:rpərèit]

고용인, 종업원 ⇔ 고용주, 주인 ← 고용하다 / 사용하다 ➡ 고용, 사용, 이용 ⇔ 실업(상태)
고용(임대)하다 ➡ 고용된, 임대의
고용(약속)하다 ➡ 고용 / 서약, 약속, 약혼

해고, 해임 ← 해고(해임)하다 (온건한 말)
(실수 따위로) 해고하다 – 일시적 해고
해고하다 / 떨어지다 = 갑자기 해고하다 = (내쫓듯이) 해고하다
은퇴, 은거, 퇴직 ← 퇴직(은퇴)하다 ➡ 은퇴한, 퇴직한 / 삼가는

회사 / 교제 = 회사 = 법인, 유한주식회사 ← (주식)회사로 하다, 통합하다

UpGrade 확인학습

* He was **employed** in a trading company.
* The neighbor **hired** a carpenter to have his house repaired.
* An individual cannot be **dismissed** now for non-membership of a union.
* Some members of the jury were **discharged** for embezzlement.
* His employer **sacked** him for incompetence.

* 그는 무역회사에 근무했다.
* 그 이웃 사람은 집을 수선하기 위하여 목수를 고용했다.
* 개인은 이제 노조원이 아니라고 해고될 수 없다.
* 배심원들 중 몇 명이 횡령죄로 면직되었다.
* 고용주가 무능력하다고 그를 해고했다.   * **embezzlement** [embézlmənt] 착복, 횡령

핵심정리

33 수지(세입, 세출)

		revenue		
expend	⇒	**expenditure** =	**expense**	⇒ expensive
earn	⇒	**earnings**		**outlay**
incomings	=	**income**	⇔ outgo	= **outgoings**

* revenue [révənjù:] 　　* expenditure [ikspénditʃər] 　　* expense [ekspéns]
* income [ínkʌm] 　　　* outgo [àutgóu] 　　　　　　* outlay [áutlèi]

		세입, 수익		
소비하다, 쓰다	⇒	소비, 지출 =	지출, 비용	⇒ 값비싼, 고가의
벌다, 획득하다	⇒	소득, 수입		지출, 경비
수입, 소득	=	수입, 소득	⇔ 지출, 출발 / 능가하다	= 지출, 경비

* There has been much discussion about the need to increase local **revenue**.
* A great deal of time and money has been **expended** on creating a pleasant office atmosphere.
* Everything has been provided tonight - no **expense** spared.
* He claimed compensation for loss of **earnings**.
* List all your **outgoings** for a month.

---

* 지방세입을 증대시킬 필요성에 대하여 토의가 많이 있어왔다.
* 쾌적한 사무실 분위기를 만드는데 엄청난 시간과 돈이 쓰였습니다.
* 비용은 아끼지 않고 모든 것이 제공됩니다.
* 그는 소득 손실에 대한 보상을 요구했다.
* 한 달 동안 당신의 모든 지출 일람표를 만드시오.

* **compensation** [kàmpənséiʃən] 보장, 배상, 대가

330

34 수요와 공급

requirement ← **require** ➡ requisite ➡ requisition

demand ➡ demander

supplier ← **supply** ➡ supplement ➡ supplementary

oversupply ⇔ undersupply

provided ← **provide** ➡ provision ➡ provisional

furnishings ← **furnish** ➡ furnished ➡ furniture

* require [rikwáiər]   * requisite [rékwizit]   * demand [dimǽnd]
* supply [səplái]   * supplement [sʌ́plimənt]   * provide [prəváid]
* provision [prəvíʒən]   * furnish [fə́ːrniʃ]   * furniture [fə́ːnitʃər]

요구, 필요/필수품 ←	요구(요청)하다/필요하다 ➡	필요한, 없어서는 안 될 ➡	요구, 청구, 수요
	수요/요구(청구)(하다) ➡	요구(청구)자	
공급자, 공급지 ←	공급(조달)(하다) ➡	보충(추가)(하다) ➡	보충하는, 추가의
	과잉공급(하다) ⇔	공급부족	
준비된/만일 ~라면 ←	공급(제공, 준비)하다 ➡	공급, 준비/식량 ➡	일시적인, 잠정적인
가구, 비품 ←	공급(제공)하다/설치하다 ➡	가구가 붙은, 구색을 갖춘 ➡	가구

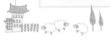

 UpGrade 확인학습

* The emergency **requires** that it should be done.
* There is no **demand** for luxury goods in such an economic crisis as this.
* There was a plentiful **supply** of cheap labor.
* Having bought the house, they couldn't afford to **furnish** it.

* 위급한 경우이므로 그것을 해야만 한다.
* 이와 같은 경제위기 상황에서는 사치품에 대한 수요가 전혀 없다.
* 값싼 노동력이 풍부하게 공급되었다.
* 그들은 집을 샀지만, 가구를 설치할 여유가 없었다.

331

핵
심
정
리

35 구매 1

selling	←	**sell**	→	seller	→	sale
undersell		**buy**	→	buyer		bargain sale
		purchase	→	purchaser		
count	→	**discount**	→	discountable		cf. bill

stall=stand 〈 store=shop 〈 convenience store 〈 mart=market 〈 department store

* bargain [bá:rgin]   * charge [tʃá:rdʒ]   * undersell [ʌndərsél]
* purchase [pə́:rtʃəs]   * discount [dískaunt]   * stall [stɔ:l]
* convenience [kənví:njəns]   * department [dipá:rtmənt]

판매의	←	팔다	→	판매자	→	판매, 매각, 매도
보다 싸게 팔다		사다	→	구매자		염가 판매
		사다, 구입하다	→	구매자		
세다, 계산하다	→	할인(하다)	→	할인할 수 있는		cf. 계산서, 청구서/법안, 의안

노점(매점)/마구간 = 노점(가판대) 〈 상점 = 상점 〈 편의점 〈 (시)장 〈 백화점

 UpGrade 확인학습

* I hope to **sell** the house for 30,000 dollars.
* They **bought** back the cottage at the original price.
* I **purchased** a jumper from your Guillford.
* Employees can buy books at a **discount**.
* The stall **sells** drinks, snacks and newspapers.

----

* 나는 그 집을 30,000 달러에 팔고 싶다.
* 그들은 그 농가를 원래의 가격으로 되샀다.
* 나는 당신의 길포드 상점에서 잠바 하나를 구입했습니다.
* 종업원은 할인가격으로 책을 살 수 있다.
* 그 매점은 음료, 스낵, 신문을 판다.

36 구매 2

* trademark [tréidmà:rk]   * dealer [dí:lər]   * merchandise [mə́:rtʃəndàiz]
* wholesale [hóulsèil]   * retail [rí:teil]   * broker [bróukər]
* middleman [mídlmæ̀n]

상표 / 특징	←	장사(거래)하다	⇒	상인, 무역업자	⇒	(소매) 상인
		거래(하다)/처리(하다)	⇒	상인, 판매업자	⇒	거래, 매매, 교섭
상인	←	상품 / 매매하다				
		도매(하다)/도매로	⇔	소매(하다) / 소매상	⇒	소매상인
		브로커, 중개인	=	중개인, 중매인		

 UpGrade 확인학습

* The company **trades** in silk, tea, and other items.
* The striped T-shirt became the comedian's **trademark**.
* Twelve US soldiers were released after a **deal** between the army and guerillas.
* They inspected the **merchandise** carefully.
* **Wholesale** market prices are still very low in comparison to last year.

- -

* 그 회사는 비단, 차, 그리고 다른 물품들을 거래한다
* 그 줄무늬 T–셔츠는 그 코미디언의 트레이드마크가 되었다.
* 군과 게릴라간의 교섭 후에 미군 병사 12명이 석방되었다.
* 그들은 그 상품을 조심스럽게 검사했다.
* 작년에 비하면 도매 시장가격은 아직 아주 낮다.

37 이익(수익)

핵
심
정
리

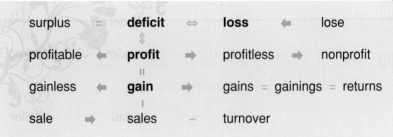

surplus	=	**deficit**	⇔	**loss**	←	lose
profitable	←	**profit**	⇒	profitless	⇒	nonprofit
gainless	←	**gain**	⇒	gains	= gainings = returns
sale	⇒	sales	–	turnover

* deficit [défisit]   * lose [luːz]   * loss [lɔːs, lɔs]
* surplus [sə́ːrplʌs]   * profit [práfit]   * return [ritə́ːrn]
* gain [gein]   * sale [seil]   * nonprofit [nanpráfit]

흑자/나머지(의), 과잉	=	적자	⇔	손실, 손해, 분실	←	잃다, 상실하다
유익한, 벌이가 많은	←	이익, 이윤, 흑자	⇒	무익한, 벌이가 없는	⇒	비영리적인
이익이 없는, 무익한	←	벌이, 이익 / 얻다, 벌다		소득, 이익	= 소득, 이익	= 보수, 수익
판매, 매각	⇒	매상	–	(일정기간의) 매상고	

 UpGrade 확인학습

* The hotel should bear the **loss** of a robbery in this case.
* The trade balance has been in **deficit** for the past ten years.
* Over three years It has developed into a highly **profitable** business.
* They are seeking to realize the maximum **gain**.
* The company no longer releases its **sales** figures.

---

* 이번 사건에서는 호텔이 도난 손해를 부담해야 한다.
* 지난 10년 동안 무역 수지가 적자를 보여 왔다.
* 3년간에 걸쳐서 그것은 대단한 수익사업으로 발전했다.
* 그들은 최대의 이익을 실현시키려고 노력하고 있다.
* 그 회사는 더 이상 판매 수치를 발표하지 않는다.

38 은행 1

thrift	thrifty		
=			
saving ←	**save** →	saver →	safe
	=		
	deposit →	depositor	
	⇕		
withdrawal ←	**withdraw** →	withdrawn	
	ǀ		
lending ←	**lend** →	lender	
	=	=	
	loan →	loaner	

* thrift [θrift] * save [seiv] * deposit [dipázit]
* withdraw [wiðdrɔ́:] * lender [léndər] * loaner [lóunər]

절약, 검약/저축 ➡	검약하는, 아끼는		
절약(하는), 저축	저축(절약)하다/구조하다 ➡	절약(저축)가/구조자 ➡	금고/안전한
	예금하다/놓다, 두다 ➡	예금자, 공탁인	
물러나기/인출/후퇴	인출하다/움추리다 ➡	내항적인/궁벽한/물러난	
빌려주기, 대여(물) ←	빌려주다, 대출하다 ➡	빌려주는 사람, 대부업자	
	대여, 대부(금)/차관 ➡	대여인, 채권자	

UpGrade 확인학습

* They have plenty of money now, but they still tend to be **thrifty**.
* We've been **saving** for five years to buy a new house.
* They found it impossible to get a bank **loan**.
* Please **deposit** this money into my savings account on your way to the bank.
* You must present your I.D card when you **withdraw** any money.

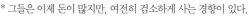

* 그들은 이제 돈이 많지만, 여전히 검소하게 사는 경향이 있다.
* 우리는 새 집을 사기 위하여 5년 동안 저축을 해 왔습니다.
* 그들은 은행 대부를 받는 것이 불가능하다는 것을 알았다.
* 은행에 가시는 길에 이 돈을 저의 저축계좌에 넣어 주십시오.
* 돈을 인출할 때는 신분증을 제시하여야 합니다.

핵심정리

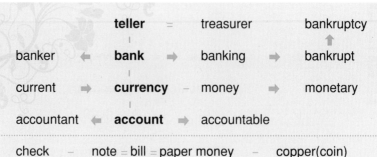

		teller	=	treasurer		bankruptcy
						↑
banker	←	**bank**	➡	banking	➡	bankrupt
current	➡	**currency**	–	money	➡	monetary
accountant	←	**account**	➡	accountable		

| check | – | note | = | bill | = | paper money | – | copper(coin) |

* teller [télər]　　* treasure [tréʒər]　　* bankruptcy [bǽŋkrʌptsi]
* currency [kə́:rənsi]　　* monetary [mʌ́nitəri]　　* accountant [əkáuntənt]
* check [tʃek]　　* copper [kápər]

		출납담당자	=	회계원, 출납계원		파산
은행가	←	은행	➡	은행업	➡	파산한 / 파산하다
현재의 / 유통하는	➡	통화 / 통용	–	돈	➡	화폐의, 금전의
회계사	←	설명 / 계좌	➡	책임 있는, 설명할 수 있는		

| 수표 / 점검하다 | – | 지폐 | – | 동전 / 구리 |

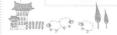

* The **treasurer** has authority to lend up to half a million dollars.
* His father went **bankrupt** in the end.
* A really big strike will throw the company into **bankruptcy**.
* My salary is paid into my bank **account**.
* We only exchange notes and traveller's **checks**.

* 출납담당자는 50만 달러까지 대출할 수 있는 권한이 있다.
* 그의 아버지는 결국 파산했다.
* 정말 큰 파업이 발생하면 그 회사는 파산할 것이다.
* 내 봉급은 내 은행 계좌로 지불된다.
* 우리는 지폐와 여행자 수표를 교환해 드릴 뿐입니다.

40 은행 3

capitalism ←	**capital** →	capitalize		
investor ←	**invest** →	investment		
fund-raise ←	**fund** →	refund	=	repay
	finance →	financial →	financially	
debtor ←	**debt** →	indebt →	indebted	
creditor ←	**credit** →	creditable →	credit card	

* capital [kǽpitəl]　　　* investment [invéstmənt]　　* finance [fáinæns]
* refund [rifʌ́nd] [[re(back)+fund ⇨ 자금을 되돌려 제공하다]　돈을 갚다
* indebt [indét] [in(안으로)+debt(빚) ⇨ 빚 안으로 밀어 넣다]　빚지게 하다
* credit [krédit]

자본주의 ←	수도/대문자/자본, 자산 →	자본화하다/대문자로 시작하다		
투자가 ←	투자하다 →	투자, 출자		
(자금을)조달하다 ←	자금, 기금 →	돈을 갚다, 상환하다	=	갚다
	재정, 재무/자금조달 →	재정(재무, 금융)의 →	재정적으로, 재정상	
채무자 ←	빚, 채무 →	빚지게 하다 →	빚진	
채권자 ←	신용/대부, 외상 →	신용할 만한, 명예가 되는 →	신용 카드	

UpGrade 확인학습

* We plan to buy some property as an **investment**.
* You must spend less until your **debts** are paid off.
* He repaid his **debt** of gratitude to Jane by helping her mother.
* No **credit** is given at this shop.
* The museum is so short of **funds** that it may have to sell the paintings.

* 우리는 투자로 약간의 부동산을 살 계획이다.
* 당신의 빚이 청산될 때까지는 지출을 줄여야 한다.
* 그는 제인의 어머니를 도와줌으로써 그녀에 대한 감사의 빚을 갚았다.
* 이 상점에선 외상이 없다.
* 박물관은 자금이 너무 부족해서 그림들을 팔아야 할지 모른다.

41 소유하다

have ⇒	having ⇒	have-not	
=	=		
possess ⇒	possession ⇒	possessive	
=			
own ⇒	owner ⇒	ownership	
=	=		
hold ⇒	holder ⇒	holding ⇒	holdup
		=	
	proprietor ⇐	property ⇒	proprietary

* have-not [hǽvnàt]　　　* possess [pəzés]　　　　* ownership [óunərʃìp]
* holdup [hóldʌ́p] [강도가 손을 들게 하다] 강탈, 노상강도 / 정지
* property [prápərti]　　* proprietor [prəpráiətər]

가지다, 소유하다 ⇒	소유물, 재산 ⇒	무산자, 재산이 없는 사람	
소유하다, 가지다 ⇒	소유(물),소지, 점유 ⇒	소유의, 소유욕이 강한	
소유하다 ⇒	임자, 소유자 ⇒	소유권, 소유주임	
잡다, 쥐다/소유하다 ⇒	소유주, 보유자 ⇒	보유, 짐 / 점유, 소유권 ⇒	노상강도, 강탈
	소유자, 경영자 ⇐	소유(권), 재산, 자산 ⇒	소유(자)의, 재산의

UpGrade 확인학습

* She **has** every reason to say so.
* The government should take care of **have-nots**.
* She has a **possessive** nature.
* The average American car **owner** drives 10,000 miles a year.
* The government decided to sell its 21% **holding** in the firm.

* 그녀가 그렇게 말하는 데는 충분한 까닭이 있다.
* 정부는 없는 자들을 돌보아야 한다.
* 그녀는 소유욕이 강하다.
* 평균적인 미국 차 소유주는 일 년에 10,000마일을 운행한다.
* 정부는 그 회사의 21% 소유지분을 팔기로 결정했다.

42 농업 1

seed ←	**sow** ⇒	sower
plantation ←	**plant** ⇒	planter
growth ←	**grow**	growth
	reap ⇒	reaper
thresh −	**harvest** ⇒	harvester ⇒ harvesting
soil −	barren =	sterile ⇒ sterility
fertility ←	fertile =	rich = productive

* plantation [plæntéiʃən]　　* growth [grouθ]　　* reaper [rí:pər]　　* thresh [θreʃ]
* harvest [há:rvist]　　　　* soil [sɔ́il]　　　　　* barren [bǽrən]　　* sterile [stér(a)il]
* fertile [fə́:rtail]　　　　　* fertility [fərtíləti]　　* productive [prədʌ́ktiv]

씨, 종자 ←	뿌리다, 심다 ⇒	파종기, 씨 뿌리는 사람
농원, 재배지 ←	심다, 뿌리다/식물, 초본 ⇒	경작자, 재배자, 파종기
성장, 생장, 발육 ←	성장(생장)하다	
	수확하다 ⇒	거두어들이는 사람, 수확기
탈곡하다 −	수확(하다) ⇒	수확자, 수확기 ⇒ 수확(하기)
흙, 땅, 경작지 −	불모의, 메마른 =	불모의, 메마른/불임의 = 불임, 불모
비옥, 다산, 풍부 ←	기름진, 비옥한 =	기름진, 윤택한 = 비옥한, 생산적인

 UpGrade 확인학습

* It's high time to **sow** the winter wheat.　　(sow - sowed - sown [soun])
* In old times there were crops to be **sown** and be **reaped** by hands.
* The tomato **harvest** is small this year.
* The land near lakes are usually very **fertile**.
* This kind of a tree grows well even in **barren** soil.

* 지금이야말로 겨울 밀을 심어야 할 때이다.
* 옛날에는 농작물들을 손으로 뿌리고 거두었다.
* 금년에는 토마토 수확량이 적다.
* 호수 근처의 땅은 대개 매우 비옥하다.
* 이런 종류의 나무는 척박한 땅에서도 잘 자란다.

43 농업 2

cultivation	←	**cultivate**	⇒	cultivated	⇒	cultivator
rear	=	**raise**	=	**breed**	⇒	breeding
		plow	=	**plough**		
irrigation	←	**irrigate**				

agricultural	←	**agriculture**				
farming	←	**farm**	⇒	farmer	=	peasant
a rice field	=	a paddy field	–	field	–	orchard

* cultivate [kʌ́ltivèit]　　　* rear [riər]　　　　* plow=plough [plau]　* irrigate [írigèit]
* agriculture [ǽgrikʌ̀ltʃər]　* peasant [pézənt]　* paddy [pǽdi]　　　* orchard [ɔ́ːrətʃərd]

경작, 재배, 양식	←	경작(배배)하다	⇒	경작(재배)된, 세련된	⇒	경운기
기르다, 재배하다	=	사육/재배하다, 기르다	=	(동물) 낳다, 사육하다	⇒	번식, 부화/양육
		쟁기/갈다, 경작하다	=	쟁기/갈다, 경작하다		
관개	←	관개하다				

농업(농사)의	⇒	농업(농사)의				
농업(농장)의	←	농장, 농지/경작하다	⇒	농부, 농장주	=	소작인, 농민
논	=	논	–	들, 밭/경기장	–	과수원

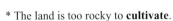

UpGrade 확인학습

* The land is too rocky to **cultivate**.
* The birds have been **reared** successfully in captivity.
* The water in Lake Powell is used to **irrigate** the area.
* The **farmer** shook his head reflectively.
* It doesn't pay to **raise** barley and wheat these days.

* 그 땅은 너무나 바위가 많아 경작할 수가 없다.
* 그 새들은 가둔 상태에서 성공적으로 길러졌다.
* 파월 호수의 물은 그 지역의 관개를 위하여 사용된다.
* 농부는 반사적으로 머리를 흔들었다.
* 요즈음은 보리와 밀을 재배해봐야 수지가 맞지 않는다.

* **captivity** [kæptíviti] 감금, 구류

44 축산업

dairy	–	**cattle**	=	livestock		
ranch	=	**pasture**	=	**meadow**	=	prairie
		graze	➡	grazing		
		hay	–	feedstuff	=	forage	=	fodder

a livestock raiser = a rancher – shepherd – veterinary = veterinarian

pen = corral – stall – stable – manger

poultry : (cock, hen, chicken) – duck – goose – ostrich

cattle : (bull, ox, cow) – (swine, pig, hog) – horse – sheep
– goat – a wild boar

* dairy [déəri]   * cattle [kǽtl]   * livestock [láivstàk]   * ranch [ra:ntʃ, ræntʃ]
* pasture [pá:stʃər, pǽ-]   * meadow [médou]   * prairie [préəri]   * gaze [geiz]
* feedstuff [fí:dstʌf]   * forage [fáridʒ, fɔ́:-]   * fodder [fádər]   * corral [kɔːrǽl]
* manger [méindʒər]   * poultry [póultri]   * shepherd [ʃépərd]
* veterinary [vétərənèri]   * ostrich [ástritʃ]   * boar [bɔːr]

낙농업, 착유장	–	가축/소	=	(집합적) 가축		
대목장, 대농장	=	(방)목장, 목초지	=	목초지, 초원	=	초원, 목초지
		방목지/풀을 뜯어 먹다 ➡	방목, 목축			
		건초, 꼴	–	(가축의) 사료	=	마초, 꼴/약탈	=	사료, 꼴, 마초
농장주, 목장주/목동	–	농장주, 목동	–	양치기/목사/안내하다 – 수의학의/수의사	=	수의사

우리, 축사 = 가축, 우리 – 마구간/매점, 노점 = 마구간, 외양간 – 구유, 여물통

가금 : (수탉, 암탉, 병아리) – 오리 – 거위 – 타조
가축 : (수소, 거세된 수소, 암소) – [(집합적) 돼지, 돼지, 거세된 수돼지)] – 말 – 양 – 염소 – 멧돼지

UpGrade 확인학습

* Put all **dairy** products in the refrigerator so that they will not spoil.
* Fifty percent of the water consumed in the United States is consumed by **livestock**.
* Make **hay** while the sun shines.
* The tourist guide **shepherded** the rest of the group onto the bus.

* 모든 유제품들은 상하지 않도록 냉장고에 넣어 두십시오.
* 미국에서 소비되는 물의 50%는 가축에게 사용된다.
* (속담) 해가 있을 때 풀을 말리려. 호기를 놓치지 말아.
* 여행 가이드가 그 단체의 나머지 사람들을 안내하여 버스에 태웠다.

45 수산업

핵
심
정
리

fisher(man) ← **fish** → fishing → fishery
   ‖   ‖

angler ← **angle**
          ‖

         hook

lighthouse / port – harbor – wharf – pier / sail – anchor – stem – stern

bait – earthworm – float – sinker – fishline = a fishing rod

carp – salmon – trout / shark – dolphin – whale / tuna – squid

lobster – prawn – shrimp – crap / jellyfish – starfish – oyster

* fishery [fíʃəri]   * angle [æŋgl]   * hook [huk]   * harbor [háːbər]
* wharf [whəːf]   * pier [píər]   * anchor [æŋkər]   * captain [kǽptən]
* crew [kruː]   * float [flout]   * carp [kaːrp]   * salmon [sǽmən]
* trout [traut]   * dolphin [dálfin, dɔ́ː-]   * tuna [tjúːnə]   * squid [skwid]
* lobster [lábstər]   * spawn [spɔːn]   * shrimp [ʃrimp]   * oyster [ɔ́istər]

어부, 낚시꾼 ← 잡다, 낚다 / 물고기, 생선 → 낚시질, 어업 → 어업
낚시꾼 ← 낚시질하다 / 각도, 관점
         낚시 바늘(로 낚다)

등대 / 항구 – 항구, 피난처 – 부두, 선창 – 부두, 잔교, 방파제 / 돛 – 닻 – 선수 – 선미

미끼 – 지렁이 – 찌 – 낚싯봉 – 낚싯대 = 낚싯대

잉어 – 연어 – 송어 / 상어 – 돌고래 – 고래 / 참치 – 오징어
바다가재 – 보리새우 – 작은 새우 – 게 / 해파리 – 불가사리 – 굴

UpGrade 확인학습

* They went **fishing** and caught half a dozen **salmon**.
* We **angled** five trout with a fly.
* I've lost every **trout** that I had ever **hooked**.
* One can't **fish carp** with artificial flies as a **bait**.
* The next morning the ship weighed **anchor** and moved south again.

---

* 그들은 낚시하러 가서 연어 여섯 마리를 잡았다.
* 우리는 제물낚시로 송어 다섯 마리를 잡았다.
* 나는 이때껏 잡았던 송어를 모두 잃어 버렸다.
* 인공파리 미끼로는 잉어를 잡을 수 없다.
* 다음 날 아침 그 배는 닻을 올리고 다시 남쪽으로 향했다.   * **weigh** [wei] 무게를 재다 / 닻을 올리다

46 운전

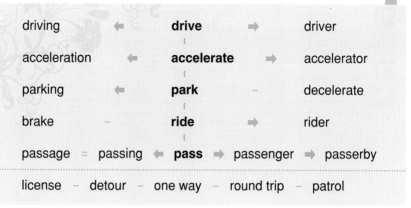

driving	←	**drive**	→	driver
acceleration	←	**accelerate**	→	accelerator
parking	←	**park**	–	decelerate
brake	–	**ride**	→	rider
passage	= passing ←	**pass**	→ passenger →	passerby

license – detour – one way – round trip – patrol

* accelerate [æksélərèit]   * parking [páːrkiŋ]   * decelerate [disélərèit]
* brake [breik]   * passage [pǽsidʒ]   * license [láisəns]
* detour [ditúər]   * patrol [pətróul]
* passerby [pǽsərbái] [pass(지나가다)+by(옆) ⇨ 옆을 지나가다] 통행인

운전, 조종/몰기	←	몰다, 운전하다	→	운전사, 마부
가속, 촉진	←	촉진하다, 가속하다	→	가속자, 가속장치
주차	←	주차하다 / 공원	–	감속하다
브레이크(를 걸다)	–	타다, 타고 가다	→	타는 사람, 기수
통과, 통행/통로 = 통행, 통과 ←	지나가다, 통과하다	→	승객 → 통행인

면허장, 능력, 허락 – 우회(하다) – 편도 ⇔ 왕복 – 순찰대/ 순찰(순시)하다

 UpGrade 확인학습

* The government will take measures that **accelerate** the rate of economic growth.
* She **parked** in front of the library.
* This car is very comfortable to **ride**.
* Bears can be killed under **license** in these areas.
* The bridge is not strong enough to allow the **passage** of heavy vehicles.

* 정부는 경제 성장률을 가속화시킬 조처를 취할 것이다.
* 그녀는 도서관 앞에 주차했다.
* 이 차는 타기가 아주 편하다.
* 이 지역에선 면허가 있어야 곰을 죽일 수 있다.
* 그 다리는 육중한 차량의 통행을 허용할 만큼 충분히 튼튼하지 못하다.

47 충돌 – 위반

		crash	➡	crash-land	
		=			
collision	⬅	**collide**			
[kəlíʒən]		=			
		bump	➡	bumper	
		│			
violation	⬅	**violate**	–	overspeed	– penalty
vehicle	–	carriage	–	van	– shuttle
traffic	=	thoroughfare	⇔	Blocked	

* crash-land [krǽʃlǽnd] [crash(충돌하다)+land(착륙하다) ⇨ 동체를 충돌시켜 착륙하다]
* collide [kəláid]   * bump [bʌmp]   * violate [váiəlèit]
* overspeed [òuvərspíːd]   * penalty [pénəltì]   * vehicle [víːikl]
* carriage [kǽridʒ]   * shuttle [ʃʌtl]   * thoroughfare [θɔ́ːroufɛ̀ər]

		충돌(추락)하다/파산하다 ➡ 불시착하다	
충돌, 격돌/대립	⬅	충돌하다, 부딪히다	
		부딪히다, 충돌하다 ➡ 완충기, 범퍼	
위반, 위배/방해, 침입	⬅	위배(위반)하다/방해하다 – 과속(으로 운전하다) – 형벌, 벌금, 응보	
운송수단, 탈것	–	탈것, 차, 4륜 마차 – 트럭, 유개 운반차 – 정기왕복 버스, 우주 왕복선	
교통, 왕래/무역	=	한길, 가로/통행 ⇔ 통행금지	

UpGrade 확인학습

* 25 people were killed in the bus **crash**.
* I ran around the corner, and almost **collided** with Mrs Rorence.
* Tim was a tardy boy, always **bumping** into the furniture.
* 30 protesters were arrested for **violating** criminal law.
* No **thoroughfare**. **Penalty** 100$.

* 그 버스 충돌 사고로 25명이 죽었다.
* 나는 모퉁이를 뛰어서 돌다가 하마터면 로렌스 부인과 충돌할 뻔했다.
* 팀은 굼뜬 소년이라 늘 가구에 부딪히곤 한다.
* 형법을 위반했다는 혐의로 30명의 항의자들이 체포되었다.
* 통행금지. 벌금 100달러.

48 날다

핵심정리

	fly	➡	flight	➡	flight-test
	soar	➡	soaring		
navigation	⬅	**navigate**	➡	navigator	
‖		‖		‖	
aviation	⬅	**aviate**	➡	aviator	
airport	–	(air)plane	–	airsick	–	glider

* flight [flait]   * soar [sɔ́:r]   * navigate [nǽvigèit]
* aviate [éivièit]   * airport [ɛ́ərpɔ̀:rt]   * glider [gláidər]

	날다, 비행하다/도망치다 ➡	날기, 비행 ➡	시험비행을 하다
	날아오르다. 높이 솟다 ➡	날아오르는, 급상승하는	
항해, 항공, 항행 ⬅	항행(조종)하다 ➡	항해자, 항법사/자동 조정 장치	
비행, 항공(술) ⬅	비행하다 ➡	항공사, 비행가	
공항 –	비행기 –	비행기 멀미가 난 –	글라이더, 활공기

 UpGrade 확인학습

* Many people have trouble sleeping after a long **flight**.
* She watched the dove **soar** above the chestnut trees.
* Early explorers used to **navigate** by the stars.
* Pilots of passenger airplanes are masters of **aviation**.
* Do you have any **airsickness** medicine?

---

* 장시간 비행기를 타고 난 뒤 잠을 잘 자지 못하는 사람이 많다.
* 그녀는 그 비둘기가 밤나무 위로 솟구치는 것을 지켜보았다.
* 옛날 탐험가들은 별자리로 길을 찾곤 했다.
* 여객 항공기의 조종사들은 비행술의 달인이다.
* 비행기 멀미약이 있습니까?

중학영어 영단어 Blue

49 항해하다

핵
심
정
리

port	=	harbor	–	lighthouse
voyage	⇒	voyager		
sailing ⇐	sail	⇒	sailer	⇒ sailboat
cruise	⇒	cruiser		yacht
wreck	⇒	wreckage		
ship	–	warship	– prow = stem	⇔ stern

* harbor [háːrbər]   * voyage [vɔ́iidʒ]   * sail [seil]   * cruise [kruːz]
* wreck [rek]   * warship [wɔ́ːrʃip]   * prow [prau]   * stern [stəːrn]
* yacht [jat, jɔt]

항구, 피난처	=	항구, 피난처	–	등대
		항해, 항행(하다)/여행 ⇒	항해자/여행자		
항해, 항행/출항 ⇐	돛(단배)/항해(출항)하다 ⇒	배, 돛단배	–	요트, 범선
	순항하다/날다, 달리다 ⇒	순양함, 유람용 요트		요트(를 타다)
	난파(조난)(시키다) ⇒	난파, 난선/잔해		
배	–	전함	– (배의 선수) 이물	⇔ (배의 후미) 고물

 UpGrade 확인학습

* He always wanted to **sail** around the world.
* We were **cruising** in the Caribbean all winter.
* Firemen managed to pull some survivors from the **wreckage**.
* The ship was **wrecked** on a rock.
* It's 100meter from **ste<u>m</u>** to **stern**.   (구별: m은 n보다 알파벳에서 앞선 문자)

* 그는 늘 세계 일주 항해를 하고 싶었다.
* 우리는 겨울 내내 카리브 바다에서 순항하고 있었다.
* 소방관들은 가까스로 잔해 속에서 생존자들을 몇 명 끌어냈다.
* 배는 암초에 부딪혀 난파되었다.
* 선수에서 선미까지 100미터이다.

50 화물 – 운송

			parcel
package ←	**pack** →	packer →	‖ packet
carriage ←	**carry** →	carrier	
conveyance ←	**convey** →	conveyer	
transportation ←	**transport**		

cargo – freight – baggage = luggage – cart – porter

* parcel [páːrsl]
* package [pǽkidʒ]
* packet [pǽkit]
* carriage [kǽridʒ]
* convey [kənvéi]
* transport [trænspɔ́ːrt]
* transportation [trǽnspərtéiʃən]
* cargo [káːrgou]
* freight [freit]
* baggage [bǽgidʒ]
* cart [kaːrt]
* porter [pɔ́ːrtər]

		꾸러미, 소포, 소하물
꾸러미, 소포 ←	꾸러미, 보따리/싸다, 묶다 →	포장업자, 포장기 → 소포, 한 묶음/갑
탈 것, 차/4륜마차 ←	나르다, 운반하다/휴대하다 →	운반인, 운반기/항공모함, 수송기
운송, 수송/전달 ←	나르다, 운반하다/전달하다 →	운반인, 운반 장치
수송, 운송(기관) ←	수송(운송)하다	

뱃짐, 화물 – 화물 (운송)/운송료 – 수하물 = 수하물 – 손수레, 짐수레 – 운반인, 짐꾼

UpGrade 확인학습

* He **packed** the trunk with clothes.
* He **carried** his son in his arms.
* Taxies, buses and trains **convey** passengers.
* No **transportation** is available to the village.
* The airplane was **carrying** a cargo of semiconductors from Korea to China.

* 그는 트렁크에 옷을 빽빽하게 채웠다.
* 그는 아들을 팔에 안고 갔다.
* 택시, 버스, 기차는 승객을 운송한다.
* 그 마을로 가는 교통수단은 아무 것도 없다.
* 그 비행기는 한국에서 중국으로 반도체 화물을 운반하는 중이었다.

51 길

핵심정리

way		**course**	
road		**route**	
street		**pass**	
passage		**lane**	
highway		**aisle**	
pavement		**trail**	
path			

* course [kɔ́:rs]　　* route [ru:t]　　* passage [pǽsidʒ]　　* aisle [ail]
* pavement [péivmənt]　　* trail [treil]　　* path [pæθ, pa:θ]

way	길의 가장 일반적인 말	course	반드시 지나쳐야만 되는 길
road	도로, 가로, 간선도로	route	규칙적으로 지나는 길
street	(포장된) 거리, 가로	pass	산길, 고개처럼 통행이 어려운 길
passage	복도, 보통 길고 좁은 길	lane	오솔길, 집들 사이의 좁은 길
highway	=expressway 고속도로	aisle	(극장, 교실, 버스 등) 통로, 복도
pavement	포장도로, 인도	trail	(황야나 산의) 오솔길, 산길
path	작은 길, 오솔길 / 보도 / 통로		

 UpGrade 확인학습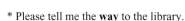

* Please tell me the **way** to the library.
* The plane changed **course** to avoid the storm.
* I stopped at Taegu on the **route** to Pusan.
* Look both ways before you cross the **street**.
* A '**pass**' is a narrow, winding mountain way.
* A dark narrow **passage** led to the main hall.
* The quickest way is through the back **lanes** behind the white building.
* Many journalists are waiting on the **pavement** outside of her house.

* 도서관으로 가는 길을 알려주십시오.
* 비행기가 폭우를 피하기 위해 진로를 바꾸었다.
* 나는 부산으로 가는 중에 대구에서 내렸다.
* 길을 건너기 전에 길 양쪽을 살펴보십시오.
* 'pass'란 좁고 굽이치는 산길이다.
* 컴컴하고 좁은 통로(복도)가 중앙홀로 이어져 있었다
* 가장 빠른 길은 하얀 건물 뒤 좁은 길로 가는 것이다
* 많은 기자들이 그녀의 집 밖 보도위에서 기다리고 있다.

52 장소 – 위치

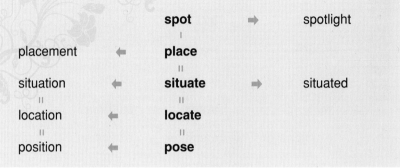

* spotlight [spátlàit, spɔ́t-]　　　* placement [pléismənt]　　　* situate [sítjuèit]
* locate [lóukeit]　　　* location [lo(u)kéiʃən]　　　* pose [pouz]
* position [pəzíʃən]

놓기, 두기, 배치 ←	특별한 점(장소)/얼룩 ➡	집중 광선, 스포트라이트
위치, 장소/처지, 입장 ←	장소, 건물/공간 /놓다	
위치 선정, 위치, 소재 ←	놓다, 놓이게 하다 ➡	위치해 있는/~한 처지에 있는
위치, 장소/입장 ←	(위치를) 알아내다, (위치) 정하다	
	자세를 취하다	

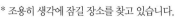 UpGrade 확인학습

* I am looking for a quiet **spot** to contemplate.
* Make sure you keep the key in a safe **place**.
* The lake is **situated** at the eastern extremity of the mountain range.
* The show was filmed on **location** in Hong Kong.
* I am not in a **position** to help you.

* 조용히 생각에 잠길 장소를 찾고 있습니다.
* 꼭 열쇠를 안전한 장소에 두도록 하시오.
* 그 호수는 산맥의 동쪽 맨 끝에 위치해 있다.
* 그 쇼프로는 홍콩에서 로케이션으로 촬영되었다.
* 저는 당신을 도울 수 있는 입장이 못됩니다.

* **contemplate** [kántəmplèit] 심사숙고(묵상)하다 / 명상하다

핵심정리

53 학교 활동

lecturer	←	**lecture**		
teacher	←	**teach**	→	teaching
learner	←	**learn**	→ learned →	learning
work	=	**study**	→ studious	

| exam(ination) | ← | **examine** | → examiner | ⇔ examinee |
| | | **test** | → test-drive | |

curriculum – extracurricular – tuition / result = record = score = grade

* lecture [léktʃər]   * classify [klǽsifài]   * teach [ti:tʃ]   * learn [lə:rn]
* learned [lə́:rnid]   * study [stʌ́di]   * studious [stjúdiəs]
* examine [igzǽmin]   * curriculum [kəríkjuləm]   * tuition [tju:íʃən]
* result [rizʌ́lt]   * record [rékərd]   * score [skɔ́:r]   * grade [greic

강사, 강연자	←	강의, 강연(하다)		
선생님	←	가르치다	→	교수, 교습
학생, 제자/초학자	←	배우다, 익히다	→ 박식한 →	배움, 학습/학문
일(하다)/공부(하다)	=	공부(하다)	→ 면학에 힘쓰는, 공부하기 좋아하는	

| 시험, 조사, 검사 | ← | 검사(조사),시험하다 → 시험관, 검사관 | → 수험자, 피험자 |
| | | 시험, 검사(하다) → 시운전하다 | |

교육(교과)과정 – 과외활동(의) – 교수, 수업, 지도 / 성적, 결과 = 성적 = 성적 = 성적, 등급

UpGrade 확인학습

* He will give **lectures** on modern japanese literature next semester.
* I have no idea how to **teach** him every motion.
* He's **studied** chemistry at university.
* He hasn't worked hard but he'll pass **exam**.

---

* 그는 다음 학기에 현대 일본 문학을 강의할 것이다.
* 나는 그에게 모든 동작을 어떻게 가르쳐야 할지 모르겠다.
* 그는 대학에서 화학을 공부했다.
* 그는 열심히 공부하지는 않았지만 시험에 합격할 것이다.

54 읽다

핵심정리

						legible
		peruse ⇒	perusal			‖
misread	⇔	**read** ⇒	reader	⇒ reading ⇒	readable	
		skip =	**skim**			

	letter ⇒	**literal** ⇒	literally = verbatim
illiteracy ⇐	illiterate ⇔	**literate** ⇒	literacy
		literary ⇒	literature

* peruse [pərúːz]　　* literal [lítərəl]　　* literate [lítərit]
* literacy [lítərəsi]　　* legible [lédʒəbl]　　* literature [lítərətʃər]
* verbatim [vərbéitim]

						읽기 쉬운
		정독(숙독)하다 ⇒	정독, 숙독			
잘못 읽다	⇔	읽다 ⇒	독자, 독서가	⇒	독서, 지식 ⇒	읽기 쉬운
		건너뛰며 읽다 =	대충 훑어보다			

	편지, 서한/문자 ⇒	글자 그대로의, 정확한 ⇒	글자 그대로 = 축어적으로
문맹, 무식 ⇐	글자를 모르는 ⇔	글을 읽고 쓸 아는, 박식한 ⇒	읽고 쓸 줄 앎, 식자
		문학의, 학문의 ⇒	문학

 UpGrade 확인학습

* I **read** through the book, but I couldn't find it.
* Their behavior was usually **misread** as indifference.
* Only half of the children in this class are **literate**.
* He took the **letter** and **perused** it.

* 나는 그 책을 통독했지만 그것을 찾을 수 없었다.
* 그들의 행동은 대개 무관심으로 오해를 받았다.
* 이 학급 아이들의 절반만이 읽고 쓸줄 안다.
* 그는 편지를 꺼내어 정독했다.

Spider English

55 쓰다

miswrite ⇐ **write** ➡ writing ➡ written ⇔ unwritten

record ➡ recording ➡ recorder

note ➡ noted ➡ notedly

dictation ⇐ **dictate** – **scribble**

type – **hand** ➡ shorthand = stenography

* write [rait]   * record [rikɔ́:rd]   * noted [nóutid]   * dictate [díkteit]
* scribble [skribl]   * shorthand [ʃɔ́:rthænd]   * type [taip]   * stenography [stənágr

잘못 쓰다 ⇐ 쓰다 ➡ 집필, 문서 ➡ 씌어진, 필기의 ⇔ 구두의 / 관습적인
기록(보도)하다 ➡ 녹음, 녹화 ➡ 기록장치, 기록 담당자
적어두다/기록, 표 ➡ 유명한, 주목할 만한 ➡ 현저히, 눈에 띄게
구술/명령, 지시 ⇐ 구술(명령)하다 – 갈겨쓰다
타이핑하다 – 필적, 서명/건네다 ➡ 속기(의) = 속기(술)

UpGrade 확인학습

* I have been asked to **write** a biography of Dylan Tomas.
* My worries must have been **written** on my face.
* Don't take too **literally**.
* She is **dictating** a letter to her secretary right now.

* 나는 딜런 토마스의 전기를 써달라는 부탁을 받고 있다.
* 걱정거리가 내 얼굴에 씌어져 있었음에 틀림없다.
* 그것을 너무 글자그대로 받아들이지 마세요.
* 그녀는 곧 바로 비서에게 편지를 받아쓰게 하고 있다.

story = novel – fiction – documentary
poem – poetry – verse – lyric – epic

* documentary [dàkjuméntəri]   * fiction [fíkʃən]   * poetry [póuitri]
* verse [vəːrs]   * lyric [lírik]   * epic [épik]

이야기, 소설 = 소설 – 소설/허구 – 기록물(영화)
시, 운문 – (총칭) 시가 – 운문 – 서정시(의) – 서사시

56 신과 악마

핵심정리

goddess ←	**god** →	godfather →	god-fearing
	lord =	**providence**	
create →	**creator** →	creature	
	devil →	devilish	
demon =	**Satan** →	satanic →	Satanism
	deuce	diabolic	
theism –	polytheism –	totem –	totemism

* lord [lɔːrd]　　* providence [prάvidəns]　　* create [kriéit]　　* creature [kríːʃər]
* devil [dévl]　　* demon [díːmən]　　* satan [séitn]　　* satanic [sətǽnik]
* deuce [djuːs]　　* diabolic [dàiəbálik]　　* theism [θíːizm]　　* polytheism [páliθìizm]
* totem [tóutəm] 민족·종족과 혈연관계 있다고 보고 숭배하는 자연물, 특히 동물

여신 ←	신, 남신 →	대부, 후원자 →	신을 두려워하는
	주인, 지배자/하나님 =	섭리, 신의/신(the P-)	
창조(창작, 창립)하다 →	창조(창작, 창설)자/신(the C-) →	창조물, 동물	
	악마, 악귀/악당 →	악마 같은, 악마적인	
악마, 악령, 마신 =	사탄, 악마, 마왕 →	사탄의, 마왕의 →	악마숭배, 악마주의
	액운/(the -) 악마, 제기랄	악마의, 마신의	
유신론, 일신교 –	다신교 –	토템 –	토템숭배

  UpGrade 확인학습

* He went where **God** knows.
* Talk of the **devil** and he will appear.
* Can we explain the universe without resorting to **gods** and **demons**?
* There will be the **deuce** to pay.

- -

* 그는 아무도 모르는 곳으로 가버렸다.
* (악마에 대하여 이야기 하면 악마가 나타난다) ⇨ 호랑이도 제 말하면 온다.
* 우리가 신이나 악마에게 의존하지 않고 우주를 설명할 수 있을까?
* 후환이 두렵다 ⇦ 지불해야할 액운이 있을 것이다.

고급영어 어휘 Blue

353

57 기도 – 숭배

핵심정리

	pray	⇒ prayer	–	fanatic
service	= **worship**	⇒ worshipper		
reverence	← **revere**	– hymn	=	psalm
	curse	⇒ cursing		

| **convert** | ⇒ convertible | ⇒ convertor | / heresy | – heathen |

* prayer [préiər] 기도하는 사람 / [prέər] 빌기, 기도, 기원   * fanatic [fənǽtik]
* service [sə́:rvis]   * hymn [him]   * psalm [sa:m]
* worship [wə́:rʃip]   * revere [rivíər]   * reverence [révərəns]
* curse [kə:rs]   * convert [kənvə́:rt] 전향(개종)시키다, 전환하다 / [kánvə:rt] 개종자, 전향자
* heresy [hérəsi]   * heathen [hí:θən]

	빌다, 기원하다 ⇒	빌기, 기도, 기원	– 열광자, 광신자
예배, 의식/봉사, 근무 =	예배(참배, 숭배)(하다) ⇒	예배자, 숭배자	
경의, 경외 ←	숭배(경외)하다/존경하다 –	찬송(하다)/찬송가	= 찬송가, 성가
	저주하다, 악담하다 ⇒	저주, 악담, 파문	

전향(개종)시키다/전환하다 ⇒ 바꿀 수 있는 ⇒ 변환기, 개종시키는 사람 / 이교, 이단 – 이교도

 UpGrade 확인학습

* He **prayed** that his sight might be restored.
* They all **worship** the same god.
* He made all his efforts to **convert** lots of **heathens** to christianity.
* He is **revered** as a national hero.
* He liked to sing **hymns** as he worked.
* He believed that someone had put a **curse** on the house.

* 그는 시력이 회복되기를 빌었다.
* 그들 모두는 같은 신을 섬긴다.
* 그는 많은 이교도들을 기독교로 개종시키려고 온갖 노력을 다하였다.
* 그는 국민영웅으로 존경을 받고 있다.
* 그는 일하면서 찬송가를 부르기 좋아했다.
* 그는 누군가가 그 집에 저주를 걸었다고 믿었다.

354

58 믿음

theologian ⟸ **theology** ⟹ theological

superstition – **religion** ⟹ religious – devout

faithful ⟸ **faith** ⟹ faithless

believe ⟹ **belief** ⟺ disbelief – piety ⟹ pious

discredit ⟺ **credit** ⟹ credible ⟺ incredible

credulous ⟺ incredulous

* theology [θiáləʤ]   * superstition [sjùpərstíʃən]   * religion [rilíʤən]
* devout [diváut]   * faith [feiθ]   * believe [bilíːv]
* piety [páiəti]   * credit [krédit]   * credulous [kréʤuləs]

신학자 ⟸ 신학, 종교 심리학 ⟹ 신학의, 신학적인
미신, 우상 숭배 – 종교/신조, 주의 ⟹ 종교의, 신앙의 – 독실한, 믿음이 깊은
성실(충실)한/헌신적인 ⟸ 신뢰, 믿음, 신앙 ⟹ 신의(신앙) 없는, 불성실한
믿다, 사용하다 ⟹ 믿음, 신념 ⟺ 불신, 의혹 경건 ⟹ 경건한
불신/불명예, 망신 ⟺ 신뢰, 신용/명성 ⟹ 믿을 만한, 신용할 수 있는 ⟺ 거짓말 같은, 믿을 수 없는
쉽게 믿는, 잘 속는 ⟺ 쉽사리 믿지 않는

 UpGrade 확인학습

* The tribe practiced a **religion** that mixed a native **beliefs** and Christianity.
* I don't **believe** in ghosts.
* They stared at me in **disbelief**.
* My son was brought up in the true **faith**.
* He was unable to give a **credible** explanation for his behavior.

* 그 종족은 토속 신앙과 기독교를 융합한 종교의식을 행했다.
* 나는 유령의 존재를 믿지 않는다.
* 그는 불신의 눈초리로 나를 바라보았다.
* 나의 아들은 진정한 신앙 속에서 양육되었다.
* 그는 자신의 행위에 대하여 신뢰할만한 설명을 할 수 없었다.

59 헌신

donation	←	**donate**		
self-sacrifice	←	**sacrifice**	→	sacrificial
devotion	←	**devote**	→	devoted
dedication	←	**dedicate**	→	dedicator
		sermon	=	preach

priest = minister = clergyman / monk ⇔ nun / hermit

* sacrifice [sǽkrəfàis] [암기법: 새 크레파스를 희생해서 무엇을 샀니?]
* devotion [divóuʃən]　　* dedicate [dédikèit]　　* sermon [sə́:rmən]
* preach [pri:tʃ]　　　　* priest [pri:st]　　　　* minister [mínistər]
* clergyman [klə́:rdʒmən]　* monk [mʌŋk]　　　* nun [nʌn]　　* hermit [hə́:rmit]

기부, 기증	←	기부(기증)하다		
자기희생, 헌신	←	산 제물/희생(하다)	→	희생의, 산 제물의
헌신, 전념	←	바치다/봉헌하다	→	헌신적인, 헌납(봉인)된
바침, 헌정, 봉헌	←	바치다/봉헌(헌정)하다	→	봉납(헌)자/헌신자
		설교, 설법(하다)/교훈	=	설교(전도)하다

성직자, 목사, 신부 = 성직자, 목사 = 성직자 / 수도사, 수사 ⇔ 수녀 / 은자, 은둔자

UpGrade 확인학습

* You had better not **sacrifice** your own whole life for a trivial thing.
* I am really envious of such love like the **devotion** of Romeo for Juliet.
* He **dedicated** his life to helping poor people.
* He delivered a **sermon** on the future of our country.

* 그런 사소한 것을 위하여 일생을 희생하지 않는 게 좋겠다.
* 나는 로미오의 줄리엣에 대한 헌신과 같은 그런 사랑이 부럽다.
* 그는 일생을 가난한 사람들을 돕는데 바쳤다.
* 그는 우리나라의 미래에 대한 강연을 했다.

60 자비 - 은혜

	mercy	⇒	merciful	⇔	merciless	
benevolence =	**charity**	⇒	charitable			
beneficent ⇐	**benefit**	⇒	beneficial (to)			
disgrace ⇔	**grace**	⇒	graceful	⇔	graceless	
favorite ⇐	**favor**	⇒	favorable			

* mercy [mə́:rsi]　　* benevolence [binévələns]　　* charity [tʃǽrəti]
* benefit [bénəfit]　　* beneficent [binéfisənt]　　* beneficial [bènəfíʃəl]
* grace [greis]　　* favor [féivər]　　* favorite [féivərit]

자비심, 자선, 박애 =	자비, 연민, 동정 ⇒	자비로운, 인정 많은 ⇔	무자비한, 무정한	
자비심이 많은, 인정 많은 ⇐	자애, 자비 ⇒	자비로운, 자비심이 많은, 관대한		
불명예, 망신, 치욕 ⇔	이익, 자선공연, 구제 ⇒	유익한, 이로운		
특히 좋아하는 / 총아 ⇐	은총, 은혜, 자비 ⇒	우아한, 품위 있는 ⇔	무자비한, 무정한	
	호의, 은혜 / 찬성하다 ⇒	호의적인, 유리한		

 UpGrade 확인학습

* They showed little **mercy** to their enemy.
* There, but for the **grace** of God, go I.
* The entire organization is funded by **charitable** donations.
* This was a **favorite** expression of his.
* Such behavior of his is a national **disgrace**.

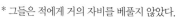

* 그들은 적에게 거의 자비를 베풀지 않았다.
* (속담) 그렇게 안 된 것은 하느님 덕분이다.
* 전 조직이 자비심에 의한 기증에 의하여 자금이 충당된다.
* 이것은 그가 가장 좋아하는 표현이었다.
* 그의 그런 행위는 국가의 수치이다.

61 신성한

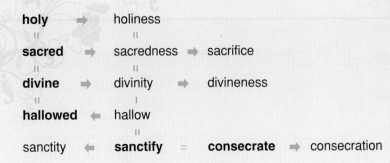

holy ➡ holiness
‖
sacred ➡ sacredness ➡ sacrifice
‖ ‖
divine ➡ divinity ➡ divineness
‖ |
hallowed ⬅ hallow
‖
sanctity ⬅ sanctify = consecrate ➡ consecration

* holy [hóuli] 종교적으로 깊이 존경받는 정신적인 순수함
* sacred [séikrid] 성스러워 다른 것들과 달리 범접하기 어렵거나 고매한 목적에 바쳐짐
* divine [diváin] 신으로부터 나오는 신에 관계되는 것
* divinity [divíniti]   * hallow [hǽlou]   * sanctify [sǽŋktifài]
* consecrate [kánsikrèit]   * sanctity [sǽŋktəti]

신성한, 경건한 ➡ 신성 / (H-) 성하 (로마 교황)
신성한, 한정된 ➡ 신성함, 성스러움 ➡ (신에게 바치는) 산 제물, 희생
신의, 신성한 ➡ 신성, 신의 권위 ➡ 신성(함)
신성한 ⬅ 신에게 바치다, 신성하게 하다
신성, 존엄 ⬅ 신성하게 하다/정당화하다 = 신성하게(정당화) 하다 ➡ 신성화, 정화/봉헌, 헌당

 UpGrade 확인학습

* Some **holy** pictures and statues stood on a little shelf.
* In their search for a good news story, nothing was **sacred**.
* All civilizations have rested upon the **sacredness** of private property.
* The **divinity** of the Pharaoh was not doubted in ancient times.
* At one time marriages were always **sanctified** by the church, but it is not the case now.

* 성화聖畵와 성상聖像 몇 점이 작은 선반 위에 놓여 있었다.
* 좋은 뉴스거리를 찾는 데는 그 어느 것도 신성불가침이 아니다.
* 모든 문명은 사유재산의 신성함에 기초를 두어왔다.
* 고대엔 파라오의 신성함은 의심을 받지 않았다.
* 한 때는 결혼이 항상 교회에 의해서만이 정당화되었으나 지금은 그렇지 않다.

62 신화와 전설

	myth	–	mystery	➡ mysterious
				⬇
	legend	➡	legendary	mystic
heroine ⇔	**hero**	–	monster	➡ monstrous
	witch	⇔	wizard	
	fairy	➡	fairyland	

* myth [miθ]   * mystery [místəri]   * mysterious [mistí:riəs]   * legend [lédʒənd]
* hero [híərou]   * heroine [hérouin]   * monster [mánstər, mɔ́n--]
* witch [wítʃ]   * wizard [wízərd]   * fairy [fέəri]

	신화	–	신비, 비밀, 비결	➡ 신비로운, 불가사의한
	전설/제명, 제목	➡	전설상의, 믿기 어려운	비법(비술)의/신비적인
여걸, 여장부/여주인공 ⇔	영웅, 용사/주인공	–	괴물, 도깨비	➡ 기괴한, 괴물 같은
	마녀, 여자 마법사 ⇔		남자 마법사, 요술쟁이	
	요정, 선녀	➡	요정의 나라, 선경	

UpGrade 확인학습

* It is time to dispel the **myth** of a classless society.
* The police never solved the **mystery** of Gray's disappearance.
* According to **legend**, he escaped by leaping from the cliffs into the sea.
* He dared to speak out against injustice, and overnight he became a national **hero**.
* A lot of knowledge comes from **fairy** tales.

* 이제 계급 없는 사회라는 신화는 일소해야 할 때이다.
* 경찰은 그레이가 사라진 비밀을 결코 해결하지 못했다.
* 전설에 의하면 그는 절벽에서 바다로 뛰어들어 탈출했다고 한다.
* 그는 두려움 없이 불의에 대항하는 연설을 하여 하루 밤 사이에 국민적 영웅이 되었다.
* 많은 지식들이 동화에서 온다.

CHAPTER 03

접두어
접미어

01 접두어

1. 부정 접두어

1) a(n)-	not, without
2) dis-	① 동사 앞에서 반대 의미 ② 無, 否, 不, 非, 反對 ③ 명사 앞에서 제거, 분리 ④ 형용사 앞에서 그 성질을 잃게하는 동사
3) mis-	wrong, wrongly (나쁜, 나쁘게, 그릇되게)
4) non-	無, 否, 不, 非
5) un-	① + 동사 (형용사) = 반대 동사 (형용사) ② + 명사 = '제거(박탈)하다' 는 뜻의 동사를 만듦
6) ig-, il-, ir- im-, in-	① ~ 이 없는 ② 無, 否, 不, 非 [(ig + n-), (il + l-), (im + b-, m-, p-), (ir + r-), (in + : 그 밖의 철자로 시작되는 단어)

1) a(n)- : not, without

① **amoral** [eimɔ́:rəl] [a + moral (도덕의, 도덕적인)] 형 도덕성이 없는
② **apathy** [ǽpəθi] [a + pathy (감정)] 명 무감정, 무감각 / 냉담
③ **anarchy** [ǽnəki] [an + archy (지배, 통치)] 명 무정부 상태, 무질서 상태, 무정부론

2) dis- : ① 동사 앞에서 반대 의미   ② 無, 否, 不, 非, 反對
         ③ 명사 앞에서 제거, 분리   ④ 형용사 앞에서 그 성질을 잃게 하는 동사

① ⓐ **disagree** [dìsəgríː] [agree (일치하다)] 자 의견을 달리하다, 일치하지 않다
  ⓑ **disappear** [dìsəpíər] [appear (나타나다)] 자 사라지다, 없어지다
  ⓒ **displease** [displíːz] [please (기쁘게하다)] 타 ~을 불쾌하게 하다, 화나게 하다
② ⓐ **disadvntage** [dìsədvǽntidʒ] [advantage (이익)] 1. 명 불리, 불편, 손해
                                      2. 타 불리하게 하다
  ⓑ **disbelief** [dìsbilíːf] [belief (믿음)] 명 불신, 의혹 / 불신앙
  ⓒ **dishonor** [disánər] [honor (명예)] 명 명예실추, 불명예
③ ⓐ **discomfort** [diskʌ́mfərt] [comfort (편안)] 1. 명 불편, 불쾌
                                      2. 타 불쾌(불안)하게 하다
  ⓑ **discourage** [diskʌ́ridʒ] [courage (용기)] 타 용기를 잃게 하다, 낙담시키다
  ⓒ **disgrace** [disgréis] [grace(우아, 고상, 은총)]
                  1. 명 불명예, 체면손상, 망신
                  2. 타 불명예를 초래하다
④ ⓐ **disable** [diséibl] [able (유능한, 할 수 있는)] 타 무능(무력)하게 하다, 불구로 만들다
  ⓑ **disquiet** [diskwáiət] [dis + quiet (조용한)] 타 불안하게 하다, 안정(평온)을 해치다

3) mis- : **wrong, wrongly** (나쁜, 나쁘게, 그릇되게)

① **misapply** [misəplái] [apply (적용하다)] 타 악용(오용, 남용)하다
② **misbehave** [misbehéiv] [behave (행동하다)] 자 나쁜 짓을 하다, 부정을 저지르다
③ **misfortune** [misfɔ́:rtʃən] [fortune (행운)] 명 불행, 불운, 역경
④ **misuse** [misjú:s] [use (사용)] 1. 명 남용, 오용
　　　　　　　　　　　2. [misjú:z] [use (사용하다)] 타 오용(악용)하다 / 학대(혹사)하다

4) non- : 無, 否, 不, 非

① **nonability** [nànəbíliti] [ability (능력)] 명 불능, 무능력
② **nonattendance** [nànəténdəns] [attendance (참석, 출석)] 명 불출석, 불참, 결석
③ **nonprofit** [nanpráfit] [profit (이익)] 형 비영리적인
④ **nonsense** [nanséns] [sense (의미)] 명 형 무의미(한 것), 무의미한 (말)
⑤ **nonstop** [nánstáp] [stop (멈추다)] 형 도중에서 멈추지 않는, 무정거의

5) un- : ① + 동사(형용사) = 반대 동사(형용사)
　　　　 ② + 명사 = '제거(박탈)하다' 는 뜻의 동사를 만듦

① ⓐ **undo** [ʌndú:] [do (하다)] 타 원상태로 하다, 취소하다
　 ⓑ **unlock** [ʌnlák] [lock (잠그다)] 타 열다, 자물쇠를 풀고 열다
　 ⓒ **unable** [ʌnéibl] [able (할 수 있는)] 형 할 수 없는
　 ⓓ **uncommon** [ʌnkámən] [common (보통의, 흔한)] 형 보기 드문, 진기한, 희귀한
　 ⓔ **unfortunate** [ʌnfɔ́:rtʃənit] [fortunate (행운의)] 형 불행한, 불운의 / 성공 못한
② ⓐ **unbutton** [ʌnbʌ́tn] [button (단추)] 타 단추를 끄르다 / (생각을) 털어놓다
　 ⓑ **uncover** [ʌnkʌ́vər] [cover (뚜껑, 덮개)] 타 폭로하다, 털어놓다
　 ⓒ **undress** [ʌndrés] [dress (옷)] 타 옷을 벗기다

6) ig-, il-, im-, in-, ir- :

① ~이 없는
②③④⑤ 無, 否, 不 , 非 [(ig +n-), (il + l-), (im + b-, m-, p-), (ir + r-),
(in + : 그 밖의 철자로 시작되는 단어)

① ig- : n 앞에 사용
　 ⓐ **ignoble** [ignóubl] [noble (고귀한, 고상한)] 품위 없는, 천한, 비열한

② il-: l 앞에 사용
　 ⓐ **illegal** [ilí:gəl] [legal (합법적인)] 형 불법의, 위법의, 비합법적인
　 ⓑ **illiterate** [ilítərit] [literate (글을 읽고 쓸 수 있는)] 형 문맹의, 무학의, 교양 없는
　 ⓒ **illogical** [iládʒikəl] [logical (논리적인)] 형 비논리적인, 불합리한

③ im- : b, m, p 앞에 사용
　 ⓐ **imbalance** [imbǽləns] [balance (균형)] 명 불균형, 불안정
　 ⓑ **immature** [imətʃuər] [mature (성숙한)] 형 미숙한, 미완성의 / 유년기의
　 ⓒ **immortal** [imɔ́:rtl] [mortal (죽을 운명의)] 형 죽지 않는, 불사의 / 불멸의, 영원한
　 ⓓ **impatient** [impéiʃənt] [patient (참을성 있는)] 형 참지(견디지) 못하는, 초조해 하는
　 ⓔ **impolite** [ìmpəláit] [polite (공손한)] 형 버릇없는, 무례한, 실례의

④ **in-** : **b, m, p, l, r** 이외의 철자 앞에 사용

ⓐ **inadequate** [inǽdikwit] [adequate (적절한)] 혱 부적당한, 불충분한

ⓑ **incomplete** [ìnkəmplíːt] [complete (완전한)] 혱 불완전한, 불충분한

ⓒ **incorrect** [ìnkərékt] [correct (옳은, 정확한)] 혱 옳지 않은, 틀린 / 버릇없는

ⓓ **independence** [ìndipéndəns] [dependence (의지, 의존)] 몡 독립(심), 자립

ⓔ **insane** [inséin] [sane (제정신의)] 혱 정신이상의, 미친

⑤ **ir-** : **r** 앞에 사용

ⓐ **irrational** [irǽʃənəl] [rational (합리적인)] 혱 이성(분별)이 없는 / 불합리한, 어리석은

ⓑ **irregular** [irégjulər] [regular (규칙적인)] 혱 불규칙한 / 가지런하지 않은, 울퉁불퉁한

ⓒ **irreparable** [irépərəbl] [reparable (수리할 수 있는)]
혱 수리(치료)할 수 없는, 보상할 수 없는

ⓓ **irresistible** [ìrizístəbl] [resistible (저항할 수 있는)]
혱 저항할 수 없는, 견디기 어려운

ⓔ **irresponsible** [ìrispánsəbl] [responsible (책임을 지는)]
혱 책임을 지지 않는, 무책임한

2. be- : 흔히 타동사를 만듦

ⓐ **befit** [bifít] [fit (적합한)] 탄 적합하다, 어울리다, 알맞다

ⓑ **befoul** [bifául] [foul (더러운, 부정한)] 탄 더럽히다, 중상하다

ⓒ **befriend** [bifrénd] [friend (친구)] 탄 친구가 되다, 돕다, 돌보다

ⓓ **benumb** [bináʌm] [numb (마비된, 저린)] 탄 무감각하게 만들다, 곱게 하다

ⓔ **beware** [biwέər] [ware (주의 깊은, 조심성 있는)]
자 탄 (주의 · 조심)하다, 경계하다 (of) (조동사 뒤나 명령법으로만 사용)

3. by- : ① 부수적인, 종속적인   ② 곁에, 가까이에   ③ 떨어져 있는, 옆으로 벗어난

ⓐ **by-election** [báiilèkʃən] [election (선거)] 몡 보궐선거

ⓑ **by-job** [báidʒàb] [job (일)] 몡 부업

ⓒ **by-pass** [báipæ̀s] 1. 몡 우회로 / (통신) 바이패스   2. 탄 우회하다

ⓓ **by-product** [báiprràdəkt] [product (생산물)] 몡 부산물

ⓔ **by-stander** [báistæ̀ndər] 몡 옆에 서있는 사람/ 구경꾼

ⓕ **by-talk** [báitɔ̀ːk] 몡 (옆으로 벗어난 이야기) 여담, 한담

4. trans-(s앞에선 tran)

① 횡단 (**across, over**)

② 이동 (**from one place to another place**)

③ 초과 (**beyond, above**)

① ⓐ **trans-American** [trænsəmérikən] 혱 아메리카 횡단의

② ⓐ **transcribe** [trænskráib] [trans(over) + scribe(쓰다)] 탄 베끼다, 복사(녹음)하다

ⓑ **transmit** [trænsmít] [trans(over) + mit(보내다)] 탄 보내다, 발송하다, 전달하다

ⓒ **transport** [trænspɔ́ːrt] [trans + port(나르다)] 탄 수송(하다), 운송(하다)

ⓓ **transplant** [trænsplǽnt] [trans + plant(심다)] 타 이식하다 / 이주(이민)하다
③ ⓐ **transcend** [trænsénd] [trans + scend(오르다)]
　　　　　　　　　형 (경험·지능·상상 따위의 범위를) 넘다, 초월하다
ⓑ **transform** [trænsfɔ́:rm] [trans + form(형태)] 타 (형태 등을) 바꾸다, 변형시키다

5. en-

접두어 en-	1) (en + 명사, 형용사) ~로 만들다, ~하게 하다
	2) (en + 명사) ~의 속에 넣다, 위에 두다

1) en- + 명사, 형용사 : ~로 만들다, ~하게 하다
ⓐ **enable** [inéibl] 타 가능하게 하다, 힘(수단, 권한)을 주다
ⓑ **enlarge** [inlá:rdʒ] 타 크게 하다. 확대(증대)하다
ⓒ **ennoble** [inóubl] 타 고상(고귀)하게 만들다
ⓓ **enrich** [inrítʃ] 타 부유하게 하다, (내용의 질을) 높이다
ⓔ **ensure** [inʃúər] 타 책임지다, 보증하다 / 안전하게 하다

2) en- + 명사 : ~의 속에 넣다, 위에 두다 (em + b-, m-, p-)
ⓐ **encage** [inkéidʒ] [cage(새장, 우리)] 타 가두다, 둥지(우리)에 넣다
ⓑ **empower** [impáuər] [power(힘, 권력)] 타 권한(권능)을 주다, 권력을 위임하다
ⓒ **encourage** [inkɔ́:ridʒ] [courage(용기)] 타 격려하다, 용기를 북돋아 주다
ⓓ **endanger** [indéindʒər] [danger(위험)] 타 위태롭게 하다, 위험에 빠뜨리다

6. 협력·공생 접두어

1) syn-, sym-	함께, 동시에 [together (with), at the same time]
2) co-, col-, com-	함께, 같이 (together, with)

1) syn-, sym- : 함께, 동시에
ⓐ **sympathy** [símpəθi] [sym + pathy(감정)] 명 동정, 연민, 공감
ⓑ **symphony** [símfəni] [sym + phony(소리)] 명 교향곡, 심포니, 조화
ⓒ **symposium** [simpóuziəm] [sym + posium(drinking)]
　　　　　　　　　명 토론회, 좌담회, 심포지엄 / (고대) 주연, 향연
ⓓ **synchronize** [síŋkrənàiz] [syn + chronos(시간)] 자 동시에 일어나다(진행되다)
ⓔ **syndrome** [síndroum] 명 증후군, 행동의 형(型)
ⓕ **synthesis** [sínθisis] [syn + the-(놓다, 두다)] 명 종합, 합성

2) co-(모음 앞), con-, col-(l 앞), cor-(r 앞), com(b, m, p 앞) : 함께, 같이
ⓐ **coauthor** [kouɔ́:θər] [author(저자)] 명 공동 저자
ⓑ **coexist** [kòuegzíst] [exist(존재하다)] 자 공존하다
ⓒ **collaborate** [kəlǽbərèit] [labor(일하다)] 자 공동으로 일하다 / 협력하다

ⓓ **concentrate** [kánsəntrèit][center(중심)] 타 (중심) 한 점에 모으다, 집중하다
ⓔ **congregate** [kǽŋgrigèit][greg-(모이다)] 자타 모이다, 집합하다 / 모으다

7. de- : ① 분리 ② 취소, 부정 ③ 강하

① ⓐ **dethrone** [diθróun][throne(옥좌)] 타 퇴위시키다, 자리에서 끌어내리다
  ⓑ **detrain** [ditréin][train(기차)] 자타 열차에서 내리다
  ⓒ **degas** [digǽs][gas(가스)] 타 가스를 제거하다
  ⓓ **desalt** [disɔ́:lt][salt(소금)] 타 탈염하다, 담수화하다

② ⓐ **decamp** [dikǽmp][camp(야영하다)] 자 야영을 거두다, 급히 떠나다, 도망치다
  ⓑ **decolonize** [dikálənàiz][colony(식민지)] 타 (식민지를) 해산하다, 자치를 허용하다
  ⓒ **deregulate** [dirégjulèit][regular(규칙의, 규제의)] 타 규제를 해제하다

③ ⓐ **decelerate** [disélərèit] 타 감속하다 ⟺ **accelerate** 타 가속하다
  ⓑ **decrease** [dikrí:s] 자타 감소하다, 줄다 ⟺ 자타 **increase** 증가하다
  ⓒ **deflation** [difléiʃən][flate(부풀다)] 명 통화수축, (공기, 가스를) 빼기
            ⟺ **inflation** [in(안) + flate(부풀다)] 통화팽창
  ⓓ **degrade** [digréid][grade(등급)] 타 강등(좌천)시키다, (품위를) 떨어뜨리다
            ⟺ **upgrade** 타 질을 높이다

8. vice- : 부(副)

  ⓐ **vice-chairman** [váistʃɛ́ərmən] 명 부의장, 부회장, 부위원장
  ⓑ **vice-consul** [váiskánsəl] 명 부영사
  ⓒ **vice-minister** [váismínistər] 명 차관
  ⓓ **vice-president** [váisprézidənt] 명 부통령, 부회장, 부총장

9. re- : ① 다시, 한 번 더 ② 반대로, 뒤로, 대항하여

① ⓐ **reappear** [rìəpíir][appear(나타나다)] 자 다시 나타나다, 재발하다
  ⓑ **reconsider** [rikənsídər][consider(생각하다)] 타 재고(재심)하다
  ⓒ **reform** [rifɔ́:rm][form(형태)] 타 개혁(개정, 개선, 교정)(하다)
  cf. **re-form** [rì:fɔ́:rm] 타 다시 만들다, 고쳐 만들다
  ⓓ **renew** [rinjú:] 타 다시 시작하다, 갱신(쇄신)하다
  ⓔ **recreate** [rékrièit] 자타 휴양하다, 즐기다 / 기운 나게 하다
  re-create [rì:kríeit][create(창조하다)] 타 재창조하다, 고쳐 만들다

② ⓐ **react** [ri(:)ǽkt][act(행동하다)] 자타 반작용(반응, 반항)하다
  ⓑ **rebound** [ribáund][bound(튀다)] 자타 되튀다
  ⓒ **recede** [risí:d][cede(가다)] 자 물러나다, 손 떼다 / (가치) 떨어지다
  ⓓ **receive** [risí:v][ceive(취하다, 잡다)] 타 받다, 수령하다, 얻다
  ⓔ **reflect** [riflékt][flect(향하게 하다)] 자타 반사하다 / 반영하다 / 숙고하다
  ⓕ **reject** [ridʒékt][ject(던지다)] 타 거절하다, 거부하다, 퇴짜 놓다
  ⓖ **resist** [rizíst][sist(서 있다)] 타 저항(반항, 항쟁)하다, 방해하다

10. 前·後 접두어 1

전	1) ante-	(시간, 공간적으로) 앞에, 전에	
	2) fore-	① ~앞에, 앞서서	② ~의 앞부분
	3) pre-	① 전에, 미리	② ~앞에
후	4) post-	① 뒤에, 뒤로	② ~후에
	5) after-	① 후에, 뒤에	② ~ 의 뒤쪽에

1) ante- : (시간, 공간적으로) 앞에, 전에

ⓐ **antechamber** [ǽntitʃèimbər] [chamber(방)] 명 (큰방으로 통하는) 앞방, 대기실

ⓑ **antedate** [ǽntidèit] [date(날짜)] (날짜, 시간이) 타 ~보다 앞서다

ⓒ **anterior (to)** [æntíːriər] 형 ~보다 이전의

ⓓ **antecedent** [ǽntisíːdənt] [cede(가다)] 형 앞서는, 선행하는

2) fore- : ① ~앞에, 앞서서   ② ~의 앞부분

ⓐ **forecast** [fɔ́ːrkæ̀st] [cast(던지다)] 타 예측하다, 예보하다

ⓑ **forefoot** [fɔ́ːrfùt] 명 앞발

ⓒ **forego** [fɔːrgóu] 자 ~의 앞에 가다, 선행하다

ⓓ **forerunner** [fɔ́ːrrʌ̀nər] [runner(달리는 사람)] 명 선구자, 예고, 징후 / 선인

ⓔ **foresight** [fɔ́ːrsàit] [sight(보기, 시각, 시야)] 명 선견지명, 예지

ⓕ **foretell** [fɔːrtél] [tell(말하다)] 타 예언(예고)하다

ⓖ **foreword** [fɔ́ːrwə́ːrd] [word(말)] 명 머리말, 서문

3) pre- : ① 전에, 미리   ② ~앞에

ⓐ **precaution** [prikɔ́ːʃən] [caution(주의)] 명 예방책, 예방수단

ⓑ **precede** [pri(ː)síːd] [cede(가다)] 자타 앞서다, 앞서 가다 / 선행하다

ⓒ **predict** [pridíkt] [dict(말하다)] 타 예언(예보)하다

ⓓ **prejudice** [prédʒudis] [judice(판단)] 명 편견, 선입관 / 손해, 해, 불이익

ⓔ **premature** [prìːmətʃúər] [mature(익은, 성숙한)] 형 시기상조의, 너무 이른, 조급한

ⓕ **prewar** [prìːwɔ́ːr] [war(전쟁)] 형 전쟁 전의

4) post- : ① 뒤에, 뒤로   ② ~후에

ⓐ **posterior** [pastí(ː)riər] 형 (공간적으로) 뒤쪽의, 후부의 / (시간적으로) 뒤의, 뒤에 오는

ⓑ **posterity** [pastériti] 명 후손

ⓒ **postpone** [postpóun] [pone(넣다, 두다)] 타 연기하다, 늦추다

ⓓ **postscript** [póustskrìpt] [script(쓰기, 서체)] 명 (편지의) 추신

ⓔ **postwar** [pòustwɔ́ːr] [war(전쟁)] 형 전쟁 후의

5) after- : ① 후에, 뒤에 ② ~ 의 뒤쪽에

   ⓐ **afternoon** [ǽftərnun] [noon(정오)] 명 오후

   ⓑ **aftershock** [ǽftərʃàk] [shock(충격, 타격)] 명 여진(餘震) / 후유증

   ⓒ **aftertax** [ǽftərtæ̀ks] [tax(세금)] 형 세금을 공제한, 순소득의

   ⓓ **afterwar** [ǽftərwɔ̀ːr] [war(전쟁)] 형 전후의

   ⓔ **afterworld** [ǽftərwə̀ːrld] [world(세상)] 명 내세, 저승

11. 前·後 접두어 2

전	**1) pro-**	① (시간·공간적으로) 앞에, 앞으로
		② 찬성·지지
		③ ~대신, 부(副)
		④ 공개적으로
	2) forth-	앞으로, 전방으로
후	**4) retro-**	뒤에, 뒤로
	5) back-	뒤(의), 배후(의), 후방(의)

1) pro- : ① (시간·공간적으로) 앞에, 앞으로 ② 찬성·지지
            ③ ~대신, 부(副) ④ 공개적으로

  ① ⓐ **procede** [pro(u)síːd] [앞으로 + cede(가다)] 자 앞으로 나아가다, 진출하다, 계속하다

    ⓑ **produce** [prədjúːs] [pro + duce(이끌다)] 타 생산하다, 제조하다

    ⓒ **progress** [pro + gress(가다)]

         1. [prágres] 명 전진, 진보, 발달

         2. [pro(u)grés] 자 전진하다, 진보하다, 발전하다

    ⓓ **prologue** [pro(u)lɔ́ːg] [pro + log(말)] 명 머리말, 서막, 서시 / 발단

    ⓔ **prolong** [proulɔ́ːŋ] [pro + long] 타 연장하다, 연기하다

    ⓕ **propose** [prəpóuz] [pro + pose(놓다, 두다)] 타 제안하다, 신청하다 / 구혼하다

  ② ⓐ **proslavery** [prousléivəri] [slavery(노예제도)] 명 노예제도를 지지하는 (사람)

    ⓑ **pro-Communist** [pròukəmjúnist] 명 공산주의를 지지하는 (사람)

  ③ ⓐ **pronoun** [pròunáun] [대신 + noun(명사)] 명 대명사

    ⓑ **proverb** 1. [próuvə̀ːrb] [pro + verb(동사)] 명 대동사 (do)

         2. [právə:rb] 명 속담, 격언

  ④ ⓐ **proclaim** [proukléim] [공개적으로 + claim(요구하다, 주장하다)] 타 공언(선언)하다

    ⓑ **pronounce** [prənáuns] [pro + nounce(말하다)] 타 공언하다, 발표하다 / 발음하다

2) forth- : 앞으로, 전방으로

    ⓐ **forthcoming** [fɔ̀ːrθkʌ́miŋ] 가까이 다가오는, 닥쳐오는, 가까이 준비되어 있는

    ⓑ **forthright** [fɔ́ːrθràit] 1. 형 솔직한, 곧은, 똑바로 나아가는

                 2. 부 솔직하게, 숨기지 않고 / 똑바로

3) retro- : 뒤에, 뒤로

　ⓐ **retroact** [rètro(u)ǽkt] [retro + act(행동하다)] 재 반동하다, 거구로(반대로) 작용하다
　ⓑ **retrocede** [rètrousíːd] [retro + cede(가다)] 재타 뒤로 돌아가다, 후퇴하다
　ⓒ **retrogress** [rètrəgrés] [retro + gress(가다)] 재 후퇴하다 / 퇴화하다, 쇠퇴하다
　ⓓ **retrospect** [rètrəspékt] [retro + spect(보다)] 재타명 회상(회고)하다, 추억

4) back : 뒤(의), 배후(의), 후방(의)

　　ⓐ **backache** [bǽkèik] [back + ache(통증)] 명 등의 통증
　　ⓑ **backbite** [bǽkbàit] [back + bite(물다)] 재타 ~의 험담을 하다, 흉을 보다
　　ⓒ **backbone** [bǽkbòun] [back + bone(뼈)] 명 등뼈, 척추 / 분수령 / 중추
　　ⓓ **background** [bǽkgràund] [back + ground(땅, 지표)] 명 배경. 이면 / 소양, 경력
　　ⓔ **backstage** [bǽkstéidʒ] [back + stage(무대)] 1. 부 막후에서, 부대 뒤에서
　　　　　　　　　　　　　　　　　　　　　　　　　2. 형 비밀의, 무대 뒤에서 일어나는
　　ⓕ **backyard** [bǽkjáːrd] [back + yard(뜰, 마당)] 명 뒤뜰, 뒷마당

12. 자체(자신) 접두어

1) auto- (모음 앞에서는 aut- 사용)	① 자신의, 자체의　② 자동차
2) self	자기의, 자신의

1) auto- : ① 자신의, 자체의　② 자동차

　① ⓐ **autobiography** [ɔ̀ːtoubaiágrəfi] [auto + biography(전기)] 명 자서전
　　　ⓑ **autograph** [ɔ́ːtəgrὰf] [auto +graph(쓰기)] 1. 명 자필, 친필, 서명
　　　　　　　　　　　　　　　　　　　　　　　　　2. 재 자필로 쓰다, 서명하다
　　　ⓒ **automation** [ɔ̀ːtəméiʃən] 명 자동조작(제어), 오토메이션
　　　ⓓ **autonomy** [ɔːtánəmi] [auto +nomy(지배)] 명 자치(권), 자치단체

　② ⓐ **auto** [ɔ́ːtou] 1. 명 자동차　2. 재 자동차로 가다
　　　ⓑ **autoist** [ɔ́ːtouist] [auto + ist(사람)] 명 자동차 운전자
　　　ⓒ **automobile** [ɔ́ːtəmoubìːl] [auto + mobile(움직이는)] 1. 명동재 자동차(로 가다)
　　　　　　　　　　　　　　　　　　　　　　　　　　　　2. 형 자동차의
　　　ⓓ **automotive** [ɔ̀ːtəmóutiv] 형 자동차의, 자동의, 동력 자급의

2) self : 자신, 스스로

　　ⓐ **self** [self] 명 자기 (자신) / 개성, 본성 / 사리사욕, 이기심
　　ⓑ **selfish** [sélfiʃ] 형 제멋대로의, 이기적인
　　ⓒ **self-control** [sélfkəntróul] [control(통제)] 명 자제, 극기
　　ⓓ **self-evident** [sélfévidənt] [evident(분명한)] 형 자명한
　　ⓔ **self-respect** [sélfrispékt] [respect(존경)] 명 자존, 자중
　　ⓕ **self-sacrifice** [sélfsǽkrifàis] [sacrifice(희생)] 명 자기희생, 헌신

13. 사이 · 상호 접두어 inter- : 사이에, 가운데, 서로

ⓐ **intercept** [ìntərsépt] [inter +cept(취하다)] 타 (도중에서) 빼앗다, 가로채다
ⓑ **interfere** [ìntərfíər] [inter +fere(치다, 때리다)] 자 방해하다, 간섭하다 / 중재하다
ⓒ **interjection** [ìntərdʒékʃən] [inter +ject(던지다)] 명 투입, 삽입 / 감탄
ⓓ **interrupt** [ìntərʌ́pt] [inter +rupt(부수다)] 타 차단하다, 가로막다, 방해하다
ⓔ **intervene** [ìntərvíːn] [inter +vene(오다, 가다)]
　　　　　　　　　　　　자 중재하다, 간섭하다 / 사이에 있다(일어나다)

14. 내부 · 외부 접두어

내부	**1) in-** (l 앞에서 il-, b, m, p 앞에선 im-, r 앞에선 ir-)	① 안으로 ② 안에, 속에 ③ 부정
	2) intra-	① (시간적) ~의 안에 ② (공간적) ~의 내부에
	3) intro-	~의 안(쪽)으로
외부	**4) out-**	① 바깥(쪽)　② 우월, 초과
	5) ex-	① 밖으로, 외부의, ~로부터 ② 초과　③ 철저히　④ 전의
	6) extra-	~의 바깥쪽에, ~을 벗어나서
	7) extro-	(extra의 변형) ~의 밖으로

1) in- : ① 안으로　② 안에, 속에　③ 부정

① ⓐ **implant** [implǽnt] [im + plant(심다)] 타 (마음에) 심다, 깊이 새기다 / 끼워 넣다
　ⓑ **import** [impɔ́ːrt] [im + port(나르다, 운반하다)] 타 수입하다, 들여오다
　ⓒ **ingoing** [íngòuiŋ] [in + going] 1. 형 들어오는, 새로 오는　2. 명 들어 옴
　ⓓ **income** [ínkʌm] [in + come] 명 (정기적인) 수입, 소득
　ⓔ **inflow** [ínflòu] [in + flow(흐르다)] 명 유입, 유입물
② ⓐ **inboard** [ín[inbɔ̀ːrd] [in + board(갑판)] 1. 형 배안의, 비행기 안의
　　　　　　　　　　　　　　　　　　　　　2. 부 배안에, 기내에
　ⓑ **in-company** [ìnkʌ́mpəni] [in + company(회사)] 형 사내의, 기업 내의
　ⓒ **indebted** [indétid] [in + debt(빚)] 형 빚이 있는 / 은혜를 입은
　ⓓ **indoor** [índɔ̀ːr] [in + door(문)] 형 집안의, 옥내의, 실내의
　ⓔ **infield** [ínfìːld] [in + field(경기장, 들판)] 명 (야구 · 크리켓의) 내야 / 내야수
③ ⓐ **informal** [infɔ́ːrməl] [in(not) + formal(정식의)] 형 격식을 따지지 않는, 비공식의
　ⓑ **innumerable** [injúːmərəbl] [in(not) + numerable(셀 수 있는)] 형 무수한

2) intra- : ① (시간적) ~의 안에 ② (공간적) ~의 내부에

    ⓐ **intraday** [ìntrədéi] [intra + day(하루)] 혱 하루내의, 하루 동안에 일어나는
    ⓑ **intrapersonal** [ìntrəpə́:rsn(ə)l] [intra + person(사람)] 혱 개인의 마음에 생기는
    ⓒ **intraparty** [ìntrəpá:rti] [intra + party(당)] 혱 당내의
    ⓓ **intrastate** [ìntrəstéit] [intra + state(주)] (미국) 혱 주내의

3) intro- : ~의 안(쪽)으로

    ⓐ **introduce** [ìntrədjú:s] [intro + duce(이끌다)] 탄 도입하다 / 소개하다 / 안내하다
    ⓑ **introduction** [ìntrədʌ́kʃən] 몡 도입, 채택, 수입 / 소개 / 입문서
    ⓒ **introspect** [ìntrəspékt] [intro + spect(보다)] 탄 내성(內省)하다, 내관하다
    ⓓ **introvert** [ìntrəvə́:rt] [intro + vert(향하다)] 몡혱 내향성의 (사람)

4) out- : ① 바깥(쪽) ② 우월, 초과

① 바깥(쪽)

    ⓐ **outbreak** [áutbrèik] [out + break] [깨어져 밖으로 나오다] 몡 돌발, 발생 / 폭동
    ⓑ **outburst** [áutbə́:rst] [out + burst] [밖으로 폭발하다] 몡 격발, 분출 / 폭발
    ⓒ **outcome** [áutkʌ̀m] [out + come] [밖으로 나온] 몡 결과, 성과 / 결론
    ⓓ **outdoor** [áutdɔ:r] [out + door] 혱 집밖의, 옥외의
    ⓔ **outflow** [áutflòu] [out + flow] 몡 흘러나옴, 유출
    ⓕ **outline** [áutlàin] [out + line] 몡 외향선, 외곽선 / 약도 / 대요

② 우월, 초과

    ⓐ **outdo** [àutdú:] [우월하게 하다] 탄 능가하다, ~보다 뛰어나다
    ⓑ **outgrow** [àutɡróu] [옷보다 초과하게 자라다] 탄 몸이 커져서 옷을 못 입게 되다
    ⓒ **outlive** [àutlív] [초과하여 살다] 탄 보다 오래 살다. 살아남다
    ⓓ **outnumber** [àutnʌ́mbər] [out + number(수)] 탄 ~보다 수가 많다
    ⓔ **outwear** [àutwέər] [out + wear] 탄 ~을 입어서 낡게 하다 / ~보다 오래 가다

5) e(x)- : ① 밖으로, 외부의 ② 초과 ③ 철저히 ④ 전의

①
    ⓐ **exclaim** [ikskléim] [밖으로 + claim(부르다)] 쟈탄 외치다, 소리치다
    ⓑ **exodus** [éksədəs] 몡 나가기, 출발, 출국, 이주
    ⓒ **expand** [ikspǽnd] [ex + pand(펼치다)] 탄 확장하다, 넓히다, 펼치다
    ⓓ **expel** [ikspél] [ex + pel(drive)] [밖으로 몰다] 쫓다, 격퇴하다
    ⓔ **expend** [ikspénd] [ex + pend(지불하다)] 탄 소비하다, (시간 · 노력을) 들이다
    ⓕ **export** [ex + port] 1. [ikspɔ́:rt] 탄 수출하다 2. [ékspɔːrt] 몡 수출

②
    ⓐ **exceed** [iksí:d] [ex + ceed(가다)] 탄 ~(범위 · 한도를) 넘다, 초과하다
    ⓑ **excess** [iksés] 몡 초과, 과잉, 과다

③
    ⓐ **exterminate** [ikstə́:rminèit] [철저하게 + terminate(끝내다, 마치다)] 탄 멸종시키다, 박멸하다

④
    ⓐ **ex-convict** [ikskánvikt] [전의 + convict(죄수)] 몡 전과자
    ⓑ **ex-member** [iksmémbər] [ex + member] 몡 전회원
    ⓒ **ex-president** [iksprézidənt] [ex + president] 몡 전대통령, 전회장

6) **extra-** : ~의 바깥쪽에, ~을 벗어나서

　　ⓐ **extracurricular** [èkstrəkəríkjulər] 형 과외의, 정식학과 이외의
　　　　　　　　　　　　　　　[curriculum : (학교의) 교육과정]
　　ⓑ **extraessential** [èkstrəisénʃəl][extra + essential(본질적인, 필수의)]
　　　　　　　　　　　　　형 본질외의, 중요하지 않은
　　ⓒ **extraliterary** [èkstrəlítərəri][extra + literary(문학의)] 형 문학 외적인
　　ⓓ **extraordinary** [ikstrɔ́:rdinèri][extra + ordinary(보통의, 흔한)]
　　　　　　　　　　　　　형 비상한, 보통이 아닌 / 터무니없는, 엄청난

7) **extro-** : (**extra**의 변형) ~의 밖으로

　　ⓐ **extrovert** [ékstrouvə̀:rt][extro + vert(향하다)] 명 외향성의 (사람)

15. 반대 접두어

① **anti-**	「반대, 적대, 대항, 배척」
② **with-**	「뒤쪽으로(back), 떨어져(away), 반대하여(against)」
③ **contra-**	「역(逆), 반(反), 항(抗)」 against, contrary, opposite to
④ **contro-**	
⑤ **counter-**	「적대, 보복, 반, 역/대응, 부(副)」: 동사 · 명사 · 형용사 · 부사 앞에 옮

① **anti-** : 「반대, 적대, 대항, 배척」
　　ⓐ **antibiotic** [æ̀ntibaiátik][bio(life)] 명형 항생물질(의)
　　ⓑ **antibody** [ǽntibàdi] 명 항체
　　ⓒ **antibomb** [ǽntibám] 형 방탄의
　　ⓓ **antidote** [ǽntidòut] 명 해독제, 소독약
　　ⓔ **antipathy** [æntípəθi][pathy(feeling)] 명 반감, 혐오감

② **with-** : 「뒤쪽으로(**back**), 떨어져(**away**), 반대로(**against**)」
　　ⓐ **withdraw** [wiðdrɔ́:][뒤쪽으로 + draw(당기다)]
　　　　　　　　　　타 (손을) 빼다, 움츠리다, 꺼내다 / (돈을) 인출하다
　　ⓑ **withdrawal** [wiðdrɔ́:əl] 명 물러남, 탈퇴 / 인출/ 취소
　　ⓒ **withhold** [wiðhóld][뒤로 + hold(잡다)] 타 말리다, 억누르다 / 보류하다
　　ⓓ **withstand** [wiðstǽnd][반대하며 + stand(서있다)] 자타 항거하다, 버티다

③ **contra-** : 「역(逆), 반(反), 항(抗)」
　　ⓐ **con** [kan, kɔn] 명 반대의/반대론 (contra의 축약형) ⇔ **pro** [prou] 명 찬성의/찬성론
　　ⓑ **contradict** [kàntrədíkt][contra + dict(speak)] 자타 반대하다, 항변하다
　　ⓒ **contraposition** [kàntrəpəzíʃən][contra + position(위치)] 명 대치, 대립, 대조
　　ⓓ **contrary** [kántreri] 명형 반대(의), 정반대(의)

④ **contro-** : 「역(逆), 반(反), 항(抗)」
　　ⓐ **controvert** [kántrəvə̀:rt][반대로 + vert(turn)] 자타 논박하다, 부인하다

ⓑ **controversy** [kàntrəvə́:rsi] [contro + versy(turn)] 명 논쟁, 언쟁, 논의

⑤ **counter-** : 「역(逆), 반(反), 항(抗)」
 ⓐ **counter** [káuntər] 반대로, 거꾸로/ 부본의
 ⓑ **counteract** [kàuntərǽkt] [counter + act(do)] 타 방해하다, 대항하다
 ⓒ **counterblow** [káuntərblòu] [counter + blow(강타)] 명 반격, 역습, 보복
 ⓓ **counterpart** [káuntərpà:rt] [counter + part] 명 복사물, 사본 / 한 쌍의 한 쪽

16. 숫자 접두어

① semi-	「반(半), 얼마가, 좀/~에 두 번」 : 명사 · 형용사 · 부사에 붙임	② bi-	「둘, 쌍, 복(複), 중(重)」
③ tri-	「3−, 3배의, 3중−」	④ quadri- quadru-	「4」: 모음 앞에선 quadr-
⑤ quint-	「5−, 5배의, 5중−」		

① **semi-** : 「반(半), 얼마가, 좀/~에 두 번」
 ⓐ **semiannual** [sèmiǽnjuəl] 형 반년마다의, 연 2회의
 ⓑ **semicircle** [sèmisə́:rkl] 명 반원(형)
 ⓒ **semicolon** [sémikòulən] 명 세미콜론(;)
 ⓓ **semiconductor** [sèmikəndʌ́ktər] 명 반도체

② **bi-** : 「둘, 쌍, 복(複), 중(重)」」
 ⓐ **bicycle** [báisikl] 명 자전거
 ⓑ **biennial** [baiéniəl] 형 2년마다의, 2년에 한 번의
 ⓒ **bilingual** [bailíŋgwəl] [lingual(말(언어)의)] 형 2개 국어의, 2개 국어를 말하는
 ⓓ **bimonthly** [baimʌ́nθli] 형 2개월 마다의, 격월의

③ **tri-** : 「3−, 3배의, 3중−」
 ⓐ **triangle** [tráiæ̀ŋgl] 명 3각형
 ⓑ **trilingual** [trailíŋgwəl] 형 3개 국어의
 ⓒ **trilogy** [trílədʒi] 명 3부작, 3부극
 ⓓ **trio** [trí:ou] 명 3중주, 3인조
 ⓔ **triple** [tripl] 형 3중의, 3종의, 세 배의

④ **quadri-, quadru-** : 「4」:모음 앞에선 **quadr-**
 ⓐ **quadrangle** [kwádræ̀ŋgl] 명 4각형
 ⓑ **quadrennial** [kwadréniəl] 형 4년마다의, 4년의 / 명 4주년제
 ⓒ **quadruple** [kwadrú:pl] 형 4중의, 4배의
 ⓓ **quadruped** [kwádrupèd] 명 네발동물(의)

⑤ **quint-** : 「5−, 5배의, 5중−」
 ⓐ **quintet** [kwintét] 명 5중주(중창), 5인조

02 접미어

1. 부정 접미어 -less ⇔ -ful

1) -less : ① 명사 + less ➡ **without** 뜻의 형용사를 만듦
② 동사 + less ➡ **fail to, be unable to**의 뜻을 가진 형용사를 만듦

① ⓐ **childless** [tʃáildlis][child(아이)] 혱 아이가 없는
ⓑ **homeless** [hóumlis][home(집)] 혱 집이 없는
ⓒ **harmless** [hάrmlis][harm(해)] 혱 해가 없는, 무해한 / 악의 없는, 순진한

② ⓐ **countless** [káuntlis][count(세다)] 혱 셀 수 없는, 무수한
ⓑ **resistless** [rizístlis][resist(저항하다)] 혱 저항할 수 없는, 저항력이 없는

2) -ful : ① 가지고 있는(**having**), 가득 찬(**full of**)
② ~의 경향이 있는, ~에 의하여 특징지어지는
③ 명사에 붙여 : 가득

① ⓐ **careful** [kέərfəl][care(주의, 조심)] 혱 주의 깊은, 조심스러운
ⓑ **joyful** [dʒɔ́ifəl][joy(기쁨, 즐거움)] 혱 기쁨에 넘치는
ⓒ **painful** [péinfəl][pain(아픔, 고통)] 혱 아픈, 괴로운 / 힘이 드는

② ⓐ **harmful** [hάːrmfəl][harm(해 / 손해, 손상)] 혱 해로운
ⓑ **helpful** [hélpfəl][help(도움, 원조)] 혱 도움이 되는, 유용한

③ ⓐ **handful** [hǽndfəl][hand(손)] 몡 한웅큼, 한줌
ⓑ **armful** [άːrmfəl][arm(팔)] 몡 한아름, 다량
ⓒ **spoonful** [spúːnfəl][spoon(숟가락, 스푼)] 몡 한 숟가락(의 분량), 한 숟가락 가득

2. (수동의) 가능 접미어 : -able, -ible
(-able이 -ible 보다 보편적이며 새로운 단어는 -able를 붙임)

1) -able : 되어 질 수 있는, ~할 수 있는

ⓐ **acceptable** [əksétəbl][accept(받다, 수락하다)]
혱 수락할 수 있는 / 마음에 드는, 만족스러운
ⓑ **drinkable** [dríŋkəbl][drink(마시다)] 1. 혱 마실 수 있는, 마시기 적합한
2. 몡 (보통 pl.) 음료
ⓒ **laughable** [lǽfəbl][laugh(웃다)] 혱 웃기는, 우스꽝스러운
ⓓ **respectable** [rispéktəbl][respect(존경하다)]
혱 존경할만한, 훌륭한 / 고상한, 품위 있는

2) -ible : 되어 질 수 있는, ~할 수 있는

ⓐ **audible** [ɔ́ːdəbl] 혱 들리는, 청취할 수 있는
ⓑ **edible** [édəbl] 1. 혱 먹을 수 있는, 식용의 2. 몡 (보통 pl.) 식용품
ⓒ **visible** [vízəbl] 혱 눈에 보이는, 가시적인 / 분명한

3. 여성형 접미어 : −ess(남성형 접미어 −er, or)
(−ter, −tor은 e나 o를 생략한 다음 ess를 붙인다)

ⓐ **actress** [ǽktris] [actor(남자배우)] 몡 여자배우
ⓑ **duchess** [dʌ́tʃis] [duke(공작)] 몡 공작부인, 여자공작
ⓒ **goddess** [gádis] [god(남신)] 몡 여신
ⓓ **lioness** [láiənis] [lion(숫사자)] 몡 암사자
ⓔ **tigress** [táigris] [tiger(호랑이)] 몡 암호랑이

4. −en

1) 형용사, 명사 + en	~으로 하다, ~으로 되다
2) 물질명사 + en	~의 성질을 가진, ~으로 만든

1) 형용사, 명사 + en : ~으로 하다, ~으로 되다

ⓐ **darken** [dá:rkn] [dark(어둡다, 검다)] 1. 타 어둡게 하다, 검게 하다
　　　　　　　　　　　　　　　　　　　2. 자 어두워지다, 검게 되다
ⓑ **heighten** [háitn] [height(높이, 고도)] 1. 타 높이다 / 늘리다, 강화하다
　　　　　　　　　　　　　　　　　　2. 자 높아지다, 늘다, 강해지다
ⓒ **widen** [wáidn] [wide(넓은)] 1. 타 넓히다　2. 자 넓어지다
ⓓ **cheapen** [tʃíːp(ə)n] [cheap(값싼)] 1. 타 싸게 하다, 값을 내리다 / 깔보다
　　　　　　　　　　　　　　　　　　2. 자 싸지다

2) 물질명사 + en : ~의 성질을 가진, ~으로 만든

ⓐ **golden** [góuldən] [gold(금, 금의)] 혱 금빛의, 황금빛의 / 금을 산출하는 / 융성한
ⓑ **wooden** [wúdn] [wood(목재, 숲)] 혱 나무의, 나무로 만든, 목재의 / 무표정한
ⓒ **silken** [sílkn] [silk(비단)]
　　　　　혱 명주(실)의, 광택이 있는, 보드라운 / 부드러운, 품위 있는
ⓓ **woolen** [wúlən] [wool(양모)] 1. 혱 양모의, 모직물의　2. 몡 모사, 모직물

5. 지소(指小) 접미어 : ~ette, ~let, ~ling

1) -ette : ① 작은 것　② 여성　③ ~에 대한 대용품

① ⓐ **cigarette** [sìgərét] [cigar(여송연, 엽궐련)] 몡 궐련, 담배
　 ⓑ **statuette** [stæ̀tʃuét] [statue(상, 조상)] 몡 작은 조상
② ⓐ **usherette** [ʌ̀ʃərét] [usher(안내인, 접수원)] 몡 (극장 등의) 안내양
③ ⓐ **leatherette** [lèðərét] [leather(무두질한) 가죽)] 몡 모조 가죽

2) -let : 작은 것, 중요하지 않은 것

ⓐ **booklet** [búlit] [book(책)] 몡 소책자, 팜플렛
ⓑ **leaflet** [líːflit] [leaf(잎)] 몡 작은(어린) 잎 / 간단한 인쇄물, 삐라 광고
ⓒ **princelet** [prínslit] [prince(왕자 / 군주)] 몡 어린 군주, 소공자, 소군주

ⓓ **armlet** [áːrmlit][arm(팔)] 몡 팔찌, 완장 / 작은 만

3) -ling : 작은 것

　　ⓐ **duckling** [dʌ́kliŋ][duck(오리)] 몡 집오리 새끼, 새끼 오리
　　ⓑ **princeling** [prínsliŋ][prince(왕자, 황자)] 몡 어린 군주, 소공자, 소군주
　　ⓒ **youngling** [jʌ́ŋliŋ] 몡 젊은이, 청년 / 어린 것 / 초심자

6. 방향 접미어 –ward(s), –way(s), –wise : 특별한 방향을 제시

1) -ward(s) : **-ward**는 형용사와 부사 양쪽으로 사용
　　　　　　-wards는 부사로 사용

　　ⓐ **backward(s)** [bǽkwərdz] 뮈 뒤쪽으로 / 거꾸로, 역행하여
　　ⓑ **forward(s)** [fɔ́ːrwərdz] 뮈 앞으로, 전방으로 / 장래, 금후
　　ⓒ **homeward(s)** [hóumwərdz] 뮈 집(모국)을 향하여
　　ⓓ **westward(s)** [wéstwərdz] 뮈 서족으로, 서쪽을 향하여

2) -way(s)

　　ⓐ **always** [ɔ́ːlwèiz] 뮈 늘, 언제나, 항상
　　ⓑ **endways** [éndwèiz] 뮈 (똑바로) 세워서 / 길게, 세로로
　　ⓒ **lengthways** [léŋkθwèiz] 1. 뮈 길게, 길이로, 세로로　2. 혱 긴, 세로의
　　ⓓ **sideways** [sáidwèiz] 1. 뮈 옆으로, 비스듬히, 측면으로　2. 혱 옆의, 곁의, 측면의
　　ⓔ **crossways** [krɔ́ːswèiz][cross–횡단(교차)하는] 뮈 옆으로, 가로로, 열십자로

3) -wise : ① –의 방향으로　② –의 방식으로　③ –에 관하여

　① ⓐ **clockwise** [klákwàiz] 1. 뮈 시계바늘이 움직이는 방향으로　2. 혱 오른쪽으로 도는
　　 ⓑ **endwise = endways**
　　 ⓒ **lengthwise = lengthways**
　　 ⓓ **sidewise = sideways**
　　 ⓔ **crosswise** [krɔ́ːswàiz] 1. 뮈 가로로, 비스듬히, 십자형으로
　　　　　　　　　　　　　　2. 혱 가로의, 비스듬한

　② ⓐ **likewise** [láikwàiz][like(같은, 유사한)] 1. 뮈 그 위에, 게다가, 그밖에
　　　　　　　　　　　　　　　　　　　2. 뮈 ~도 도한, 마찬가지로
　　 ⓑ **otherwise** [ʌ́ðərwàiz] 1. 뮈 그렇지 않으면, 다른 경우라면 / 다른 방법으로
　　　　　　　　　　　　　　　2. 혱 다른, 틀린

　③ ⓐ **budget-wise** [bʌ́dʒitwàiz] 뮈 예산상으로
　　 ⓑ **dollar-wise** [dálərwàiz] 뮈 달러로 따져, 달러로 환산하면
　　 ⓒ **camera-wise** [kǽmərəwàiz] 뮈 카메라 앞에 익숙한 ⇔ **camera-shy** 혱 사진 혐오의

7. 학설 · 주의 접미어 -ism :

① 학설 · 주의 (사람 -ist)　　② 행위, 상태
③ 특유의 행동 · 특질　　④ 이상(異常)

① ⓐ **chauvinism** [ʃóuvinìz(ə)m] 몡 열광적 애국주의, 맹신
　 ⓑ **communism** [kámjunìz(ə)m] 몡 공산주의 (이론)
　 ⓒ **realism** [ríːəlìz(ə)m] 몡 현실(사실)주의, 현실성
　 ⓓ **socialism** [sóuʃəlìz(ə)m] 몡 사회주의 (운동)

② ⓐ **criticism** [krítisìz(ə)m] 몡 비평, 비판 / 혹평, 비난
　 ⓑ **terrorism** [térərìz(ə)m] 몡 폭력행위, 테러행위 / 공포 상태, 공포 정치
　 ⓒ **barbarism** [báːrbərìz(ə)m] 몡 야만, 미개(상태), 무식 / 야만적인 행동

③ ⓐ **patriotism** [péitriətìz(ə)m] 몡 애국심

④ ⓐ **alcoholism** [ǽlkəhɔ̀ːlìz(ə)m] 몡 알코올 중독
　 ⓑ **workaholism** [wə́ːkəhɔ̀ːliz(ə)m] 몡 일중독

8. 분사 접미어 : 1) -ing　2) -ed

	현재분사 (-ing)	과거분사 (-ed)
자동사	진행 (~하고 있는)	완료상태 (~한, ~해버린)
타동사	사역 (시키는, 하게 하는)	수동 (~된, ~당한, ~받은)

1) -ing : ① 현재분사를 만듦　② 동명사를 만듦 (동작, 직업, 목적, 용도)

	현재분사 (-하는, ~하고 있는)	동명사 (-하기 위한)
1	**a sleeping baby** (잠자는 아기)	**a sleeping bag** (침낭)
2	**a living thing** (생물)	**a living room** (거실)
3	**a walking dictionary** (살아있는 사전)	**a walking stick** (산보용 지팡이)
4	**a swimming girl** (수영하는 소녀)	**a swimming pool** (수영장)
5	**a dining lady** (식사하고 있는 부인)	**a dining room** (식당)

2) 과거분사 -ed

① 자동사 : 완료상태 (~한, ~해버린)
　 ⓐ **fallen leaves** 낙엽
　 ⓑ **a grown-up son** 성장한 아들
　 ⓒ **a rotten egg** 곯은 달걀
　 ⓓ **the risen sun** 떠오른 해
　 ⓔ **a retired general** 퇴역한 장군

② 타동사 : 수동 (~된, ~당한, ~받은)
- ⓐ **boiled water** 끓인 물
- ⓑ **excited crowd** 흥분한 군중
- ⓒ **tired boys** 지친 소년들
- ⓓ **a broken cup** 깨어진 컵

9. -(i)fy : -로 만들다 (명사 : -ification)

- ⓐ **amplify** [ǽmplifài] 타 확대하다 / (장소) 넓히다 / 과장하다
  ample [ǽmpl] 형 큰, 넓은, 널찍한 / 충분한, 넉넉한
- ⓑ **beautify** [bjúːtifəl] 타 미화하다
  beautiful [bjúːtifəl] 형 아름다운, 고운 / 훌륭한, 멋진
- ⓒ **liquify = liquefy** [líkwifài] 타 액화(용해)시키다
  liquid [líkwid] 1. 명 액체 2. 형 액체의, 유동성의, 물같은
- ⓓ **solidify** [səlídifài] 자타 굳어지다 /응고(응결)시키다, 굳히다
  solid [sálid] 1. 명 고체, 고형물 2. 형 고체의 / 실속 있는, 알찬

10. -ize : 1) 자 ~이 되다, ~화하다   2) 타 ~화 시키다

1)
- ⓐ **theorize** [θíəràiz] 자타 이론화하다, 학설(이론)을 내세우다
  theory [θíəri] 명 이론
- ⓑ **Americanize** [əmérikənàiz] 자타 미국화하다(되다)

2) -ize를 흔히 -ise로 쓰기도 함, 명사는 -zation

- ⓐ **civilize** [sívilàiz] 타 개화시키다, 교화하다
  civilization [sìvilaizéiʃən] 명 문명, 교화, 개화
- ⓑ **modernize** [mádərnàiz] 1. 타 근대화(현대화)하다   2. 자 현대적으로 되다
  modernization [màdərnaizéiʃən] 명 현대화, 근대화
- ⓒ **organize** [ɔ́ːrgənàiz] 타 조직화하다
  organization [ɔ́ːrgənaizéiʃən] 명 조직화, 조직, 기구, 구성, 구조
- ⓓ **realize** [ríːəlàiz] 타 깨닫다, 지각하다 / 실현하다, 현실화하다
  realization [rìːəlaizéiʃən] 명 실현, 현실화 / 이해, 실감, 자각

11. 양태 접미어 : -like, -ly, -esque, -ish

1) -like : -과 같은, -비슷한, -에 맞는

- ⓐ **ball-like** [bɔ́ːllàik] 형 공 같은, 공같이 생긴
- ⓑ **childlike** [tʃáildlàik] 형 (좋은 의미로) 어린애 같은, 어린이다운
- ⓒ **homelike** [hóumlàik] 형 가정과 같은, 편안한
- ⓓ **statesmanlike** [stéitsmənlàik] 형 정치가다운, 정치가에 걸맞는 / 정치적 수완이 있는

2)
- ① 명사 + **ly** : ~다운, ~에 어울리는 (형용사)
- ② 형용사 + **ly** : 양식 · 양태 · 정도를 나타냄 (부사)

③ 시간명사 + **ly** : (형용사, 부사)
④ 서수 + **ly** : ～번째(의)(부사)

① ⓐ **beastly** [bíːstli] 휑 짐승의, 짐승 같은, 잔인한
　ⓑ **manly** [mǽnli] 휑 남자다운, 씩씩한, 용감한
　ⓒ **kingly** [kíŋli] 휑 왕의 / 왕다운, 왕에 어울리는
　ⓓ **worldly** [wə́ːrdli] 휑 이 세상의, 속세의, 명리를 추구하는

② ⓐ **angrily** [ǽŋgrili] 튀 성이 나서, 화를 내어, 화난 듯이
　ⓑ **beautifully** [bjúːtifəli] 튀 아름답게 / 훌륭하게
　ⓒ **gladly** [glǽdli] 튀 기꺼이, 쾌히
　ⓓ **slowly** [slóuli] 튀 느리게, 천천히

③ ⓐ **hourly** [áuərli] 휑 한 시간 마다의 / 빈번한, 끊임없는
　ⓑ **daily** [déili] 1. 휑 매일의, 나날의 / 일단위로 계산하는
　ⓒ **weekly** [wíːkli] 1. 휑 매주의, 주 1회의 / 주 단위의　2. 튀 매주, 주 단위로
　　　　　　　　　　　3. 몡 주간지
　ⓓ **monthly** [mʌ́nθli] 1. 휑 한 달의, 달에 한 번의　2. 튀 한 달에 한 번, 매월
　ⓔ **yearly** [jíərli] 1. 휑 연간의, 매년의, 연 1회의　2. 튀 한 해에 한 번

④ ⓐ **firstly** [fə́ːrstli] = **first** 튀 첫째로
　ⓑ **secondly** [sekendli] = **second** 튀 둘째로, 다음으로
　ⓒ **thirdly** [θə́ːrdli] = **third** 튀 세 번째로

3) **-esque** : ① -양식의, -문체의　② -과 같은, -비슷한

① ⓐ **Romanesque** [ròumənésk] 몡휑 (건축·미술) 로마네스크 양식(의) / 전기(공상) 소설의
　ⓑ **Dantesque** [dæntésk] 휑 단테 풍의, 장중한

② ⓐ **picturesque** [pìktʃərésk] 휑 그림 같은, 그림같이 아름다운 / (묘사가) 사실적인, 생생한
　ⓑ **statuesque** [stæ̀tʃuésk] 휑 조상 같은, (조상처럼) 뛰어나게 아름다운, 균형잡힌

4) **-ish** : ① -과 같은, -의 성질을 가지는
　　　　　② 형용사 + **ish** : -을 띤, -의 기미가 있는 ⇒ 좀 ～한
　　　　　③ -의 경향이 있는
　　　　　④ -의, -에 속하는

① ⓐ **babyish** [béibiiʃ] 휑 갓난아기 같은, 유아 같은, 유치한
　ⓑ **bearish** [bɛ́əriʃ] 휑 곰 같은, 태도가 거친, 무뚝뚝한
　ⓒ **childish** [tʃáildiʃ] 휑 (부정적 의미) 어린이의, 유치한

② ⓐ **oldish** [óuldiʃ] 휑 늙수그레한, 예스러운
　ⓑ **smallish** [smɔ́ːliʃ] 휑 좀 작은, 자그마한
　ⓒ **tallish** [tɔ́ːliʃ] 휑 키가 좀 큰, 키가 큰 편인
　ⓓ **youngish** [jʌ́ŋgiʃ] 휑 좀 젊은

③ ⓐ **bookish** [búkiʃ] 휑 책을 좋아하는 / 책의, 문학적인

④ ⓐ **Danish** [déiniʃ] 1. 휑 덴마크 사람(말)의　2. 몡 덴마크 말

379

ⓑ **English** [íŋgliʃ] 1. 혱 잉글랜드의, 영국의 / 영국인의, 영어의
　　　　　　　　　2. 몡 (집합적) 영국인, 영어
ⓒ **Spanish** [spǽniʃ] 1. 혱 스페인의, 스페인 사람(말)의
　　　　　　　　　2. 몡 (집합적) 스페인 사람 / 스페인

12. 사람을 뜻하는 접미어

1) -er, -or, -ar	(~하는) 사람 (것)
2) -ard	지나치게 많이 ~하는 사람 (대개 비난이나 경멸의 뜻)
3) -ee	행위를 당하는 사람
4) -eer	관계자, 취급자, 제작자
5) -at	– 하는 사람
6) -ant, -ent	– 하는 사람
7) -ist	– 학설 · 주의 주창(신봉)자
8) -ite	– 의 주민, ~에 소속된 사람들
9) -an, -ese	– 나라의 사람
10) -ian	– 에 속하는(관계되는) 사람

1) -er, -or, -ar : –하는 사람 (것)

　ⓐ **driver** [dráivər] 몡 운전수, 마부, 기관사 / 감독, 우두머리
　ⓑ **writer** [ráitər] 몡 쓰는 사람, 작가, 저자 / 기자
　ⓒ **actor** [ǽktər] 몡 (남자) 배우
　ⓓ **survivor** [sərváivər][survive(~보다 오래 살다, 살아남다)] 몡 생존자, 유족
　ⓔ **beggar** [bégər][beg(구걸하다)] 몡 거지, 걸인 / 극빈자
　ⓕ **liar** [láiər][lie(거짓말하다)] 몡 거짓말쟁이

2) -ard : 지나치게 많이 –하는 사람(대개 비난이나 경멸의 뜻)

　ⓐ **coward** [káuərd] 몡 겁쟁이, 비겁자
　ⓑ **drunkard** [dráŋkərd] 몡 대주가, 술꾼, 주정뱅이
　ⓒ **sluggard** [slʌ́gərd] 몡 게으름뱅이, 나태한 사람

3) -ee : 행동을 당하는 사람

　ⓐ **appointee** [əpɔ̀intíː][appoint(임명하다, 지정하다)] 몡 피임명자, 지정된 사람
　ⓑ **electee** [ilèktíː][elect(선출하다, 뽑다)] 몡 선출된(뽑힌) 사람
　ⓒ **employee** [implɔ́iíː][employ(고용하다)] 몡 고용인, 종업원
　ⓓ **nominee** [nàminíː][nominate(임명하다, 추천하다)] 몡 지명(임명)된 사람

4) -eer : 관계자, 취급자, 제작자

ⓐ **engineer** [èndʒiníər] [engine(엔진, 기관/기계)] 몡 기사, 공학자 / 기관사
ⓑ **pamphleteer** [pæ̀mflitíər] 1. 몡 팜플렛의 필자 2. 타 팜플렛을 쓰다(간행하다)
ⓒ **sonneteer** [sànitíər] 1. 몡 소넷 시인 2. 타 소넷을 짓다

5) -at : -하는 사람, -의 신봉자

ⓐ **democrat** [déməkræ̀t] [democracy(민주주의)] 몡 민주주의자
ⓑ **aristocrat** [ərístəkræ̀t] [aristocracy(귀족정치)] 몡 귀족
ⓒ **diplomat** [dípləmæ̀t] [diplomacy(외교)] 몡 외교관
ⓓ **bureaucrat** [bjú(:)roukræ̀t] [bureaucracy(관료주의)] 몡 관료주의자

6) -ant, -ent : -하는 사람

ⓐ **accountant** [əkáuntənt] [account(대차계정, 거래관계)] 몡 회계사, 회계 담당
ⓑ **assistant** [əsístənt] [assist(돕다, 조력하다)] 1. 몡 조수, 보조자, 점원
　　　　　　　　　　　　　　　　　　　　　　2. 혱 원조하는, 보조의
ⓒ **servant** [sə́ːrvənt] [serve(봉사하다, 시중들다)] 몡 하인, 종 / 부하 / 종업원
ⓓ **student** [stjúːdənt] [study(공부 · 연구하다)] 몡 (대학) 학생 / 학자, 연구가(생)

7) -ist : 학설 · 주의 신봉자

ⓐ **communist** [kámjunist] [communism(공산주의)] 몡 공산주의자
ⓑ **realist** [ríːəlist] [realism(사실주의)] 몡 현실주의자, 사실주의자
ⓒ **socialist** [sóuʃəlist] [socialism(사회주의)] 1. 몡 사회주의자 2. 혱 사회주의자의

8) -ite : -의 후손, -에 소속된 사람

ⓐ **Israelite** [ízriəlàit] 몡 Jacob의 자손, 유대인 / 신의 선민
ⓑ **Laborite** [léibəràit] [Labor(영국 노동당)] 몡 영국 노동당원
ⓒ **Seoulite** [sóulait] 몡혱 서울 사람(의)
ⓓ **urbanite** [ə́ːrbənàit] 몡 도시인

9) -an, -ese : 나라 사람(의)

ⓐ **American** [əmérikən] 1. 몡 미국인, 아메리카 주민 2. 혱 미국(인)의, 아메리카의
ⓑ **Korean** [ko(u)ríən] 1. 몡 한국인, 한국어 2. 혱 한국(인)의, 한국어의
ⓒ **Chinese** [tʃainíːz] 1. 몡 중국인, 중국어 2. 혱 중국인의, 중국어의, 한자의
ⓓ **Japanese** [dʒæ̀pəníːz] 1. 몡 일본인, 일본어 2. 혱 일본인의, 일본어의

10) -ian : -에 속하는(관계되는) 사람

ⓐ **historian** [histɔ́ːriən] [history(역사)] 몡 역사가
ⓑ **magician** [mədʒíʃən] [magic(마술)] 몡 마술사
ⓒ **musician** [mju(:)zíʃən] [music(음악)] 몡 음악가
ⓓ **politician** [pàlitíʃən] [politics(정치(학))] 몡 정치가

직독직해로 읽는
반기문 영어 연설문: 개정증보판

시사영어의 보물창고,
유엔 사무총장 반기문의 연설문을
직독직해로 만나자!

이현구 역 | 336쪽 | 148×210(A5) |
값 14,800원 (CD 포함)

직독직해로 통한
영어회화 트레이닝

읽기만 해도 트레이닝 되는
직독직해를 통한 영어회화!
회화와 함께, 듣기, 읽기, 쓰기의 표현을
3단계 직독직해를 통해 트레이닝 하자.

이현구 지음 | 440쪽 | 148×210(A5) |
값 14,800원 (CD 포함)

손쉽게 끝내는
新영어회화 표현백서

여러 가지 상황 속에서 영어로 제대로 말하려면
표현 자체로 알아 둬야 한다!
필요한 표현이 다 들어있는 표현 백과사전!

더 콜링 지음 | 416쪽 | 148×200 |
값 15,000원 (MP3 CD 포함)

Imagine Everyday
English, Start Again! : 단어편

한달, 20만에 720개의 영단어가 외워지는
놀라운 학습 효과의 재미있는 연상암기법 단어장!

Terry Kim, Andrew Kim 지음 | 336쪽 | 145×210(A5) |
값 13,000원 (MP3 CD 포함)

소문난 수능 영단어

기적처럼 빠른 암기 효과로
수능 영단어가 한눈에 잡힌다!
쉽고 재밌는 그림 연상 학습법~

Terry E. Kim, Andrew Kim 지음 | 316쪽 | 145×210 |
값 13,000원

소문난 중학 영단어

재미있는 그림들을 보기만 해도
998개의 영단어가
놀랍게 금방 외워진다.

Terry E. Kim, Andrew Kim 지음 | 352쪽 | 145×210 |
값 10,000원